"十四五"职业教育国家规划教材

数 U0589418

# Rhino 产品造型设计
# 立体化实例教程 第2版 Rhino 8

附微课视频

艾萍 赵博 主编／金燕 张亚先 副主编

图书在版编目（CIP）数据

Rhino 产品造型设计立体化实例教程 : 附微课视频 : Rhino 8 / 艾萍，赵博主编. -- 2 版. -- 北京 : 人民邮电出版社，2025. --（高等院校数字艺术精品课程系列教材）. -- ISBN 978-7-115-67885-0

Ⅰ. TB472-39

中国国家版本馆 CIP 数据核字第 2025QX2032 号

## 内 容 提 要

本书重点介绍利用 Rhino 8 进行产品建模的方法和技巧。全书共分 8 章，第 1～4 章为基础理论内容，介绍点、线、面的构成，以及点、线对最终模型精度与连续性的影响因素等；第 5 章为渲染内容，重点介绍 KeyShot 渲染器的相关知识；第 6～8 章为建模案例，选择工业设计领域中较为经典的几类产品进行讲解。

本书内容翔实，图文并茂，操作性和针对性较强，旨在引领读者熟悉产品设计理念，掌握产品制作技巧，为步入专业设计领域奠定基础。

本书适合作为高等院校工业设计相关专业产品造型设计课程教材，也可作为对工业设计感兴趣的读者的参考书。

◆ 主　编　艾　萍　赵　博
　　副主编　金　燕　张亚先
　　责任编辑　王亚娜
　　责任印制　王　郁　焦志炜

◆ 人民邮电出版社出版发行　　　北京市丰台区成寿寺路 11 号
　　邮编　100164　电子邮件　315@ptpress.com.cn
　　网址　https://www.ptpress.com.cn
　　北京市艺辉印刷有限公司印刷

◆ 开本：787×1092　1/16
　　印张：18　　　　　　　　　　2025 年 9 月第 2 版
　　字数：379 千字　　　　　　　2025 年 9 月北京第 1 次印刷

定价：69.80 元

读者服务热线：(010)81055256　印装质量热线：(010)81055316
反盗版热线：(010)81055315

# 前言

Rhino是一款基于NURBS原理的高级建模软件，因功能强大、上手容易、能够自由地表现设计概念等特点而被广大产品设计人员推崇。它在高校工业设计专业有着庞大的用户群体，也是学习Alias、Maya等高端NURBS软件的基础。

本书全面贯彻党的二十大精神，以社会主义核心价值观为引领，传承中华优秀传统文化，坚定文化自信。为使本书内容更好地体现时代性、把握规律性、富于创造性，编者对本书的体例结构做了精心的设计。

本书以Rhino 8建模为重点，旨在让读者从基础理论开始透彻理解Rhino 8，重在培养读者自行分析与创新的能力。本书选择工业设计领域中较为经典的几类产品设计案例来进行讲解，通过展示二维效果图、建模分步图及最终渲染效果图等，使读者能对建模思路有清晰的了解并掌握产品设计的一般流程和方法。渲染部分对KeyShot渲染器进行讲解，围绕典型案例主要讲解各种典型材质的表现技巧，总结常用的材质特点与调节的要点，使读者理解得更为透彻。

本书以循序渐进的方式讲解建模知识，在介绍完基础知识后，安排了3个由简单到复杂的案例。每个案例都有详细的操作步骤。读者只要按照这些操作步骤操作，就可以轻松完成每个案例的制作，并掌握软件的相关操作技巧。随着学习的深入，案例的综合性也越来越强，读者能够真正地学以致用，既提高学习兴趣，也培养自信心。

本书共8章，各章内容如下。

• 第1章：介绍计算机辅助工业设计。

- 第2章：介绍Rhino的基础知识。

- 第3章：介绍NURBS的基础知识。

- 第4章：介绍曲线与曲面的创建和编辑。

- 第5章：介绍KeyShot渲染基础。

- 第6章：介绍小产品建模案例。

- 第7章：介绍小家电建模案例。

- 第8章：介绍电动工具建模案例。

本书提供书中所有案例的素材文件、最终渲染效果图和模型、渲染源文件，以便读者能更快、更轻松地完成学习任务。此外，本书还提供PPT课件、教学大纲，配套教案等丰富的教辅资源，任课老师可在人邮教育社区（www.ryjiaoyu.com）搜索书名免费下载。

由于编者水平有限，书中难免存在不足之处，敬请读者批评指正。

编　者

2025年5月

# 目录

# 第5章
## KeyShot渲染基础

**第6章**
**小产品建模案例**

## 第7章
### 小家电建模案例

## 第8章
### 电动工具建模案例

# 第 1 章

# 计算机辅助工业设计 概述

学习目标：

- 了解计算机辅助工业设计的概念与特性；
- 了解计算机辅助工业设计的发展历程与现状；
- 了解计算机辅助技术对工业设计的影响。

设计是人类为了实现某种特定的目的而进行的创造性活动，它包含于一切人造物品的形成过程中。用明确的手段来构思和建立切实可行的实施方案，以实现这种创造性活动的过程被称为广义的工业设计，它包含一切使用现代化手段进行生产和服务的设计过程。计算机技术的迅猛发展和计算机辅助设计的广泛应用，极大地改变了工业设计的技术手段、流程与方法，使得工业设计师能更方便、更快捷、更彻底地表达自己的设计理念和创意。

## 1.1 | 计算机辅助工业设计的概念与特性

计算机辅助工业设计（Computer-Aided Industrial Design，CAID）是在计算机技术和工业设计相结合形成的系统的支持下，进行工业设计领域内的各类创造性活动。它是以计算机技术为支撑的信息时代环境下的产物，是以信息化、数字化为特征，计算机参与新产品开发的新型设计模式。与传统的工业设计相比，CAID在设计方法、设计过程、设计质量和设计效率等各方面都发生了质的变化，其目的是提高效率，增强设计过程及结果表达的科学性、可靠性、完整性，并积极适应日新月异的信息化生产制造方式。

计算机辅助设计与制造（Computer-Aided Design and Manufacturing，CAD/CAM）是指利用计算机来分析、仿真、设计、绘图并拟定生产计划、制造程序、控制生产过程，也就是从设计到加工生产，全都要借助计算机，因此CAD/CAM是自动化的重要中枢，影响着工业生产力与质量。

计算机辅助设计（Computer-Aided Design，CAD）的概念是在20世纪50年代被提出的，目的是让计算机参与设计工作，完成设计中繁重的逻辑运算，提高工作效率，并应用于航空航天、工业自动化等领域。经过几十年的发展，计算机已成为人们设计工作中必不可少的工具，CAD/CAM技术使产品的设计制造和组织生产的传统模式产生了深刻的变革，成为产品更新换代的关键技术，被人们称为产业革命的"发动机"。在工业发达国家，CAD/CAM已经成了一个推动各行业技术进步的、具有相当规模的新兴产业部门。因此，CAD/CAM技术成为反映一个国家工业水平的标志。

CAID是采用计算机进行设计的CAD技术的一种，特别指能够进行设计的系统。普通的CAD工具主要用来制作产品内部零部件设计图等，而CAID工具主要着眼于开发设计整体的形状和外观。它装载了面向工业设计的建模功能及绘制完整图形的功能等。

由于工业设计是一门综合性学科，涉及诸多领域，因此CAID也涉及CAD技术、人工智能技术、多媒体技术、虚拟现实（Virtual Reality，VR）技术、敏捷制造、优化技术、模糊技术及人机工程等众多信息技术领域。从广义上来讲，CAID是CAD的一个分支，可以借鉴和运用CAD领域的许多方法和技术。从产品设计与制造的发展趋势来看，并行设计、协同设计、智能设计、虚拟设计、敏捷设计及全生命周期设计等设计方法代表了现代产品设计模式的发展方向。随着技术的进一步发展，产品设计模式在信息化的基础上，必然朝着数字化、集成化、网络化及智能化的方向发展。在计算机的辅助下，工业设计的发展趋势必然与上述发展趋势一致，最终建立统一的设计支撑模型，工业设计师之间也将逐步融合，走向统一化。图1-1和图1-2所示为VR技术在现代设计中的应用。

· 图1-1 | 利用VR技术模拟产品处在不同环境下的效果　　· 图1-2 | 利用VR技术进行方案的评估

　　CAID以工业设计知识为主体，以计算机和网络等信息技术为辅助工具，实现对产品形态、色彩和美学原则的量化描述，从而设计出更加实用、经济、美观、宜人和创新的产品，满足不同层次人们的需求。

　　CAID有别于传统的工业设计，具有以下特性。

## 1. 系统性

　　工业设计是一个系统，计算机本身也是一个系统，它由中央处理器、存储器及各种输入设备、输出设备组成，这些部分相互依赖、相互协调，共同完成信息处理工作。计算机的软件也是一个系统，无论是系统软件还是应用软件，其自身都有非常严密的结构和功能，缺一不可。可以说，操作计算机的一切活动都是在这些系统中完成的，一旦某个环节出现问题，整个工作都会受到影响，所以系统性是CAID的一个重要特性。

## 2. 逻辑性

　　计算机进行的工作是一种逻辑运算，任何动作都要通过接收指令、高速运算来完成。逻辑性是计算机工作的本质特性。这促使用户在操作计算机时必须按照严格的顺序进行，不能颠倒、省略操作，不能有跳跃性，所以我们在学习CAID时要培养严谨的逻辑思维习惯。

## 3. 准确性

　　计算机的工作方式不同于人的工作方式。计算机是一个不知道疲劳的"工作狂"，只要操作平台和软件系统正常，它的结果一般不会有差错。这样的工具无疑给设计带来了极强的准确性，为将来的生产制造提供了必要的条件。

## 4. 高效性

　　在设计中，人们常需要复制、阵列某一对象，对于这类重复性的工作，计算机瞬间就可完成。原来需要几个月甚至更长时间完成的工作，现在利用计算机几天甚至几个小时即可完成。随着网络的应用，设计工作还可以分别由不同的计算机完成，这样的效率是人工无法比拟的。

## 5. 交互式

　　CAID其实是设计师与计算机相互配合，发挥各自的优势，应用多学科的技术方法综合、有效地解决问题的一种工作方式。这种方式需要在人、机之间交换信息，设计师操作计算机，计算机将运算结果反馈给设计师，设计师做出判断后再把自己的要求传达给计算机……如此循环。在这里，设计师的判断、决策、创造能力与计算机的高效信息处理技术得到了充分的结合，所以交互式是CAID的主要特性。

#### 6. 周期性

计算机技术的高速发展，使CAID的方式和方法产生了周期性的变化，这使任何先进的东西都成了暂时的、相对的。计算机硬件及软件的迅速发展和不断更新，更是缩短了CAID系统的生命周期，设计工作也愈加轻松高效。

#### 7. 标准化与学习的贯通性

虽然计算机硬件换代周期越来越短，但软件的开发速度依然较快。所有的软件开发商每隔一段时间就会推出软件的新版本，有的是局部完善，有的是全面更新，总的来说，软件的功能越来越强。但是，无论其发展速度多么快，软件的更新换代总是有继承性的，绝大部分的操作习惯和界面布局都保留了下来，新增的功能也有详尽的说明。因此，我们大可不必因其更新速度快而感到无所适从，只要深入掌握了一个版本，就能很快适应和掌握新版本。

这种学习的贯通性还表现在一旦熟练掌握了一个软件，学习其他软件就会容易很多，因为计算机的标准化使得大部分软件的一般操作都是类似的。CAID涉及许多软件，只要基础扎实，能够举一反三，对有些软件的学习就能无师自通，非常轻松。

## 🎯 1.2 | 计算机辅助工业设计的发展历程与现状

CAID的发展史其实就是计算机技术的发展史。自1946年第一台通用电子计算机问世以来，人们就一直致力于利用其强大的功能进行各种设计活动。20世纪50年代，美国成功研制了第一台图形显示器。20世纪60年代，美国麻省理工学院的伊万·萨瑟兰（Ivan Sutherland）在其博士论文中首次论证了计算机交互式图形技术的一系列原理和机制，正式提出了计算机图形学的概念，从而奠定了计算机图形技术发展的理论基础，同时也为CAD开辟了广泛的应用前景。20世纪80年代以来，随着科学技术的进步，计算机在硬件及软件方面都产生了巨大的飞跃，CAID也因其快捷、高效、准确、精密及便于存储、交流和修改的优势而广泛应用于工业设计的各个领域，大大提高了设计效率。

CAID工具利用计算机的精确与快速方便的特性来辅助工业设计师在产品造型上的工作，凡是利用计算机来辅助设计工作的软硬件工具都可称为CAID工具。CAID相对于CAD的发展较晚，CAID的名称最早出现在1989年发行的*Innovation*杂志中，出现后立刻引起了工业设计师的热烈反响，自此，CAID的理论与应用技术不断得到扩充与发展。

CAID的出现使工业设计的方式发生了根本性的变化，这不仅体现在用计算机来绘制各种设计图，用快速的原型技术替代油泥模型，或者用VR技术进行产品的仿真演示等，还体现在建立起了一种并行结构的设计系统，将设计、工程分析、制造集成于一个系统，使不同专业的人员能及时相互反馈信息，从而缩短开发周期，并保证设计、制造的高质量。这些变化要求设计师具有更高的整体意识和更多的工程技术知识，而不是局限于效果图的表现。

在计算机等数字输入设备普及以前，所有的产品设计创意工作都是在纸张上开展的，借助湿性和干性介质及绘图工具表现设计，这便是最传统的产品设计表达方式。传统的设计表达方式基本在前期设计阶段运用，因为传统的设计表达方式具有工具简单、表现迅速、便于推敲和思维同步等数字技术无法比拟的优点。

数字技术下的产品设计表达方式一般是将产品模型转化为计算机中的数据，利用这些数据，配合与之配套的软硬件接口构建产品的虚拟模型，预览生产效果，模拟机械运动。同时，还能够与生产环节的上下游紧密地结合起来。由于数字化的产品设计空间是虚拟的，因此对方案的评估与修改比较方便，这样有助于设计师对所设计的产品进行全方位、多角度的调整与把控。在虚拟模型阶段对可能出现的生产问题进行解决，这也是数字化设计方式的优势之一。

目前，CAID在硬件上形成了三大主流。

第一，CAD工作站具有强大的信息处理能力，属于设计领域的高端设备，价格昂贵。它在20世纪70年代由施乐（Xerox）公司首次推出，并实现了联网工作。现在SGI、Sun、IBM、DEC及HP等公司均已推出了高性能的工程工作站系统。工作站是企业设计、制造的主要硬件系统，与之相配的优秀设计软件有Alias、Pro/ENGINEER、I-DEAS及CATIA等。

第二，macOS计算机是平面设计者喜爱的产品，主要用于平面设计和桌面出版。由于其独具设计品位的操作界面具有较高的专业水准，因此在出版、印刷界占有较大的份额，独树一帜。但其硬件的不兼容性和较高的价格使得为macOS开发的软件也相对较少。然而，一些受欢迎的平面设计软件却最早应用于macOS计算机上，如Photoshop、FreeHand、Painter及Illustrator等。

第三，PC自从进入"奔腾"时代，发展速度惊人。由最初的P60到如今更高配置的酷睿系列，良好的兼容性、低廉的价格和优良的性能是推动PC迅速普及的三大动力。PC对独立性较强的工业设计师来说无疑是首选。其品种繁多，型号齐全，设计师既可以根据自己的工作需要组装兼容机，又可以选购服务较好的国内外品牌机，而且升级换代方便易行。PC的软件非常丰富，除了专为PC开发的软件外，许多工作站和macOS计算机的软件也纷纷移植到了PC上，加上网络、多媒体技术的发展，PC市场达到了空前的繁荣。

## 1.3 | 计算机辅助技术对工业设计的影响

计算机辅助技术与工业设计的关系是非常紧密的。一方面，计算机的应用极大地改变了工业设计的技术手段、流程与方法。与此相适应，设计师的观念和思维方式也有了很大的转变。另一方面，以计算机辅助技术为代表的高新技术开辟了工业设计的崭新领域，先进的技术必须与优秀的设计结合起来，才能变得人性化，真正服务于人类，工业设计对推动高新技术产品的进步起到了不可估量的作用。

CAD/CAID技术的出现使工业设计产生了深刻的变革，CAD/CAID技术已渗透到工业产品设计的每个环节中。借助CAD/CAM、CAID技术，工业设计正在日益蓬勃地向前发展，对工业设计产业的发展而言，计算机化已是目前的趋势之一，而三维造型技术是现代工业设计中的主要手段之一。

与传统的工业设计相比，CAID在设计方法、设计过程、设计质量和设计效率等方面都发生了质的变化。传统设计技术与现代科学呈现不断融合的趋势，对工业设计研究、教育和应用产生了深远的影响。设计的工具发生了变化，设计师的工作也发生了变化，为了使产品设计更加人性化，传统工业设计师所需的专业技能（如草图绘制到精密描绘产品预想图）随着计算机软硬件技术的迅速发展，逐渐被CAD/CAID软件强大的功能替代。

计算机辅助技术的出现与应用，使得产品的设计开发与生产制造的流程与方法发生了结构和观念上的改变，也影响了产品造型设计的趋势与风格。CAD/CAID技术的发展深刻影响着设计的流程，现在一款产品从设计、加工到最后的装配，每个环节都可以通过计算机进行精准控制。工业设计简易流程示意如图1-3所示。

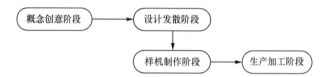

· 图1-3 │ 工业设计简易流程示意

图1-4所示为以3D Modeling为基础的产品设计流程，可以发现，相比图1-3所示的传统线性流程，图1-4是以类似于同步工程（Simultaneous Engineering）的平行开发观念来进行产品的设计与开发的。借助CAID技术，现代的设计开发与生产制造可以进行应力/应变分析、质量属性分析、空间运动分析、装配干涉分析、模具设计、NC（Numerical Control，数控）编程、可加工性分析、二维工程图的自动生成、外观效果和造型效果评价等工作。

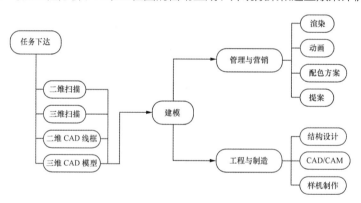

· 图1-4 │ 以3D Modeling为基础的产品设计流程

现今，利用计算机辅助技术，设计师能直接以三维造型来表达设计；模型师也可以依据三维模型数据，完成产品原型的制作；而工程设计人员更可以直接采用相关的三维模型数据，进行结构的设计与模具的开发。整个设计流程在时效上获得提升，以便更好地控制设计的品质。现在应用CAD/CAID工具已经能做到逼真的产品预想呈现，甚至材质模拟、背景变换、贴图渲染等功能大幅超越了设计师手绘预想图的水平，更重要的是其模拟动态的功能可以在立体空间中以虚拟模型（Virtual Model）呈现出以往平面图纸所不易表现的角度，以进行检查、修正工作。此外，利用三维模型，设计师可以直接在其构建的三维空间中进行思考，缩短传统设计开发周期。

计算机工具的应用加快了设计的发展、提高了设计实现的可能性，透过屏幕中的虚拟模型，不必等到制作出原型，即可预览产品的各部分细节，对产品进行了解与修正，这对制造程序而言，无疑大幅减少了许多错误并节省了开发时间。

CAID系统的导入可以让设计师充分表达自己的设计概念。在CAID系统内部，由设计师设计的三维造型可以在系统的透视视窗中以各种视角即时显示，有助于客户及各部门之间就此产品进行沟通。一个产品的三维造型数据可通过各种合适的转换格式传输至机构模拟系统或计算机辅助工程（Computer-Aided Engineering，CAE）、CAD/CAM系统，无须绘制三视图，只要数据传输严谨，数据的失真率几乎为零。无论是塑胶模流分析、机构设计模拟、机械结构应力分析、NC编程还是刀具路径的模拟等，皆可在计算机内依据CAID三维造型数据以极为精确的方式进行。

　　目前用户接触到的CAID主要应用在产品造型设计阶段，即采用CAD软件构建产品数字模型，并通过相关的数字输出设备将其转变成平面效果图和三维实体，以提高产品设计的效率和保证产品制造的准确性。这只是CAID的部分应用，随着计算机技术的不断发展和设计领域的不断拓展，CAID的应用将越来越多，应用领域也将不断扩大。

　　目前常用的与工业设计有关的软件包括平面设计软件（如Photoshop、Illustrator、CorelDRAW等）和三维设计软件（如Rhinoceros、3ds Max、Cinema 4D、Alias、Pro/ENGINEER、UG及SOLIDWORKS等）。在众多的三维设计软件中，Rhinoceros（简称Rhino）以其建模方式简便、界面清晰、稳定性好及针对工业设计等特点，受到广大用户的好评。本书将基于Rhino 8中文版和KeyShot 6中文版介绍CAID曲面建模的相关知识与技术。

　　对工业设计专业的学生来说，要想从全局认识工业设计的整体框架和脉络，领悟工业设计的精髓，必须从基础做起。一方面必须具备必要的设计理论知识，掌握相关的设计原理和设计思维与方法，这是设计产品的前提；另一方面必须掌握手绘及计算机创意表达能力，这样才能进行设计创意和交流，包括与同行的交流、与工程技术人员及普通消费者的交流，这是设计产品的手段。因此，用计算机辅助产品建模与渲染是设计者必须具备的基本能力之一。

## 1.4 ｜ 小结

　　本章介绍了CAID的相关概念、特性、发展历程与现状，还介绍了计算机辅助技术对工业设计的影响。

## 1.5 ｜ 习题

　　（1）简述CAID的概念与特性。
　　（2）简述CAID的发展历程与现状。
　　（3）简述计算机辅助技术对工业设计的影响。

# 第2章

# Rhino基础知识

学习目标：

- 熟悉Rhino 8的工作界面；
- 了解Rhino中建模辅助相关选项的含义；
- 熟悉Rhino中对象的选择方式；
- 学会设置Rhino的工作环境；
- 学会识别Rhino中的坐标系；
- 掌握坐标输入方式；
- 掌握物件变动的操作方式。

本章主要介绍Rhino 8的工作界面与基本操作等基础知识，这些是学习建模前要掌握的基本内容。

## 2.1 | Rhino 8工作界面

安装好Rhino 8后，双击桌面的🦏图标，即可启动软件。每次启动软件时都会显示Rhino的预设对话框，如图2-1所示。

- 【新建】：在该选项卡中，可以单击模板文件名，以一个模板文件新建文件，若没有选择模板文件，直接关闭该窗口，则会以默认的模板新建文件。默认模板放置在安装目录的"support"文件夹中。
- 【最近的文件】：在该选项卡中，可以快速打开最近使用的文件。
- 【打开文件】：会自动定位到最后一次保存文件的目录下。

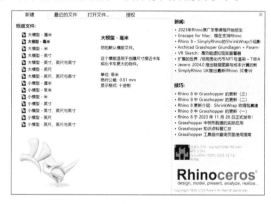

· 图2-1 | 预设对话框

闪过欢迎画面后，自动进入Rhino 8工作界面，如图2-2所示。第一次启动Rhino 8时，软件的工作界面可能是浅色的或深色的，这取决于当前操作系统的主题设置。为了便于教学，本书使用的是自定义后的浅色界面。稍后会介绍加载自定义软件界面配置文件的方式。

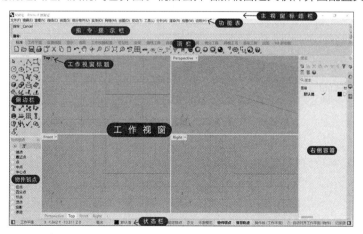

· 图2-2 | Rhino 8工作界面

## 2.2 | 自定义软件界面

与以前的版本相比，Rhino 8的界面管理更加灵活高效，界面布局发生了很大的改变。Rhino 8新增了容器的概念来组织界面，用户可以使用功能表中的【视窗】/【视窗布局】命令来保存或恢复界面等。

### 2.2.1 配置界面元素

Rhino 8界面的显示项目可以自定义，单击顶栏中的【标准】/【选项】按钮，或者执行功能表中的【工具】/【选项】命令，在弹出的【Rhino 选项】对话框的左侧列表框中选择【外观】选项，在右侧的【显示下列项目】选项组中设置软件界面要显示的项目，如图2-3所示。

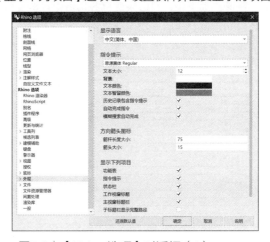

微课

配置界面

· 图2-3 | 【Rhino 选项】对话框（1）

界面中的其他模块通过容器组织。执行功能表中的【视窗】/【容器】命令，可以查看界面已开启的容器，如图2-4所示。执行功能表中的【视窗】/【容器】/【管理容器】命令，打开【容器】对话框，如图2-5所示，可以在该对话框中管理要显示或隐藏的容器。

· 图2-4 | 【视窗】/【容器】命令

· 图2-5 | 【容器】对话框

在【Rhino 选项】对话框左侧的列表框中选择【工具列】/【大小与形式】选项，在右侧
【标签显示样式】选项组的【停靠顶部/底部】下拉列表中选择【仅图像】选项；勾选【锁
定停靠的容器】复选框，如图2-6所示。

**要点提示**：版本不同，【Rhino 选项】对话框会不太一样。

将停靠顶部的容器显示样式修改为【仅图像】，这样方便本书后面描述按钮所处的位置。

·图2-6│【Rhino 选项】对话框（2）

## 2.2.2　配置界面颜色及其他

Rhino 8提供了深色与浅色两种默认配置。在【Rhino 选项】对话框左侧的列表框中选
择【外观】/【颜色】选项，在右侧可以切换主题模式，如图2-7所示。

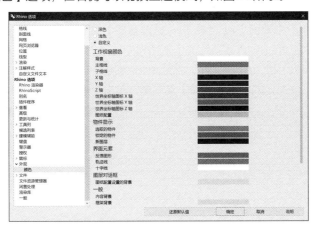

·图2-7│【Rhino 选项】对话框（3）

除了默认的颜色配置，还可以自定义界面配色，以及视图的显示模式、键盘快捷键等配
置。这些修改都在【Rhino 选项】对话框中完成。如果配置一次修改的选项众多，可以将配
置好的文件导出，方便备份配置数据以及在多个设备之间进行同步。可以通过导入本书配置

好的文件来完成工作环境的配置。

- 单击顶栏中的▢/【选项】按钮◉，在弹出的【Rhino 选项】对话框的左侧列表框中选择【外观】/【颜色】选项，在右侧选择【浅色】单选项。
- 执行功能表中的【工具】/【导入选项】命令，弹出图2-8所示的【导入】对话框，选择配套素材"Rhino 8配置"文件夹中的"Rhino-8-浅色.ini"文件；然后单击 打开(O) 按钮，弹出图2-9所示的【设置导入】对话框，单击 全选 按钮，将所有的复选框都勾选，单击 确定(K) 按钮。返回工作界面，可以看到界面的配色、视图的显示模式、命令的快捷键等都发生了改变。

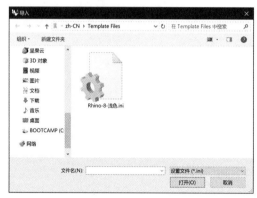

· 图2-8 | 选择文件

· 图2-9 | 【设置导入】对话框

## 2.2.3 配置鼠标中键

单击鼠标中键，可以调出对应的工具列，其中集成了常用命令与自定义命令，熟练使用鼠标中键可以提高建模的效率。中键默认链接的是【弹出】工具列，如图2-10所示。

- 执行功能表中的【视窗】/【容器】/【管理容器】命令，弹出【容器】对话框，单击 📁 按钮，在弹出的【导入容器定义】对话框中选择配套素材"Rhino 8 配置"文件夹中的"Rhino-8-中键.rhc"文件，然后单击 打开(O) 按钮，此时的【容器】对话框如图2-11所示。注意无须勾选【中键】复选框，单击 关闭(C) 按钮关闭对话框。

· 图2-10 | 【弹出】工具列

· 图2-11 | 【容器】对话框

● 在【Rhino 选项】对话框的左侧列表框中选择【鼠标】选项，在右侧的【弹出此工具列】下拉列表中选择【default:中键】选项，如图2-12所示。配置好后，单击鼠标中键，弹出的工具列如图2-13所示。

· 图2-12│【Rhino 选项】对话框（4）

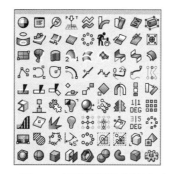

· 图2-13│配置鼠标中键后对应的工具列

图2-14所示为配置好的软件界面，使用此界面可以更清晰地展示物件的结构与状态。

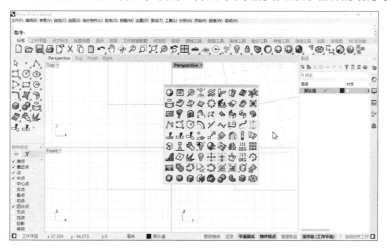

· 图2-14│配置好的软件界面

## 2.2.4 复原界面

若想恢复为默认的初始界面配置，可以单击顶栏中的 🖐/【重置Rhino】按钮 🔳。在弹出的【重置Rhinoceros为默认值】对话框中，勾选【恢复出厂设置，包括以上所有选项】复选框，如图2-15所示，确认操作重启软件即可恢

· 图2-15│【重置Rhinoceros 为默认值】对话框

复默认配置。需要注意的是，勾选【恢复出厂设置，包括以上所有选项】复选框后会删除自定义的工具列，因此在恢复前要将重要的自定义的工具列备份。

## 2.3 界面元素

Rhino 8默认的工作界面主要由主视窗标题栏、功能表、指令提示栏、顶栏、侧边栏、物件锁点、工作视窗、状态栏和右侧容器组成，如图2-2所示。顶栏默认是标准工具列容器，它由16个标准工具列组成；侧边栏是Rhinoceros边栏容器，它会随着顶栏的标签切换显示不同的内容。

### 2.3.1 容器

容器是Rhino 8新增的概念，它提高了界面组织的灵活性。容器可以理解为Rhino 7及以前版本中的工具列群组，但是比之前的工具列群组灵活、强大，可以混合集成工具列和面板。图2-16所示为默认显示的几个容器，用户可以将同一个工具列或面板添加进不同的容器中使用。容器可以导出和导入，以便备份或多台设备共享。

单击容器右上角的 ⚙ 图标，弹出图2-17所示的菜单，在此菜单中配置容器的相关选项。

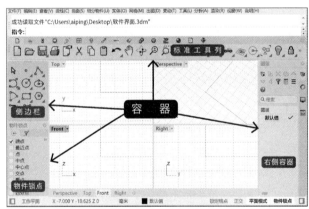

· 图2-16 ｜ 默认界面的容器　　　　　　　　　　　· 图2-17 ｜ 弹出的菜单

容器可以固定到界面的边栏位置，也可以处于浮动状态。取消勾选【锁定停靠的容器】复选框，移动鼠标指针到容器的标题栏或 ┈┈ 位置，待鼠标指针变为 ✥ 形状时，拖曳容器使其浮动。将浮动的容器向界面边栏拖曳，目标位置四周会出现可停靠标识——蓝色方块，拖曳到对应的方块上，方块会变大，然后释放鼠标左键，即可完成停靠，如图2-18所示。若勾选了【锁定停靠的容器】复选框，则不可以修改容器的停靠位置。

调整好的界面布局可以保存，执行功能表中的【视窗】/【视图布局】/【保存视图布局】命令，如图2-19所示，或者单击顶栏中的 🗋 /🔲 /【SaveWindowLayout】按钮🔲即可。保存的布局会新增到【视窗布局】级联菜单中，以便下次调用。

·图2-18│停靠容器

·图2-19│【保存视图布局】命令

## 2.3.2 主视窗标题栏

主视窗标题栏位于界面最上方，左侧是软件图标、当前文件名及软件版本，右侧是用来控制窗口状态的3个按钮，从左至右分别为【最小化】按钮 — 、【向下还原】按钮 □ （或【最大化】按钮 □ ）和【关闭】按钮 × 。

## 2.3.3 功能表

功能表位于标题栏下方，如图2-20所示。几乎所有的命令都可以在功能表中找到，所有命令都是根据类型来分类的。例如，【曲面】功能表包含所有的曲面创建命令与编辑命令。另外，有些插件在安装完成后，会提供功能表命令。

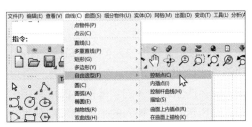

·图2-20│功能表

- 命令名称右侧的括号内有字母，按对应字母键即可将其选中。
- 命令名称右侧有 › 的，表示该命令下级还有命令。
- 命令名称右侧有 … 的，表示执行该命令后会弹出独立的对话框。
- 命令名称右侧有组合键的，表示该组合键为执行该命令的快捷键。
- 当命令名称显示为灰色时，表示当前命令不可用。

## 2.3.4 指令提示栏

指令提示栏（见图2-21）是Rhino重要的组成部分，位于功能表下方，包括指令历史栏与指令输入栏。

· 图2-21 | 指令提示栏

### 1. 指令历史栏

指令历史栏的功能如下。

（1）显示执行过的命令。

（2）显示命令的分析结果。图2-22所示为两条曲线几何连续性的分析结果。注意，分析结果可能有多行，此时需要调整指令提示栏的高度，以查看完整的分析结果。

（3）显示命令执行失败的原因等信息。图2-23所示为执行【平面曲线】命令失败的原因提示。

（4）在此栏右击，可以显示执行过的命令的名称，单击名称可以再次执行此命令。

· 图2-22 | 分析结果

· 图2-23 | 执行命令失败的原因提示

### 2. 指令输入栏

指令输入栏的功能如下。

（1）输入文字指令。

在指令输入栏中输入英文字母后，Rhino会自动筛选出以此字母开头的指令列表。再增加字母，会筛选出以输入的字母开头的所有指令，如图2-24所示。如果输入的指令在下拉列表中并未列出，则表示Rhino中无此指令，或者输入的是插件指令，而系统中没有安装此插件。

输入文字指令并不是常用的命令执行方式，但是有些命令只能用这种方式执行，因为它们不在功能表中或没有对应图标。这些命令通常是老旧的、不稳定的或还在开发测试中的命令。

所有文字指令都可以在官方帮助文件中检索到。

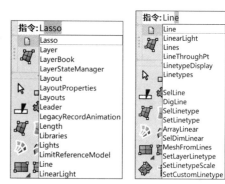

· 图2-24 | 输入文字指令

（2）显示命令执行的当前状态。

（3）提示下一步的操作。

（4）输入参数或数值。

（5）设置命令的选项。

许多命令在指令提示栏中都提供了相应的选项，执行命令后，用户可以直接在指令输入栏中输入选项右侧括号内带下划线的字母或直接单击选项（靠近选项时鼠标指针会变成 形状）来设置命令的选项。图2-25所示为通过单击设置命令的选项。

```
指令: _Sweep2
选取第一条路径（连锁边缘(C)): 连锁边缘
选取第一条路径的一段（自动连锁(A)=否 连锁连续性(C)=相切 方向(D)=两方向 接缝公差(G)=0.001 角度公差(N)=1）:
```

·图2-25｜设置命令的选项

## 2.3.5 工具列

Rhino中最常用的执行命令的方式就是使用工具列中的按钮。Rhino 8将面板和工具列都装在容器内，虽然容器概念会增加理解的难度，但是容器大大方便了管理界面。顶栏停靠于界面顶部、指令提示栏的下方。

【标准】工具列中放置了Rhino中常用的一些非建模工具，如新建、打开、保存、视图控制、图层及物件属性等。侧边栏是一个特殊的工具列容器，它会根据当前顶栏的标签切换呈现相应的内容。工具列常见的操作方法如下。

（1）单击顶栏的标签，可以切换到不同的工具列。

（2）将鼠标指针停留在任意一个按钮上，会显示该按钮的名称。

Rhino中的很多按钮集成了两个命令，单击该按钮和右击该按钮执行的是不同的命令。如图2-26所示，侧边栏中的 工具名称前的 表示单击 按钮执行【分割】命令，工具名称前的 表示右击 按钮执行【以结构线分割曲面】命令。

·图2-26｜显示按钮的名称

**要点提示**：本书后面的叙述中将以"单击【分割】按钮 "与"右击【以结构线分割曲面】按钮 "进行区分。

（3）工具列中有很多按钮右下角带有小三角形，如 按钮，表示该工具下还隐藏有子工具列。长按按钮，或者单击按钮右下角的小三角形可以弹出相应的子工具列。如图2-27所示，表示先长按侧边栏中的 按钮，再在展开的子工具列中单击【单轨扫掠】按钮 。

·图2-27｜显示子工具列

**要点提示**：本书后面会将此类操作简述为"单击侧边栏中的 /【单轨扫掠】按钮 "。将单击顶栏中的按钮简述为"单击顶栏中的 /【重置Rhino】按钮 "（注意将顶栏标签以图标形式显示）。带边框的图标表示工具位于工具列中，不带边框的图标表示顶栏标签。侧边栏会随着顶栏标签的切换显示不同的内容。后文中提到的侧边栏仅表示切换为【标准】标签 对应的侧边栏。

（4）执行功能表中的【视窗】/【工具列】命令，或者单击顶栏中的▯/▦/【显示或隐藏工具列】按钮▦，弹出图2-28所示的对话框，在右侧列表框中勾选复选框，单击 确定 按钮，即可在界面中显示相应的工具列。

· 图2-28 │ 设置要显示的工具列

　　默认界面中显示的按钮数量有限，通过单击工具列中的按钮，在弹出的子工具列中单击其他按钮的操作方法有些烦琐，这时用户可以根据个人习惯来自定义工具列，通过新建工具列将常用按钮添加到该工具列中，方法如下。

　　（1）在【Rhino 选项】对话框的左侧列表框中选择【工具列】选项，在右侧执行【编辑】/【新增工具列】命令，【工具列和工具列群组】选项组中会新增一个【Toolbar】复选框，如图2-29所示。

　　（2）勾选【Toolbar】复选框，单击 确定 按钮。软件界面中会显示新增的【Toolbar】工具列，此时该工具列是一个空白的工具列，如图2-30所示。

· 图2-29 │【Rhino 选项】对话框（5）

· 图2-30 │ 空白的【Toolbar】工具列

（3）将其他工具列中的按钮添加到新增的【Toolbar】工具列中。

移动、复制、删除按钮的方法如下。

- 移动按钮：按住Shift键，拖曳按钮到其他工具列或同一个工具列的其他位置，释放鼠标左键即可移动该按钮。
- 复制按钮：按住Ctrl键，拖曳按钮到其他工具列或同一个工具列的其他位置，释放鼠标左键即可复制该按钮。
- 删除按钮：按住Shift键，拖曳按钮到工具列外，即可删除该按钮。

更改工具列的配置后，单击容器右上角的■图标，在弹出的菜单中选择【导出容器】命令，打开【导出容器定义】对话框，可以将自定义的工具列保存为扩展名为".rhc"的容器文件，以便以后调用，也可以将自定义的工具列保存为扩展名为".rui"的工具列文件，不过使用容器导出与导入更加便捷。

## 2.3.6 工作视窗

默认状态下，Rhino的工作视窗有Top（顶视图）、Perspective（透视图）、Front（前视图）和Right（右视图）4个视图。具体建模操作与显示都是在视图中完成的。

- 平行视图：也叫作平面视图，顶视图、前视图、右视图都属于平行视图。平行视图中的对象不会产生透视变形效果，通常在平行视图中完成绘制曲线等操作。
- 透视图：一般不用于绘制曲线，用户可以在该视图中观察模型的形态，也可以在该视图中通过捕捉来定位点。

用户可以根据需要更改视图，只需右击视图名称，在弹出的快捷菜单中选择【设置视图】下的相应命令。

### 1. 视图的平移

单击顶栏中的▯/【平移：Shift+鼠标右键】按钮▦，在视图中拖曳鼠标可以平移视图。使用以下方法可以提高作图速度。

- 平移平行视图：按住鼠标右键拖曳鼠标。
- 平移透视图：按住Shift键，并按住鼠标右键拖曳鼠标。

### 2. 视图的缩放

单击顶栏中的▯/【动态缩放：Ctrl+鼠标右键】按钮▦，在视图中拖曳鼠标即可缩放视图，也可以按住Ctrl+鼠标右键并拖曳鼠标缩放视图，还可以用鼠标滚轮缩放视图。

工具列中的其他缩放按钮说明如下。

- 【框选缩放】按钮▦：在视图中拖出相应的矩形范围，该视图将会把框选范围放大，适用于对模型局部进行观察。
- 【缩放至最大范围】按钮▦：将视图中的所有物体调整到该视图所能容纳的最大范围内，便于对模型整体进行观察。
- 【缩放至选取物体】按钮▦：将所选择的物体缩放至适应该视图的最佳大小。

### 3. 视图的旋转

单击顶栏中的▯/【旋转视图：Ctrl+Shift+鼠标右键】按钮▦，在视图中拖曳鼠标可以旋转视图。其他方法如下。

• 旋转平行视图：按住 Ctrl + Shift 组合键，并按住鼠标右键拖曳鼠标。
• 旋转透视图：按住鼠标右键拖曳鼠标。

**4. 切换视图**

建模过程中，用户一次只能激活一个视图，将鼠标指针移动到某个视图并单击，该视图将自动激活，视图标题将高亮显示。双击视图名称可以最大化显示该视图，单击视图名称右侧的 ▾ 按钮，在弹出的菜单中选择【最大化】命令也可以最大化显示视图。

当视图最大化以后，可以按 Ctrl + Tab 快捷键在视图之间切换，Ctrl + F1、Ctrl + F2、Ctrl + F3、Ctrl + F4 快捷键则分别对应切换为 Top（顶视图）、Front（前视图）、Right（右视图）、Perspective（透视图），或者单击工作视窗下面的工作视窗标签来切换视图。

## ▌2.3.7　状态栏

状态栏是 Rhino 的一个重要组成部分，如图 2-31 所示，其中显示了当前坐标、捕捉、图层等信息。熟练地使用状态栏能够提高建模效率。注意，状态栏的内容可能会因分辨率的设置而显示不全。

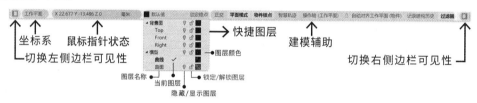

· 图 2-31 │ 状态栏

**1. 切换边栏可见性**

利用状态栏两端的 ▫ 与 ▫ 图标可以快速隐藏或显示两侧边栏，隐藏后可以扩大工作视窗。

**2. 坐标系**

单击 工作平面 或 世界 图标，即可在世界坐标系和工作平面坐标系之间切换。其中，世界坐标系是唯一的，工作平面坐标系是根据各个视图平面来确定的，水平向右的为 $x$ 轴，垂直向上的为 $y$ 轴，与 $xy$ 平面垂直的为 $z$ 轴。

**3. 鼠标指针状态**

前 3 个数据显示的是当前鼠标指针所在位置的坐标，用 $(x, y, z)$ 表示。注意此坐标是基于左侧的坐标系的。最后一个数据表示当前鼠标指针定位与上一个鼠标指针定位之间的距离。

**4. 快捷图层**

单击 ■默认 图标，即可弹出图层快捷编辑面板，利用该面板可以快速地切换、编辑图层，各图标的含义参见图 2-31。

**5. 建模辅助**

建模辅助功能在建模过程中使用非常频繁，单击相应的按钮即可切换其状态，文字显示为粗体时表示处于激活状态，正常显示时表示处于关闭状态。

• 【锁定格点】：激活此按钮时，可以限制鼠标指针只在视图中的格点上移动，这样可以控制所绘图形的数值和精确性，使绘制图形变得更加快捷、准确。

- 【正交】：激活此按钮时，可以限制鼠标指针只在水平和竖直方向上移动，即沿着与工作平面的坐标轴平行的方向移动，这对绘制与工作平面坐标轴平行或垂直的图形十分有用。
- 【平面模式】：激活此按钮时，可以限制当前点的z坐标与前一点的z坐标相同。
- 【物件锁点】：激活此按钮时，可以切换图2-37所示的【物件锁点】面板中【停用】复选框的勾选状态与未勾选状态。
- 【智慧轨迹】：可以依据工作视窗中不同的三维点、几何图形及坐标轴建立暂时性的辅助线和辅助点。
- 【操作轴(工作平面)】：激活此按钮时，选中的物件上会显示图2-32所示的操作轴，利用操作轴可以方便地调整物件。
- 【自动对齐工作平面(物件)】：Rhino 8新增的建模辅助功能，选择不同的物件，工作平面格线会自动吸附到选择对象所处的平面。建议保持关闭状态。
- 【记录建构历史】：在使用某个命令前激活该按钮，可以记录建构历史。需要注意的是，只有部分命令支持记录建构历史功能。
- 【过滤器】：激活此按钮时，可以切换图2-37所示的【选取过滤器】面板中【停用】复选框的勾选状态和未勾选状态。

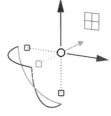

· 图2-32 | 操作轴

## 2.3.8 面板

界面右侧容器中默认显示的是【图层】、【属性】、【显示】、【说明】4个面板。

【说明】面板如图2-33所示，当在Rhino中使用某个工具或执行某个命令时，该面板中会即时显示该工具或命令的说明与帮助，以便初学者快速掌握Rhino的工具与命令。

· 图2-33 | 【说明】面板

# 2.4 | 命令执行基础操作

在Rhino中执行某个命令有以下3种方式。

（1）执行功能表中的相应命令。

（2）在指令提示栏中输入文字指令后按Enter键。

（3）单击工具列中的按钮以执行相应的命令。

不管以哪种方式执行命令，都是在调用该命令对应的指令。本书主要使用工具列中的按钮来描述命令的位置。

## 2.4.1 鼠标左键、右键功能

在执行命令的过程中鼠标左键与鼠标右键的功能是不同的。

**1. 鼠标左键功能**

- 当指令提示栏提示选择对象时，在工作视窗中选择要操作的物件。
- 当指令提示栏提示输入点时，可以在工作视窗中通过单击确定点的位置，也可以通过输入坐标的方式来定位点。
- 在命令执行过程中，当指令提示栏中提供了相应的选项时，可以单击选项来修改选项的设置。

**2. 鼠标右键功能**

- 当指令提示栏中的提示包含"按Enter完成"时，可以右击或按Enter键确认操作。
- 当以坐标等方式输入参数后，可以右击或按Enter键确认输入的参数。
- 当提示输入数值时，可以不输入数值，直接右击或按Enter键重复使用上一次的数值。
- 当指令提示栏为空时，右击或按Enter键可以重复执行上次的命令。
- 执行画线等命令时可以输入多个点的坐标，直到右击或按Enter键才结束命令。

**要点提示**：按Esc键退出命令，该操作表示中断命令，与结束命令是不同的。

### 2.4.2　执行命令与选择对象的先后顺序

可以先选择对象，再执行命令；也可以先执行命令，再选择对象。不过，对有些命令来说，先执行命令后选择对象和先选择对象后执行命令会有少许差别。例如，单击侧边栏中的【修剪】按钮。

**1. 先执行命令后选择对象**

先执行命令，指令提示栏会提示"选取切割用物件"，表示需要先选择用于切割的物件，按Enter键或右击后，再选择被修剪的对象。

**2. 先选择对象后执行命令**

先选择对象，再执行命令时，会将之前选择的对象视为用于切割的物件，指令提示栏会直接提示"选取要修剪的物件"，这时只需直接选择被修剪的对象。

## 2.5 │ 对象的选择方式

Rhino为用户提供了多种对象的选择方式，包括点选、鼠标群组选取、按类型选取、全选和反选等。

下面对常用的点选、鼠标群组选取和按类型选取进行详细介绍。

### 2.5.1　点选

点选单个物件的方法非常简单，在要选择的物件上单击即可，被点选的物件会以亮黄色显示。与点选相关的方法如下。

（1）取消选择：在工作视窗的空白处单击，可以取消选择所有对象。按Esc键也可以取消选择对象。

（2）加选：按住Shift键，再点选其他对象，可以将其增加至选中状态。

（3）减选：多个对象处于选中状态时，按住 Ctrl 键，再单击要取消选择的对象，可以取消选择该对象。

当场景中有多个对象重叠或交叉在一起，要选择其中某个对象时，会弹出图2-34所示的【候选列表】，视图中待选的对象会以高亮框架显示，在【候选列表】中选择待选物件的名称，即可选择该对象。如果【候选列表】中没有要选择的对象，则选择【无】选项，或者直接在工作视窗的空白处单击，然后重新选择。

·图2-34｜点选重叠物件

## 2.5.2 鼠标群组选取

当场景中的物件特别多时，点选的效率太低，这时可用鼠标群组选取方式快速选择。Rhino中的鼠标群组选取物件的方法与AutoCAD中的框选方法十分类似，即按住鼠标左键拖曳出一个选择框来选择对象。单击顶栏中的 □/【选项】按钮 ，弹出【Rhino 选项】对话框，在此对话框中设置【鼠标】的相关参数。【鼠标群组选取】选项组中的【方式】下拉列表提供了3种方式，如图2-35所示，介绍如下。

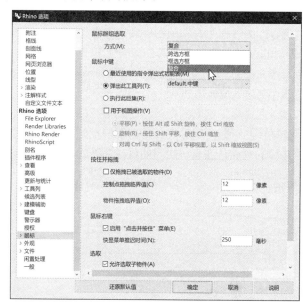

·图2-35｜【方式】下拉列表

- 【跨选方框】：拖曳出一个虚线选择框，待选择的物件只要与选择框有接触就可以被选中。
- 【框选方框】：拖曳出一个实线选择框，只有被完全框住的物件才能被选中。
- 【复合】：从左向右拖曳出一个实线选择框，执行的是框选模式，只有被完全框住的物件才能被选中。而从右向左拖曳出一个虚线选择框，执行的是跨选模式，待选择的物件只要与选择框有接触就可以被选中。

- 【复合】方式是最高效的选择方式，灵活运用【复合】方式，可以大大提高选择效率。鼠标群组选取还可以配合 Shift 键与 Ctrl 键使用。

### 2.5.3　按类型选取

系统能够按类型将一个场景中的所有物体分为曲线、曲面、多边形及灯光等，使用按类型选取的方法可以很方便地选取场景中的某一类物体。在顶栏中的  按钮上按住鼠标左键不放，即可弹出图2-36所示的【选取】子工具列。这些选择方式也可以通过执行功能表中的【编辑】/【选取物体】命令找到。

·图2-36│【选取】子工具列

## 🎯 2.6 │ 建模辅助

默认工作界面左侧的侧边栏下方的是【物件锁点】容器。该容器集成了【物件锁点】面板和【选取过滤器】面板，如图2-37所示。

在使用Rhino进行设计的过程中，利用物件锁点可以提高建模的精度。被吸附的曲线或曲面边缘等对象会加粗显示，图2-38所示为锁点于一条曲线端点的状态。

【物件锁点】面板中各选项的作用如下。

- 【端点】：勾选该复选框，当鼠标指针移动到相应曲线或曲面边缘的端点附近时，鼠标指针将自动捕捉到该曲线或曲面边缘的端点。注意，封闭曲线或曲面的接缝也可以作为端点被捕捉。

·图2-37│【物件锁点】容器

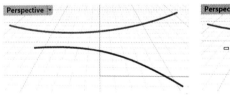 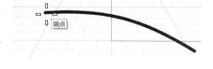

·图2-38│锁点于曲线端点

- 【最近点】：勾选该复选框时，鼠标指针可以捕捉到曲线或曲面边缘上的某一点。
- 【点】：勾选该复选框时，鼠标指针可捕捉到点对象或物件的控制点、编辑点（默认快捷方式是按 F10 键，可显示物件的控制点；按 F11 键，可关闭物件的控制点）。
- 【中点】：勾选该复选框时，鼠标指针可捕捉到曲线或曲面边缘的中点。
- 【中心点】：勾选该复选框时，鼠标指针可捕捉到曲线的中心点，一般限于使用圆、椭圆或圆弧等工具绘制的曲线。
- 【交点】：勾选该复选框时，鼠标指针可捕捉到曲线或曲面边缘间的交点。

要点提示：单击顶栏中的 □ /【选项】按钮，弹出【Rhino 选项】对话框，在左侧列表框中选择【建模辅助】选项，在右侧的【物件锁点】选项组中勾选【可作用于视角交点】复选框。在某个视图中若能看到视角交点，即可捕捉到该交点，无论这两个对象是否真正相交，如图2-39所示；当取消勾选该复选框时，只有两个对象存在实际的交点才能捕捉到。

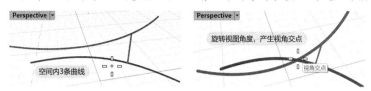

·图2-39│交点捕捉

注意，在使用侧边栏的【修剪】工具 修剪曲线时，指令提示栏中有一个"视角交点（A）"选项，如图2-40所示。该选项默认是启用的，即使空间中不存在有实际交点的物件，也可以通过视角交点进行修剪，如图2-41所示。透视图内的视角交点是不断变化的，建议不要使用"视角交点（A）"选项来修剪曲线，以免产生不确切的修剪结果。而平行视图内的视角交点是固定的，所以可以通过"视角交点(A)"选项来修剪曲线。

·图2-40│"视角交点（A）"选项

·图2-41│通过视角交点修剪曲线

- 【垂点】：勾选该复选框时，鼠标指针可以捕捉到曲线或曲面边缘上的某一点，使该点与上一点形成的连线垂直于曲线或曲面边缘。
- 【切点】：勾选该复选框时，鼠标指针可以捕捉到曲线上的某一点，使该点与上一点形成的连线与曲线正切。
- 【四分点】：勾选该复选框时，鼠标指针可以捕捉到曲线的极值点，该点是曲线在工作平面中x轴、y轴坐标方位上最大或最小的点。
- 【节点】：勾选该复选框时，鼠标指针可以捕捉到曲线或曲面边缘上的节点。节点是B-Spline多项式定义改变处的点。
- 【顶点】：勾选该复选框时，可以锁定网格或细分物件的顶点。
- 【投影】：勾选该复选框时，所有的锁点都会投影至当前视图的工作平面上，透视图会投影至世界坐标系的xy平面上。
- 【停用】：勾选该复选框时，将暂时停用所有的锁点捕捉。按Alt键也可以使捕捉临时失效。

Rhino还提供了其他的捕捉功能，在顶栏中的 □/【显示物件锁点面板】按钮 ⊙ 上按住鼠标左键不放，即可弹出图2-42所示的【物件锁点】子工具列。该子工具列中提供的捕捉功能是一次性的，执行一次后捕捉功能会失效，而【物件锁点】面板中提供的捕捉功能只要处于勾选状态，就一直处于启用状态。

· 图2-42 | 【物件锁点】子工具列

在建模过程中灵活使用物件锁点，可以提高作图效率与精确度。

## 2.7 | Rhino工作环境设置

在开始建模之前，需要针对建模的内容来设置工作环境，这就需要用户根据个人习惯和建模需求进行相应的设置。本节将对Rhino工作环境的设置进行系统讲解。

执行功能表中的【工具】/【选项】命令，或者单击顶栏中的 □/【选项】按钮 ⚙，弹出图2-43所示的【Rhino 选项】对话框，在该对话框中进行设置。

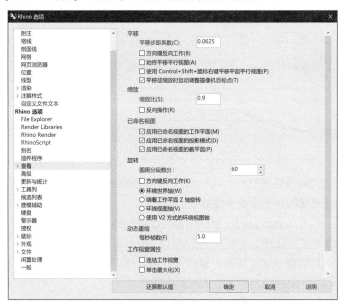

· 图2-43 | 【Rhino 选项】对话框（6）

### 2.7.1 设置单位和公差

建模之前，根据建模的内容，先设置好单位与公差。在【Rhino 选项】对话框的左侧列表框中选择【单位】选项，在右侧的【模型】选项卡中设置单位和公差，如图2-44所示。

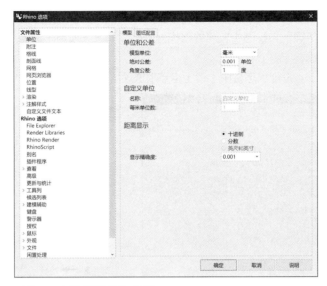

·图2-44│设置单位和公差

【单位和公差】选项组中各选项的作用如下。

- 【模型单位】：用来设置模型的单位，用户可以任意选择或自定义。当建模对象尺寸较大时，单位可以使用【厘米】【米】；当建模对象尺寸较小时，单位可以使用【毫米】。

- 【绝对公差】：绝对公差也叫单位公差，是在建模中建立无法绝对精确的几何图形时所容许的误差，如使用【偏移曲线】 、【修剪】 、【从网线建立曲面】 等工具生成的对象都不是绝对精确的。公差是影响建模精度的一个主要因素。当两个物件之间的坐标差小于该值时，系统才认为两者是重合的。绝对公差越大，误差也越大，出错的概率也就越大，导入或导出模型到其他软件中时，也可能因公差设置不当而出现大量的错误。根据建模对象的不同，可以设定不同的公差，一般将公差设定在0.001～0.01。

- 【角度公差】：角度公差的单位是【度】，默认值为"1"。一般情况下，该值不需要改动。例如，两条曲线在相接点的切线方向差异角度小于或等于角度公差时，会被视为相切。

Rhino提供了多个模板文件，这些模板文件根据模型的尺寸分别设定了不同的默认单位与绝对公差，用户可以根据需要调用。

## 2.7.2 设置格线

在工作视窗背景中，纵横交错的灰色网线称为格线，格线有助于用户观察物件之间的关系。透视图中的格线代表水平面，通过它可以直观地观察物件的高度。其中以红色与绿色显示的格线是工作平面坐标系的$x$轴和$y$轴。

在【Rhino 选项】对话框的左侧列表框中选择【格线】选项，在右侧设置格线的范围与间距，如图2-45所示。视图中主格线、子格线、格线轴与世界坐标系图标示意如图2-46所示。

【格线属性】和【锁定格点】选项组中各选项的作用如下。

- 【总格数】：控制格线的分布范围。

- 【子格线间距】：视图中较细的格线为子格线，该选项用于设置每个小格的大小。
- 【主格线，每隔】：视图中较粗的格线为主格线，该选项用于设置每隔多少子格线显示一条主格线。
- 【锁定间距】：设定状态栏中【锁定格点】选项所基于的锁点间隔大小。

· 图2-45 │ 设置格线

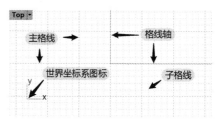

· 图2-46 │ 格线等示意

### ┃ 2.7.3  设置显示精度

在Rhino中，非均匀有理B样条（Non-Uniform Rational B-Spline，NURBS）模型不能直接显示，需要转化为网格（Mesh）模型后才能显示。在【Rhino 选项】对话框左侧的列表框中选择【网格】选项，在右侧设置模型的显示精度，如图2-47所示，默认为简易设置模式，通过拖曳滑块调整显示精度。图2-48所示为低精度显示与高精度显示的对比。

· 图2-47 │ 设置显示精度

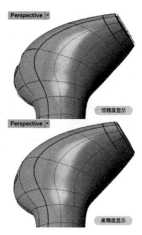

· 图2-48 │ 不同显示精度对比

滑块越靠近【较少网格面】，模型精度越低，但是显示速度越快。单击 详细设置 按钮，切换到图2-49所示的界面，用户可以更改各选项的数值来调整显示精度。

· 图2-49 │ 详细设置界面

【NURBS网格参数】选项组提供了几种转化为网格的设置，若将选项设置为"0"，则代表停用该选项。各选项的作用如下。

- 【密度】：控制网格的密度，在曲面曲率大的位置会产生更多的细分网格，默认值为"0.8"，取值范围为0~1，值越大，建立的渲染网格的面数越多。图2-50所示为设置不同【密度】值的效果（其他选项均设置为"0"）。
- 【最大角度】：两个网格面的法线方向允许的最大差异角度，默认值为"20"，建议取值范围为5~20。该选项和物件的大小无关。值越小，网格转换越慢，网格越精确，网格面数越多。图2-51所示为设置不同【最大角度】值的效果（其他选项均设置为"0"）。

· 图2-50 │ 设置不同【密度】值的效果        · 图2-51 │ 设置不同【最大角度】值的效果

- 【最大长宽比】：曲面一开始会以四角形网格面转换，然后进一步细分。起始四角网格面的大小较平均，这些四角网格面的长宽比会小于设置值。设置值越小，网格转换越慢，网格面数越多，但网格面形状越规整。该值大约是起始四角网格面的长宽比。默认值为"0"，表示停用此选项。建议取值范围为1~10。图2-52所示为设置不同

【最大长宽比】值的效果（其他参数保持默认）。

- 【最小边缘长度】：当网格边缘的长度小于设置值时，不会再进一步细分网格。默认值为"0.0001"，该值需要依照物件的大小做调整。值越大，网格转换越快，网格越不精确，网格面数越少。图2-53所示为设置不同【最小边缘长度】值的效果（其他选项均设置为"0"）。

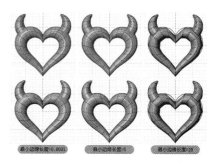

· 图2-52｜设置不同【最大长宽比】值的效果

· 图2-53｜设置不同【最小边缘长度】值的效果

- 【最大边缘长度】：当网格边缘的长度大于设置值时，网格会进一步细分，直到所有网格边缘的长度都小于设置值。该值大约是起始四角网格面边缘的最大长度。值越小，网格转换越慢，网格面数越多，网格面的大小越平均。默认值为"0"，该值需依照物件的大小做调整，不要设置得太小（如"0.2"以下），否则会有宕机的风险。图2-54所示为设置不同【最大边缘长度】值的效果（其他选项均设置为"0"）。

- 【边缘到曲面的最大距离】：网格边缘的中点与NURBS曲面之间的距离大于设置值时，网格会一直细分，直到网格边缘的中点与NURBS曲面之间的距离小于这个设置值。该值大约是起始四角网格面边缘中点和NURBS曲面之间的距离。值越小，网格转换越慢，网格越精确，网格面数越多。图2-55所示为设置不同【边缘到曲面的最大距离】值的效果（其他选项均设置为"0"）。

· 图2-54｜设置不同【最大边缘长度】值的效果

· 图2-55｜设置不同【边缘到曲面的最大距离】值的效果

- 【起始四角网格面的最小数目】：指网格开始转换时，每个曲面的四角网格面数。也就是说，每个曲面转换的网格面的数目至少是设置值。值越大，网格转换越慢，网格越精确，网格面数越多且分布越平均。值为"0"表示停用该选项。默认值为

"16"，建议取值范围为0～10000。图2-56所示为设置不同【起始四角网格面的最小数目】值的效果（其他参数保持默认）。

・图2-56｜设置不同【起始四角网格面的最小数目】值的效果

设置显示精度时，最重要的两个选项为【密度】与【最大角度】，其他选项的设置可以保持默认。若显示效果不能满足要求，则可以针对实际情况增大【起始四角网格面的最小数目】值。注意，显示精度与模型本身的精度没有关系，不能通过提高显示精度来提高模型本身的精度。

## ⊙ 2.8 ｜ 显示模式

Rhino提供了多种视图显示模式，用户可以根据建模需求任意切换。在视图标题上右击，在弹出的快捷菜单中可选择需要的显示模式，如图2-57所示。图2-58所示为各种显示模式的效果。

・图2-57｜快捷菜单

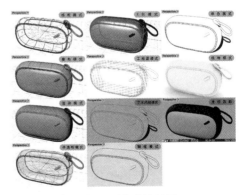

・图2-58｜各种显示模式的效果

### 1. 线框模式

线框模式是系统默认的显示模式，是一种纯粹的空间曲线显示模式，曲面以框架（结构线和曲面边缘）形式显示，这种显示模式最简洁，刷新速度也最快。要切换到线框模式，可以按 Ctrl + Alt + W 快捷键。

### 2. 着色模式

着色模式中的曲面是不透明的，曲面后面的对象和曲面框架将不显示，这种显示模式看起来比较直观，能更好地观察曲面模型的形态及曲面之间的连续关系。要切换到着色模式，可以按 Ctrl+Alt+S 快捷键。

### 3. 渲染模式

在渲染模式中，显示的颜色基于模型对象的材质设置，可以不显示曲面的结构线与曲面边缘，简单、快速地模拟模型的材质效果。要切换到渲染模式，可以按 Ctrl+Alt+R 快捷键。

### 4. 半透明模式

半透明模式和着色模式很相似，但是在半透明模式中曲面以半透明形式显示，可以看到曲面后面的形态。在【Rhino 选项】对话框的左侧列表框中选择【查看】/【显示模式】/【半透明模式】选项，在右侧自定义透明度、曲面结构线颜色及曲面接缝的粗细，有助于快速判别曲面的结构。要切换到半透明模式，可以按 Ctrl+Alt+G 快捷键。

### 5. X光模式

X光模式和着色模式很相似，但是在X光模式中可以看到曲面后面的对象和曲面框架。要切换到X光模式，可以按 Ctrl+Alt+X 快捷键。

其他模式为带艺术风格的显示模式，不常用，这里不做介绍。

在【Rhino 选项】对话框的左侧列表框中选择【查看】/【显示模式】/【着色模式】选项，在右侧可自定义着色模式的显示选项，如图2-59所示。每种模式都可以自定义背景颜色、对象的可见性、对象的显示颜色、点的大小及曲线的粗细等。调整过的选项会以淡蓝色高亮显示。

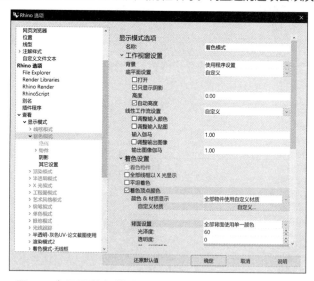

· 图2-59 | 设置着色模式

## 2.9 | 坐标系

Rhino状态栏中会显示坐标，在最左侧可以通过单击 工作平面 或 **世界** 图标切换坐标系。

### 2.9.1　世界坐标系

Rhino中建了一个无限大而又全空的虚拟三维空间。这个虚拟三维空间是基于笛卡儿坐标系建成的，Rhino虚拟三维空间中的任意一点都可以用x坐标、y坐标、z坐标来定位。

x轴、y轴、z轴这3个坐标轴两端无限延伸，并且3个坐标轴相互垂直。3个坐标轴的交点就是虚拟三维空间的中心点，称为世界坐标原点。如图2-60所示，世界坐标系是绝对坐标系，是固定的，不可以改变。默认的透视图状态就是世界坐标系原型，默认的Top视图恰好与世界坐标系重合，称为世界Top视图。

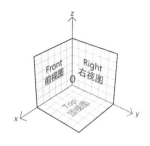

·图2-60│世界坐标系

### 2.9.2　工作平面坐标系

任何定位都使用世界坐标系是不现实的，也不方便。将世界坐标系和工作平面坐标系与我们熟悉的方位来比较，世界坐标系相当于现实世界的东南西北，原点好比地心。工作平面坐标系就是前后左右，原点依据参考点可以任意指定。例如，可以自身为原点来描述距离、角度与方位。很显然，大部分情况下以自身为基点来执行操作会容易很多。例如，向自己的左前方行进50m（以自身为基点的工作平面坐标系）比移动到以地心为基点的某点更容易。

### 2.9.3　识别坐标系

系统提供了便捷的坐标系识别标识。世界坐标系可以通过每个视图左下角的世界坐标系图标来识别。图2-61左下角的图标为世界坐标系图标。这个图标可以自定义为是否启用，在【Rhino 选项】对话框左侧的列表框中选择【查看】/【显示模式】选项，对每一个显示模式的【格线】进行修改，如图2-62所示。默认的3个坐标轴都是灰色的，推荐将这3个坐标轴用不同的颜色来区分：x轴为红色、y轴为绿色、z轴为蓝色，在【Rhino 选项】对话框左侧的列表框中选择【外观】/【颜色】选项，调整坐标轴外观，如图2-63所示。

·图2-61│左下角图标为世界　　　　·图2-62│设置各显示模式的【格线】
　　　　坐标系图标

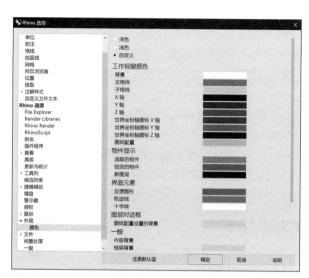

· 图2-63 | 设置坐标轴外观

　　工作平面坐标系是基于不同视图的坐标系。在视图内，可以通过网格和不同颜色的坐标轴来识别工作平面坐标系，红色坐标轴为x轴正方向，绿色坐标轴为y轴正方向，蓝色坐标轴为z轴正方向。

　　平行视图中是看不见z轴的，z轴正好与视角（视线）平行。透视图内的z轴可以在【Rhino 选项】对话框中设定是否开启显示，默认为不开启。

　　不同视图的工作平面各自独立，不会互相影响。

## 2.9.4　自定义工作平面坐标系

　　每一个视图都拥有默认配置的工作平面坐标系，当默认的工作平面不能满足调整需求时，可以通过单击顶栏中的 标签下的其他按钮来修改工作平面，如图2-64所示。

· 图2-64 | 标签下的其他按钮

　　例如，利用【以三点设置工作平面】按钮 将Top
视图的工作平面修改为图2-65所示的状态。

　　对于Rhino初学者，不建议先学习修改工作平面，但是当误调整了工作平面时需要学会复原的方式。要复原默认的工作平面配置，可以单击顶栏中的 标签，再单击【设置工作平面为世界Top】 、【设置工作平面为世界Bottom】 、【设置工作平面为世界Front】 、

· 图2-65 | 修改工作平面

【设置工作平面为世界Back】 、【设置工作平面为世界Right】 、【设置工作平面为世界Left】 等按钮。对于旋转了视角的视图，可以通过单击顶栏中的 /【正对工作平面】按钮 来复原。

## 2.10 │ 坐标输入

可以通过坐标与数值输入的方式来精确地绘制线条、变换对象。坐标输入有以下几种方式。

### 2.10.1 绝对坐标输入

绝对坐标输入是以原点为基点的输入方式。

**1. 直角坐标输入**

直角坐标输入方式是在指令提示栏中输入格式为"x,y,z"的坐标；当z坐标为0时，可以省略为"x,y"。原点可以省略为"0"。

坐标输入默认基于工作平面坐标系。由于默认的平行视图配置的是不同工作平面，Top视图与Perspective视图为世界坐标Top角度，Front视图为世界坐标Front角度，Right视图为世界坐标Right角度，因此在不同平行视图内输入相同的坐标，得到的定位点并不一致。

如果以世界坐标来定位点，可以为坐标加上前缀"w"，格式为"wx,y,z"。世界坐标原点为"w0"。

**要点提示**：坐标的数值与符号均要在英文输入法状态下输入，否则无效。

**2. 极坐标输入**

极坐标以工作平面原点为基点，通过距离与方位来定位点，格式为"d<α"，"d"为长度值，"<"表示后面跟随的是角度，"α"为角度值。

若格式为"wd<α"，则表示以世界坐标原点为基点，定位xy平面的点。

### 2.10.2 相对坐标输入

相对坐标是以前一个定位点为原点的坐标，格式为在绝对坐标前加上前缀"r"或"@"。

**1. 相对直角坐标输入**

相对直角坐标输入方式是在指令提示栏中输入格式为"rx,y,z"或"@x,y,z"的坐标。

**2. 相对极坐标输入**

相对极坐标输入方式是在指令提示栏中输入格式为"rd<α"或"@d<α"的坐标。

## 2.11 │ 物件的变动

凡是涉及对物件进行移动、旋转、缩放、复制及形态改变的操作都称为变动。Rhino提供了丰富的变动工具来满足建模过程中对各种物件进行变换和定位的需求。所有变动工具都集成在顶栏中的标签下，如图2-66所示。

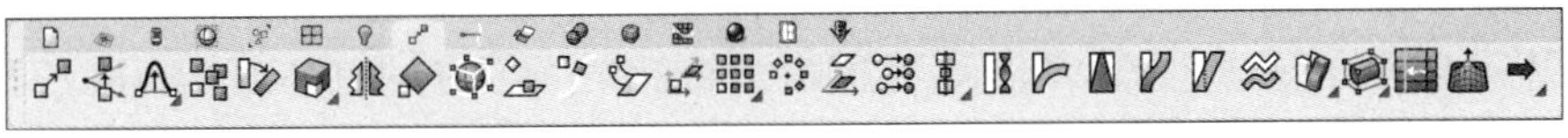

· 图2-66 │ 顶栏的标签

### ▌2.11.1　移动

用户可以通过拖曳对象的方式来移动对象，但是这种方式是随意的，无法精确定位。

- 按住Shift键并拖曳对象可以限制对象只进行与工作平面*x*轴、*y*轴平行或垂直的移动。
- 按住Ctrl键并拖曳对象可以限制对象只进行与工作平面*z*轴平行的移动。

【移动】工具🔨除了可以通过捕捉或随意拖曳的方式来移动对象，还可以以间距、角度或坐标点定位的方式来精确移动对象。

【移动】工具通过指定两点（起点和终点）来变换对象。执行步骤参见指令提示栏的提示，分别指定起点和终点即可。

#### 1. 直角坐标方式

通过绝对直角坐标方式移动对象时，在指令提示栏中输入格式为"*x,y,z*"的坐标；通过相对直角坐标方式移动对象时，在指令提示栏中输入格式为"r*x,y,z*"或"@*x,y,z*"的坐标。当*z*坐标为0时，可以省略为"*x,y*"。原点可省略为"0"。图2-67所示分别为通过绝对直角坐标与相对直角坐标方式移动对象。

| 指令: _Move | 指令: _Move |
|---|---|
| 移动的起点, 按 Enter 键使用边框方块的中心为移动的起点 ( 法线(N) 垂直(V) ): 0 | 移动的起点, 按 Enter 键使用边框方块的中心为移动的起点 ( 法线(N) 垂直(V) ): 0 |
| 移动的终点 <20.000>: 20,0 | 移动的终点 <20.000>: @20,30 |
| 指令: | 指令: |

· 图2-67│通过绝对直角坐标与相对直角坐标方式移动对象

#### 2. 极坐标方式

通过极坐标方式来移动对象时，在指令提示栏中输入格式为"*d*<*α*"的坐标。图2-68所示为通过相对极坐标方式来移动对象。

| 指令: _Move |
|---|
| 移动的起点, 按 Enter 键使用边框方块的中心为移动的起点 ( 法线(N) 垂直(V) ): 0 |
| 移动的终点 <20.000>: @20<30 |
| 指令: |

· 图2-68│通过极坐标方式来移动对象

代表角度与长度的两个值可以分开输入，角度的输入格式为"<*α*"，长度的输入格式为"*d*"，如图2-69所示。

| 指令: _Move | 指令: _Move |
|---|---|
| 移动的起点, 按 Enter 键使用边框方块的中心为移动的起点 ( 法线(N) 垂直(V) ): 0 | 移动的起点, 按 Enter 键使用边框方块的中心为移动的起点 ( 法线(N) 垂直(V) ): 0 |
| 移动的终点 <20.000>: <30 | 移动的终点 <20.000>: 20 |
| 移动的终点 <20.000>: 20 | 移动的终点 <20.000>: <30 |
| 指令: | 指令: |

· 图2-69│角度与长度分开输入

也可以只输入角度或长度，另一个通过单击取点来完成，如图2-70所示。只输入一个数值时表示长度，输入角度时要注意加前缀"<"。

| 指令: _Move | 指令: _Move |
|---|---|
| 移动的起点, 按 Enter 键使用边框方块的中心为移动的起点 ( 法线(N) 垂直(V) ): 0 | 移动的起点, 按 Enter 键使用边框方块的中心为移动的起点 ( 法线(N) 垂直(V) ): 0 |
| 移动的终点 <20.000>: 20 | 移动的终点 <20.000>: <30 |
| **移动的终点 <20.000>:** | **移动的终点 <20.000>:** |

· 图2-70│输入长度与输入角度

只输入长度后按Enter键，会提示指定方位，这时可以通过单击取点。

只输入角度后按Enter键，会提示指定间距，通过单击取值时，角度方位可以成倍增加。

### 3. 指令提示栏选择

- 在提示"移动的起点"时，可以右击或按Enter键，使用物件的边框方块的中心作为移动的起点，这是Rhino 8新增的功能，可以提高变换的效率。

- 法线(N)：在确认移动起点时，指令提示栏提供了"法线(N)"选项，选择该选项，可以使用另外物件的法线方向来限定物件的移动方向。要使曲面上的曲线沿曲面的法线方向移动，此选项非常有用。图2-71所示为沿法线方向移动物件时指令提示栏的提示。

· 图2-71 | 使用另外物件的法线方向来限定物件的移动方向

- 垂直(V)：在确认移动起点时，指令提示栏提供了"垂直(V)"选项，选择此选项后，可以沿垂直于工作平面的方向移动对象，这样终点的输入就只需要给出间距值。

- 移动的终点：在确认移动起点时，指令提示栏中"移动的终点"后"<>"内的值为上一次移动的间距值，若多次移动的间距相等，则可以直接按Enter键或右击取用相同的值。

## 2.11.2  旋转

旋转是指绕着基点改变对象的角度。Rhino提供了【2D旋转】 和【3D旋转】两个旋转工具。这两个工具共用一个图标，以单击、右击图标来区分。其区别在于，【2D旋转】绕着与激活的视图工作平面的z轴平行的轴来旋转对象，而【3D旋转】则需要先指定旋转轴，再旋转对象。

### 1. 2D旋转

使用【2D旋转】工具时，在选择了要旋转的对象后，需要指定旋转中心点，后续操作和【3D旋转】工具设定旋转角度的操作一致。

### 2. 3D旋转

使用【3D旋转】工具的过程中，指令提示栏如图2-72所示。

· 图2-72 | 旋转对象

- 旋转轴起点/旋转轴终点：可以通过单击指定，也可以通过输入坐标指定。

- 角度或第一参考点：可以通过输入数值或指定参考点的方式来指定旋转角度。若输入数值，则直接以角度旋转对象；若单击一个点，则表示以指定参考点的方式来旋转对象，这时需要再单击另外一个点来确定第二参考点。

图2-73所示为以两个参考点的方式旋转对象的示例。

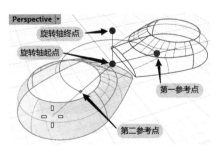

· 图2-73 | 以两个参考点的方式旋转对象

### 2.11.3 缩放

Rhino提供了5种缩放对象的工具，这些工具在顶栏中的 ↗/【三轴缩放】按钮🎲/【缩放】子工具列中，如图2-74所示。

使用缩放工具的方式非常简单。缩放对象时需要先选择缩放基点，再指定缩放比例或参考点。下面以【单轴缩放】工具 为例介绍需要注意的参数，图2-75所示为单轴缩放对象时的指令提示栏。

·图2-74│【缩放】子工具列

·图2-75│单轴缩放对象

- 基准点：缩放中心，可以通过输入坐标或单击来取点。
- 缩放比或第一参考点：有指定缩放比例或参考点两种方式。

比例：直接输入数值表示缩放比例，按Enter键后还需要指定缩放方向（以鼠标指针所在位置指定）。

参考点：若此时在视图内以单击方式定点，则表示使用指定参考点的方式缩放对象。按Enter键后还需要指定第二参考点，可以再通过单击指定第二参考点，完成缩放操作。若指定第二参考点时直接输入数值，则该数值表示第二参考点到基点的距离。这一技巧很有用，通常可以用来将任意大小的物件缩放到指定尺寸。

### 2.11.4 复制与阵列

利用Rhino的【复制】工具 可以快速复制出物件的副本，其使用方式与【移动】工具相似，即通过确定起点和终点来复制对象。

很多变换工具在指令提示栏中都提供了复制选项，用户可以在保留原物件的同时，变换对象的副本。

若要按照一定规律来制作多个副本，可以利用顶栏中的 ↗/【矩形阵列】按钮▦/【阵列】子工具列来完成，如图2-76所示。

·图2-76│【阵列】子工具列

### 2.11.5 定位

定位是更为高效的变换对象的方式，包含【定位物件:两点】和【定位物件:三点】两个工具，它们共用一个图标，以单击、右击图标来区分。更复杂的定位工具包括【定位物件至曲面】、【垂直定位至曲线】、【定位曲线至边缘】，使用这些工具可以将物件摆放到目标对象上。

**1. 两点定位**

两点定位通过两个参考点和两个目标点变换所选对象的位置、大小和方位。图2-77所示为使用两点定位的指令提示栏。

·图2-77│使用两点定位

参照指令提示栏的提示，分别输入参考点1、参考点2与目标点1、目标点2的定位。
指令提示栏提供的"缩放(S)"选项有以下3个参数。

- 无(N)：仅变换位置与方位，物件大小不变。
- 单轴(D)：除了变换位置与方位，还依据两个参考点的间距与两个目标点的间距的比值单轴缩放对象。
- 三轴(A)：除了变换位置与方位，还依据两个参考点的间距与两个目标点的间距的比值三轴缩放对象。

**2. 三点定位**

三点定位通过3个参考点和3个目标点变换所选对象的位置和方位，它不会改变物件的大小。

两点定位与三点定位的区别在于，两点定位通过一条旋转轴来变换方位，而三点定位则通过两条不同的旋转轴来变换方位。也就是说，两点定位是基于两组平面点来变换对象的，而三点定位是基于3组空间点来变换对象的。

# 2.11.6　镜像

【镜像】工具通过两点指定一条镜像轴来对称复制对象。右击该按钮，表示使用【三点镜像】工具，通过3点指定一个平面来镜像对象。当产品为对称造型时，一般只需要创建一半的模型，然后镜像。将镜像轴设置为x轴或y轴，操作将更高效、准确。这个过程可编写为巨集，并制作成图标工具。2.2.3小节中配置的中键工具列的图标，就是自制的快速以x轴或y轴镜像对象的工具。操作方式为：先选择对象，再单击图标即可快速镜像物件。单击表示沿着工作平面的x轴（红色）镜像，右击表示沿着工作平面的y轴（绿色）镜像。

# 2.11.7　设置XYZ坐标

【设置XYZ坐标】工具使用频率非常高，常用于调整曲线、曲面控制点。选择对象后右击，弹出图2-78所示的【设置点】对话框，其中的选项含义如下。

- 【设置X】：设置点的x坐标相同。勾选【设置X】复选框，表示将所选择的点沿垂直方向对齐。
- 【设置Y】：设置点的y坐标相同。勾选【设置Y】复选框，表示将所选择的点沿水平方向对齐。

·图2-78│【设置点】对话框

- 【设置Z】：设置点的*z*坐标相同。
- 【对齐到世界平面】和【对齐到工作平面】：选择所使用的坐标系是世界坐标系还是工作平面坐标系。

在调整曲线或曲面控制点时，很多情况是想将所选的控制点在某个视角对齐到一条直线上，并不是对齐到默认视图的*x*轴、*y*轴或*z*轴，同时其他视角的高度不变。可以通过绘制辅助线调整曲线或曲面控制点，下面介绍一个更为高效的方法。

先利用顶栏的 █ 标签下的【以三点设置工作平面】工具 █ 自定义工作平面，再结合【设置点】工具 █ 调整控制点。可以将这个过程编写为巨集，并制作成图标工具。2.2.3小节导入的鼠标中键工具列包含该自定义工具 █。注意，执行该命令前要先选择对象，再右击该工具。

## 2.12 │ 小结

本章介绍了Rhino基础知识，包括Rhino 8工作界面、界面元素、命令执行基础操作、对象的选择方式、建模辅助、Rhino工作环境设置、显示模式、坐标系、坐标输入、物件的变动等。这些知识是Rhino建模的基础，读者需要熟练掌握。

## 2.13 │ 习题

**1. 填空题**

（1）平行视图的平移方法是_____，透视图的平移方法是_____。

（2）自定义工具列时删除按钮：按住_____键，拖曳按钮到工具列外。

（3）直角坐标输入方式是指在指令提示栏中输入格式为_____的坐标；当*z*坐标为0时，可以省略为_____。原点可省略为_____。

（4）相对直角坐标输入方式是指在直角坐标前加上前缀_____。

**2. 简答题**

（1）指令提示栏的功能有哪些？

（2）简述坐标系的类型及如何识别坐标系。

（3）简述坐标输入的方式。

# 第3章

# NURBS基础知识

学习目标：

- 了解NURBS的概念；
- 了解曲线结构；
- 了解曲线阶数、控制点、节点的概念；
- 了解连续性的级别及特征；
- 学会查看曲线的曲率图形。

R hino是以NURBS技术为核心的曲面建模软件。NURBS在表示与设计自由型曲线、曲面形态时展示了强大的功能。了解NURBS基础知识与Rhino命令运作规律有助于理解曲面命令运算的规则与原理，更好地厘清建模思路，高效地创建模型，预判曲面形成结果，优化曲面，提高模型质量。

# 3.1 | NURBS概念

在所有的合成曲线中，NURBS属于发展较晚且较完备的一种。近年来，NURBS曲线与曲面被广泛运用于不同的工业领域，尤其是航空、造船、汽车及需要复杂曲面的各类工程领域。

**1．Non-Uniform：非均匀（包含均匀）**

Uniform（均匀）与Non-Uniform（非均匀）是NURBS曲线节点赋值的两种方式。图3-1所示为以两条相同的曲线为例。上面的曲线是Uniform曲线，它以每一个节点（Knot）或每一个跨距（Span）为参数铺设依据，故每一个节点的参数刚好是1、2、3等整数，而无论其节点之间距离的长短。下面的曲线则是Non-Uniform曲线，它以节点与节点之间的弦长（Chord Length）为参数铺设依据，故每一个节点的参数是随距离而改变的。

非均匀B样条函数的节点参数沿参数轴的分布是不等距的，因为不同节点形成的B样条函数不同，要单独计算，其计算量比均匀B样条函数大得多，但非均匀B样条函数有很多优点，如通过控制点和权值（Weight）来灵活改变形状，具有透视投影变换和仿射变换的不变性，为自由曲线与自由曲面提供了统一的数学表示，便于存取数据和应用工程数据库。

Uniform曲线与Non-Uniform曲线在使用上有没有不同呢？参数较易控制时，例如分割（Split）、插入（Insert）及创建曲面的运算等，基本上采用Uniform曲线，操作起来比Non-Uniform曲线快而简单。另一方面，Non-Uniform曲线更符合贴图需求。例如，一面旗帜若贴在Uniform曲面上，由于计算机参数化计算的结果，可能造成变形，但如果贴在Non-Uniform曲面上就不会有这些困扰。

**2．Rational：有理（包含非有理）**

有理与非有理是指NURBS曲线的控制点对曲线的影响权值比。NURBS曲线的每个控制点都带有一个数字（权值），除了少数的特例外，权值大多是正数。当一条曲线所有的控制点有相同的权值（通常是1）时，称为非有理（Non-Rational）曲线，否则称为有理（Rational）曲线。在实际情况中，大部分的NURBS曲线是非有理的，但有些NURBS曲线是有理的，例如圆形和椭圆形。Rhino提供了检查和改变控制点权值的工具，但是不建议用户修改曲线的权值，因为很多三维软件并没有权值的概念，将修改过权值的模型导入这些软件中时会发生模型变形的情况。

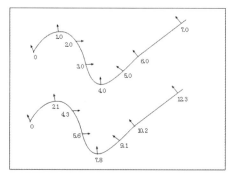

·图3-1 | Uniform曲线与Non-Uniform曲线

### 3. B-Spline：B样条

B-Spline是贝塞尔（Bezier）曲线的扩展，贝塞尔曲线常被应用在2D矢量软件中，例如用Photoshop的钢笔工具及CorelDRAW的贝塞尔工具绘制的曲线都属于贝塞尔曲线。

B-Spline用样条函数使曲线拟合时在接头处保证连续性，与贝塞尔曲线相比，其主要优点在于可以局部控制曲线形状，并可以随意增加控制点而不提高曲线的阶数。

## 3.2 │ NURBS的属性

NURBS以数学的方式定义曲线、曲面和实体。NURBS曲线由阶数、控制点、节点及估计法则（估计验算法）4项定义，我们可以称这4项为曲线的属性。每个软件的曲线都有各自不同的定义，但它们一般都由阶数、控制点、节点控制。

### 3.2.1 阶数

阶数也称度数（Degree），是正整数，用于描述曲线函数的最高次数（Order），例如以下方程。

- Degree=1直线方程：$y=ax+b$。
- Degree=2圆形方程：$(x-a)^2+(y-b)^2=R^2$。
- Degree=2椭圆形方程：$x^2/a^2+y^2/b^2=1$。
- Degree=2抛物线方程：$y=ax^2+bx+c$。

曲线的阶数对曲线的影响如下。

（1）曲线的阶数关系到一个控制点对一条曲线的影响范围。阶数越高的曲线的控制点对曲线形状的影响越弱，但影响范围越广。

（2）阶数越高的曲线的内部连续性越好。提高曲线阶数并不一定会提高曲线内部的连续性，但降低曲线阶数一定会使曲线内部的连续性变差。

**要点提示**：内部连续性是指曲线节点处的连续性，连续性的概念后续会介绍。

（3）阶数越高的曲线越顺滑，但是所需的计算时间也越久，所以曲线阶数不宜设置得过高，通常设为3~5阶。对连续性有较高要求的可以设为7阶。

（4）升高曲线阶数不会改变曲线的造型，但是降低曲线阶数一定会改变曲线造型。

### 3.2.2 控制点

在Rhino中，可以通过控制点来控制曲线的形态。绘制自由造型的曲线时，也是通过定位一系列的控制点来绘制。控制点（Control Point）也叫控制顶点（Control Vertex，CV）。CV位于曲线之外。按F10键可以显示曲线的CV。图3-2所示为曲线构成示意（注意，图3-2仅为示意，CV与EP并不能同时显示）。

CV之间有虚线（Hull），以帮助分辨CV的顺序。

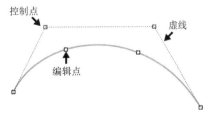

·图3-2│曲线构成示意

曲线还有一个属性，即编辑点（Edit Point，EP），单击侧边栏中的【显示曲线编辑点】按钮，可以显示曲线的EP。EP位于曲线上，用户可以通过调整EP来改变曲线的形态，但是通常使用CV来调整曲线，因为CV影响的曲线形态的范围较小，而EP影响曲线形态的范围较大。如果只需要调整曲线的局部形态，利用CV就会容易很多。图3-3所示为CV与EP影响曲线形态的范围比较。

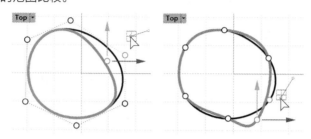

· 图3-3 │ CV与EP影响曲线形态的范围比较

CV与EP不能同时显示，只能分别单独显示。由于用户会自定义一些快捷键，所以可以利用 Esc 键隐藏CV或EP。软件默认的隐藏CV的快捷键为 F11 。

**1. CV与阶数**

在利用【控制点曲线】工具绘制曲线时，可以在指令提示栏中设置曲线的阶数，默认值为3。Rhino支持1～11阶的曲线。要构建一条曲线，首先要有足够的CV，CV的数目视曲线的阶数而定，如3阶的曲线至少需要4个CV，5阶的曲线至少需要6个CV。曲线阶数与构成曲线所需的最少CV的数目的关系为

Degree = $N$-1（$N$：构成曲线所需的最少CV的数目）

当输入的CV数量不满足最低要求时，会自动降阶。例如，在利用【控制点曲线】工具绘制曲线时，设定阶数为3阶，则至少需要4个CV才能达到3阶。若只输入3个CV，则会得到2阶曲线；若只输入两个CV，则得到1阶曲线，即直线段。

- 当输入的CV数量超过最低要求时会产生节点。
- 当输入的CV数量刚好等于最低要求时，则得到最简曲线，通常也叫单跨（1-Span）曲线。

在编辑曲线的形态时，可以通过按 Delete 键删除CV，当删除CV到数量低于最低要求时，曲线也会相应地降低阶数。

**2. CV与权值**

CV可以通过权值来影响曲线的形态。要修改CV的权值，可以单击侧边栏中的【编辑控制点权值】按钮来调整。

权值越大，CV对曲线的吸引力越大，CV影响范围内的曲线就会离CV越近；反之，权值越小，CV对曲线的吸引力越小，CV影响范围内的曲线就会离CV越远。

每个CV都有独立的权值。当所有CV中有一个的权值与其他的不同时，就会得到有理曲线。当所有CV的权值都相同时，将得到非有理曲线。

默认绘制好的曲线是非有理曲线（权值默认都为1），但Rhino中提供的关键点几何曲线（参见4.1.1小节）是有理曲线。

在利用曲线创建曲面时，最好用同样类别的曲线（即同为有理曲线或者同为非有理曲线）。混用会造成曲面结构变复杂。另外需要注意的是，有些三维软件并没有权值的概念，通过权值做造型的曲线或曲面导入这些软件时会出现造型变形的问题，所以要慎用权值。

**要点提示**：利用【控制点曲线】工具绘制的曲线的每个CV的权值都默认为1。权值是比例，当调整所有CV都为非1的相同权值后，软件会自动约分为1，所以这样调整后，曲线还是非有理曲线。

## 3.2.3 节点

NURBS曲线出现之前，如果需要10个CV来描述造型，就一定要9阶曲线，如果需要30个CV，就需要29阶曲线，29阶曲线很难计算。解决的办法就是用节点来把很多低阶的曲线自动对接起来并且保持一定的光滑度。只是对接处节点的位置连续性会低一点。曲线阶数越高，其节点位置的连续性也会越高。

跨距是指节点与节点的间隔。每两个节点之间的距离被称为一个跨距，越长越复杂的曲线具有越多的跨距。Rhino的曲线的前一段跨距的最后一个CV是下一段跨距的起始CV，以此保持连续、光滑。每一段跨距都包含了曲线每一段的数学描述。跨距越多，曲线包含的信息量就越多；跨距越少，曲线包含的信息量越少。图3-4所示为节点与跨距的示意。

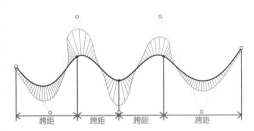

· 图3-4 │ 节点与跨距示意

### 1. 节点、阶数与CV的关系

开放曲线的起点和终点也是节点，但是通常在计算节点、CV与阶数的关系时只考虑曲线内部节点，不考虑起点和终点。

没有内部节点的曲线叫单跨曲线，也叫最简曲线。

曲线节点（$K$）、阶数（$D$）与CV的关系如下。

- 开放曲线：$CV=D+K+1$。
- 封闭曲线：$CV=K$。

### 2. 节点的属性

曲线按照节点的赋值方式（即均匀赋值方式和非均匀赋值方式）可以分为均匀曲线和非均匀曲线。选择曲线后，可以单击侧边栏中的☑【列出物件数据】按钮，查看曲线节点的赋值。

图3-5所示为一条3阶5个CV曲线的数据。

Knot Vector（节点向量）下列出的是节点的值与相邻节点之间的差值。

- index：节点顺序检索值，从曲线正向起，起点为第0点，依次递增排序。需要注意的是，开放曲线的起点和终点也属于节点，与内部节点不同，这里的节点叫全复节点，全复节点位置会重合与曲线阶数相同的节点数，所以第1个内部节点其实是第$D+1$个节点（$D$为阶数），依次类推。

- value：节点的值。
- mult：节点的数量。
- delta：相邻两节点之间value的差值。

这里列出的mult值是所有节点（包含起点与终点）的数量。前面给出的开放曲线节点公式中只计算除去起点和终点的内部节点数量，因为在曲线成面的过程中不需要计算起点和终点位置的节点，只需要考虑内部节点。

delta值相同的曲线为均匀曲线，delta值不同的曲线为非均匀曲线。

利用【控制点曲线】工具绘制出来的曲线都是均匀曲线，其节点的值由软件后台计算得出。

利用【内插点曲线】工具通过定位节点得到曲线，其节点的值由单击取点的间隔决定。随意取点得到的几乎都是非均匀曲线，利用捕捉或坐标输入方式取点可以得到均匀赋值的曲线。另外，在指令提示栏中，用户可以选择节点的赋值方式，如图3-6所示。

・图3-5 │ 物件数据（1）

・图3-6 │ 指令提示栏

- 均匀（U）：强制用均匀赋值方式。无论用户如何定位节点位置，都会得到均匀曲线，会用标准化的delta=1为节点赋值。图3-7所示为单击侧边栏中的☑【列出物件数据】按钮查看到的数据。通常节点间隔相差很大时，会得到不太平滑的曲线。这点要注意避免。
- 弦长（C）：节点与节点之间的直线距离。图3-8所示为弦长示意。修改选项以弦长来为节点赋值，除非刻意以数值或捕捉方式限制每个弦长相等，否则以单击定位点的方式绘制的内插点曲线都是非均匀曲线。

・图3-7 │ 物件数据（2）

・图3-8 │ 弦长示意

- 弦长平方根（S）：用弦长的平方根来为节点赋值。

**3. 节点的特征**

调整曲线的CV不会改变曲线节点的值大小，所以单纯调整CV不会改变曲线的均匀属性。

分割、修剪等命令不会改变曲线节点的位置与值，如图3-9所示。分割会造成终点的值变化，所以节点的delta值会变得不相等，这样曲线会由均匀曲线变为非均匀曲线。

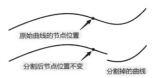

·图3-9│分割曲线前后的节点位置

# ◎ 3.3 │ 连续性

NURBS是用低阶扩展出无穷多个CV来造型的技术，是用节点把多个低阶曲线自动对接起来，并在结合的位置保持一定的光滑度。这个光滑度可以用连续性（Continuity）来描述，通常用G1、G2、G3、G4、Gn……来描述连续性的级别，数字越大，光滑程度越高。

连续性有曲线内部连续性（曲线节点位置的连续性）、曲线之间的连续性、曲面之间的连续性及曲线对曲面的连续性等。

Rhino提供了丰富的连续性检测和衔接工具，介绍如下。

## ▎3.3.1 连续性的几何特征

每个级别的连续性都有其几何特征，了解这些特征，有助于分辨连续性级别，或者通过手动调整达到连续性的几何要求。曲线和曲面的连续性的几何特征相似，这里以曲线为例来介绍连续性的几何特征。

**1. 位置连续**

两条曲线的端点或两个曲面的边缘重合即可构成位置连续（G0连续），这是最简单的连续方式，在视觉效果上，两条曲线或两个曲面之间有尖锐的边角。对于曲线，可以利用【端点】捕捉来达到G0连续。

**2. 相切连续**

相切连续（G1连续）在满足G0连续的基础上，还满足两条曲线在相接端点处的切线方向一致或两个曲面在相接边缘处的切线方向一致，两条曲线或两个曲面之间没有锐角。对于曲线，显示CV，会发现曲线相接端的两个CV与相邻的两个CV在同一条直线上，如图3-10所示。

曲线上其他CV的位置与G1连续无关，可以自由调整；而参与G1连续的4个CV则不能任意调整。如果通过调整这4个CV来修整曲线形态，就必须保证只在切线方向（4个CV所在的直线方向即切线方向）上移动CV，也可以通过单击侧边栏中的🔲/【调整曲线端点转折】按钮🔲来调整。

使用侧边栏中的【曲线圆角】工具🔲或【曲面圆角】工具🔲对直线或曲面进行圆角处理时，生成的圆角曲线（或曲面）与原曲线（或曲面）之间就是G1连续。

### 3. 曲率连续

曲率连续（G2连续）是用得最多的一种连续方式，G2连续在满足G1连续的基础上，还满足两条曲线在相接端点或两个曲面在相接边缘处的曲率半径相同。在视觉效果上，两条曲线或两个曲面之间光滑连接。

参与G2连续的两条曲线的CV需满足以下要求。

两条曲线的CV连线及其延长线需要满足一定的几何比例关系，几何比例关系示意如图3-11所示。

· 图3-10 │ G1连续的CV状态　　　　　· 图3-11 │ G2连续的曲线几何比例关系示意

实现G1连续很简单，将CV调整到一条直线上即可，但是手动调整实现G2连续就麻烦很多，通常要借助侧边栏中的🔲/【衔接曲线】工具🔳和🔳/【调整曲线端点转折】工具🔳来调整。

对于G2连续，每条曲线都需要提供其连接处的3个CV（一共6个CV），而曲线上其他CV的位置与G2连续无关，可以自由调整。参与G2连续的6个CV不能任意调整，必须通过侧边栏中的🔳/【调整曲线端点转折】工具🔳来调整这6个CV以保证G2连续。

## 3.3.2 连续性的检测

Rhino提供了多种方式来检测物件的连续性，包括曲率图形、两条曲线的几何连续性、斑马纹分析（曲面连续性检测工具）。

可以通过曲率图形来判定曲线的几何连续性。曲线的曲率（Curvature）就是曲线上某个点的切线方向角对弧长的转动率，通过微分来定义，表明曲线偏离直线的程度。曲率是表示曲线在某一点的弯曲程度的数值。曲率越大，表示曲线的弯曲程度越大。曲率的倒数就是曲率圆半径值。

单击侧边栏中的🔳/【打开曲率图形】按钮🔳，以曲率梳的形式显示曲线内部或曲线之间的连续性。用户可以通过观察曲率图形在曲线端点处的方向和高度来判断曲线之间的连续性。

由于直线曲率为0，所以看不到曲率图形。

曲率图形上线条的方向就是曲线该点处的法线方向，竖向线条的高度示意曲率的大小变化，但是高度并不等于曲率值。高度越高表示曲率越大。

图3-12所示为两条曲线连续性为G0、G1、G2时曲率图形的显示状态。

- G0：两条曲线的曲率图形在端点处的方向和高度都不相同。
- G1：两条曲线的曲率图形在端点处的方向相同，但是高度不同。
- G2：两条曲线的曲率图形在端点处的方向和高度都相同。

G0: 两条曲线的曲率图形在端点处的方向和高度都不相同。　　G1: 两条曲线的曲率图形在端点处的方向相同，但高度不同。　　G2: 两条曲线的曲率图形在端点处的方向和高度都相同。

·图3-12 │ 曲率图形的显示状态

## 1. 曲线的CV与曲线的质量

曲线CV的数量与分布直接影响着曲线的质量。

如图3-13所示，曲线①为初始曲线，是3阶4个CV的曲线，其曲率图形很光滑，说明内部连续性非常好；曲线②在曲线①的基础上微调其中两个CV，其曲率图形保持光滑状态，说明调整CV并没有破坏曲线的内部连续性。

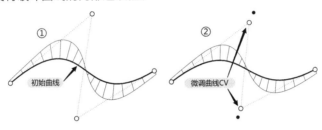

·图3-13 │ 曲线的CV与曲线的质量（1）

如图3-14所示，曲线③是在曲线①的基础上插入3个节点得到的，加入一个节点，会相应增加一个CV。增加节点不会改变曲线形态，可以看到曲率图形仍然光顺，但是曲率梳的密度会增加，说明曲线③相对于曲线①更加复杂。曲线④在曲线③的基础上微调了其中两个CV，其曲率图形起伏变得复杂，说明调整CV大大降低了曲线的内部连续性，即降低了曲线质量。

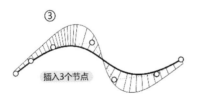

·图3-14 │ 曲线的CV与曲线的质量（2）

如图3-15所示，曲线⑤是徒手绘制的3阶9个CV的曲线，其曲率图形相对于曲线①复杂很多，说明曲线⑤的内部连续性较差。

由此可以得到结论：曲线的CV数量越少，曲线质量越高，调整其形态对内部连续性的影响越小。在绘制曲线时，要尽量控制CV的数量，这需要合理规划CV的分布，形态变化较大（即曲率

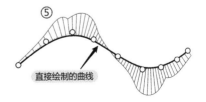

·图3-15 │ 曲线的CV与曲线的质量（3）

大）的位置可以适当增加CV，而形态平缓的位置要精简CV；在绘制曲线时尽量减少不必要的CV，在调整局部形态但不能满足要求时，可以在该处添加CV。

**2. 曲线阶数与曲线的内部连续性**

在一条曲线内，节点位置的连续性可以通过曲率图形反映。2阶曲线节点位置的连续性为G1，3阶曲线节点位置的连续性为G2，5阶曲线节点位置的连续性可以达到G3。

曲线的阶数越高，其内部连续性就越好。如图3-16所示，曲线①、曲线②为阶数不同、CV数量相同、形态相似的曲线，可以看出5阶曲线的曲率图形明显要比3阶曲线光滑。需要注意的是，并不能通过提高曲线阶数（选择侧边栏中的🖊/【更改阶数】工具🖲）来改善曲线内部的连续性。如图3-16所示，曲线③是在曲线②的基础上提高阶数得到的，曲率图形并没有得到改善（因为存在复节点），同时增加了CV数量。在绘制曲线时，使用3阶曲线、5阶曲线就可以满足通常的曲线内部连续性要求，除非有很高的曲线质量要求，否则一般不使用更高的阶数，因为使用阶数更高的曲线会增加计算机的运算量。

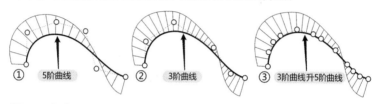

① 5阶曲线　　② 3阶曲线　　③ 3阶曲线升5阶曲线

· 图3-16 | 曲线阶数与曲线的内部连续性

# 3.4 | 曲线的起点与方向

曲线是具有方向性的，绘制的过程就决定了曲线的方向。绘制时定位的第一个点是曲线的起点，曲线延伸的方向是正方向。封闭曲线也有起点与方向，封闭曲线的起点与终点重合，重合的位置称为接缝。

可以利用侧边栏中的【分析方向】工具🔲查看曲线的起点（或接缝）与方向，如图3-17所示。圆点标记的是曲线起点（或接缝），箭头标记的是曲线的方向。

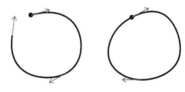

· 图3-17 | 查看曲线的起点（或接缝）与方向

封闭曲线的接缝位置对于后期编辑曲面非常重要，编辑曲线的接缝位置，会影响由此曲线生成的曲面的结构以及涉及该曲面的衔接、混接等命令的执行。

# 3.5 | 小结

本章介绍了NURBS的概念、属性及连续性的定义与级别等内容。这些内容涉及一些数学知识，但是读者并不需要深入了解这些内容背后深奥的数学定义与原理，只需知道如何去运用阶数、CV与节点塑造曲线的形态，以及如何利用CV关系达到需要的连续性级别。

## 3.6 习题

### 1. 填空题

（1）NURBS曲线由_____、_____、_____及估计法则4项定义。

（2）曲线节点、阶数与CV的关系为：开放曲线_____，封闭曲线_____。

（3）在编辑曲线的形态时，可以通过按 Delete 键删除CV，当删除CV到数量低于最低要求时，曲线也会相应地_____阶数。

（4）_____是指节点与节点的间隔。

（5）Rhino提供了多种工具来检测物件的连续性，包括_____、_____、斑马纹分析等。

（6）Rhino提供的【打开曲率图形】工具以曲率梳的形式显示曲线内部或曲线之间的连续性。用户可以通过观察曲率图形在曲线端点处的_____和_____来判断曲线之间的连续性。

### 2. 简答题

（1）简述NURBS曲线的概念。

（2）简述曲线连续性的常见级别与特征。

（3）简述CV与阶数的关系。

（4）简述曲线的阶数对曲线的影响。

# 第4章

# 曲线与曲面的创建和编辑

学习目标:

- 掌握曲线的基本绘制方法;
- 掌握曲线形态的编辑方式;
- 掌握常用的曲线编辑工具;
- 了解曲面的标准结构与特殊结构;
- 学会使用曲面的连续性检测与分析工具;
- 学会使用曲面的创建工具;
- 学会使用常用的曲面编辑工具。

曲线是曲面的基础，曲线的质量直接影响曲面的质量，因此曲线的绘制至关重要。Rhino提供了多种曲线绘制工具，读者需要熟练掌握曲线的绘制方式与技巧，为创建曲面打好基础。

# 4.1 | 绘制曲线

在Rhino中，绘制曲线有多种方式，如通过指定关键点绘制几何曲线，通过指定CV、节点绘制自由曲线，通过拖曳描绘曲线等。

## 4.1.1 关键点几何曲线

Rhino提供了一系列通过指定关键点来绘制标准几何曲线的工具。这类曲线的绘制方式非常简单，依据指令提示栏的提示，输入关键点的坐标或单击取点即可。

这里只介绍几个比较有代表性的工具。

**1. 圆**

Rhino提供了多种绘制圆的工具，它们集成在侧边栏的【圆】子工具列中，如图4-1所示。这些工具可以不同方式绘制圆，执行的过程和方法都很类似。

·图4-1│【圆】子工具列

（1）【圆：中心点、半径】工具⊙

单击侧边栏中的⊙按钮，此时指令提示栏的状态如图4-2所示。

```
指令:_Circle
圆心 ( 可塑形的(D) 垂直(V) 两点(P) 三点(O) 正切(T) 环绕曲线(A) 逼近数个点(F) ):
```

·图4-2│指令提示栏状态（1）

确定圆心的位置有以下两种方式。

● 输入圆心的坐标：输入坐标后需要右击或按 Enter 键完成输入。

● 单击取点：在视图中单击任意点或将捕捉点作为圆心，单击后会自动跳转到下一状态。

确定圆心后，指令提示栏的状态如图4-3所示。

```
圆心 ( 可塑形的(D) 垂直(V) 两点(P) 三点(O) 正切(T) 环绕曲线(A) 逼近数个点(F) ): 0
半径 <10.000> ( 直径(D) 定位(O) 周长(L) 面积(A) 投影物件锁点(P)=是 ):
```

·图4-3│指令提示栏状态（2）

这时可以使用输入数值或单击取点两种方式来确定半径的大小，完成圆的绘制。

下面介绍【圆：中心点、半径】工具⊙指令提示栏中各选项的含义。

● 圆心（可塑形的(D) 垂直(V) 两点(P) 三点(O) 正切(T) 环绕曲线(A) 逼近数个点(F)）

【圆】子工具列提供了多种绘制圆的工具，分别是【圆：直径】工具⊘、【圆：三点】工具⊙、【圆：环绕曲线】工具⊙、【圆：正切、正切、半径】工具⊙、【圆：与数条曲线正切】工具⊙、【圆：与工作平面垂直、中心点、半径】工具⊛、【圆：与工作平面垂直、直径】工具⊛、【圆：可塑形的】工具⊙及【圆：逼近数个点】工具⊙。这些不同的画圆方式同时以选项的形式集成在以【圆：中心点、半径】工具◎输入圆心时的指令提示栏中。

- 半径 <10>（直径(D) 定位(O) 周长(C) 面积(A)）

Rhino提供了多种确定圆大小的方式，有半径、直径、周长和面积。其中，利用"定位(O)"选项可以先指定圆形平面的法线方向，再确定圆的大小。

（2）【圆：环绕曲线】工具◎

利用此工具可以绘制与指定曲线或曲面边缘上任意一点切线相垂直的圆。如图4-4所示，绘制了多个环绕曲线的圆，再利用单轨命令制作不等粗的圆管。

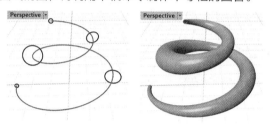

·图4-4│环绕曲线画圆

其他的圆绘制工具都基于当前工作平面，只有此工具可以空间曲线的法线平面来绘制圆。

（3）【圆：可塑形的】工具◎

利用【圆：中心点、半径】工具◎绘制的圆是一个标准圆，标准圆由4段圆弧（圆弧是2阶有理曲线）组成。可塑圆是可以设定阶数与CV的曲线。如图4-5所示，标准圆的CV排列并不符合一条单一曲线的定义，而可塑圆的CV分布均匀。选择曲线上的任意一点并移动，可以看到标准圆在四分点位置变得尖锐，并且变为多重曲线，该曲线可以利用【炸开】工具▶炸开；而可塑圆在调整CV后仍然是一条光滑曲线。

**要点提示：** 初始未编辑的标准圆并不能被炸开。

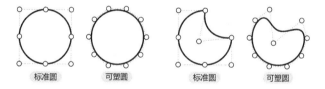

·图4-5│标准圆与可塑圆的比较

如图4-6所示，利用顶栏中的□/□【半径尺寸标注】工具◎标注标准圆与可塑圆的半径，可以发现标准圆是半径恒等的圆，而可塑圆是半径不等的圆。阶数越高的可塑圆，半径变化率越小。

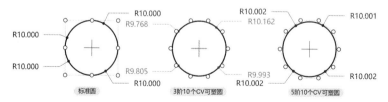

·图4-6│标准圆与可塑圆的半径比较

利用侧边栏中的 ▣▢/【打开曲率图形】工具 ✏ 分析两条曲线的曲率图形，可以发现曲率图形的变化代表圆形半径的变化，标准圆的曲率图形高度相等（即半径恒等），可塑圆的曲率图形高度是变化的（即半径不恒等），如图4-7所示。5阶可塑圆的曲率图形变化微小，所以在使用可塑圆时，一般选择5阶。

· 图4-7 │ 标准圆与可塑圆的曲率图形比较

可塑圆默认阶数为5阶，指令提示栏的状态如图4-8所示。

> 圆心 ( 可塑形的(D) 垂直(V) 两点(P) 三点(O) 正切(T) 环绕曲线(A) 逼近数个点(F) ): _Deformable
> **圆心** ( 阶数(D)=5 点数(P)=10 垂直(V) 两点(O) 三点(I) 正切(T) 环绕曲线(A) 逼近数个点(F) ):

· 图4-8 │ 指令提示栏状态（3）

在阶数相同的情况下，增加CV数量可以让可塑圆的半径差异变小，如图4-9所示，曲线阶数均为3阶，CV越多，曲率图形的变化越小。

· 图4-9 │ CV数量与曲率图形的变化

### 2. 标准圆与可塑圆的应用

前面阐述了标准圆与可塑圆的区别，那么在实际应用中，标准圆和可塑圆应该怎么使用呢？在创建一个曲面时，标准圆和可塑圆最好不要混合使用。例如，在单轨创建曲面时，若断面曲线是圆，则断面曲线要么都使用标准圆，要么都使用阶数相同、CV数量相同的可塑圆；不能有些断面曲线使用标准圆，有些断面曲线使用可塑圆。

## ▌ 4.1.2　CV曲线

利用【控制点曲线】工具 ▣ 通过定位一系列CV来绘制曲线，利用指令提示栏中的"阶数(D)"选项可以设定曲线的阶数，阶数与CV的关系参见3.2.1小节。Rhino支持1~11阶的曲线，默认曲线的阶数为3阶。在实际运用中，3~7阶是最常用的阶数，对于小工业产品，3~5阶就可以满足要求。那些有空气动力学要求的产品，例如汽车与飞机，可以使用7阶的曲线。再高阶的曲线就很复杂了，不利于创建与编辑。

"持续封闭(P)"选项可以决定曲线是开放的还是封闭的。默认为"否"，在定位曲线最后一点时回到起始位置，可以绘制封闭曲线。封闭曲线需要3个以上的CV。

当"持续封闭(P)"选项为"是"时，在绘制过程中可以观察到封闭曲线的造型。此时指令提示栏中还有一个"尖锐封闭(S)"选项。默认为"否"，封闭曲线是周期曲线；为"是"时，封闭曲线是非周期曲线。图4-10所示为"持续封闭(P)"选项为"是"和"否"的区别。

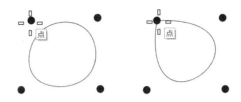

· 图4-10 │ "尖锐封闭(S)"选项为"是"和"否"的区别

### 4.1.3 内插点曲线

利用【内插点曲线】工具通过定位曲线的节点来绘制曲线，节点的概念与特征、使用【内插点曲线】工具时的指令提示栏选项参见3.2.3小节。

"节点(K)=弦长"选项设定的是节点的赋值方式，此设置通常会得到非均匀曲线，可以利用捕捉得到均匀曲线。通常来说，通过单击【内插点曲线】按钮来绘制曲线的情况非常少。

需要注意的是，利用此工具绘制只有起点和终点的曲线，其实绘制的是3阶4个CV的曲线，并非1阶2个CV的直线。

### 4.1.4 控制杆曲线

利用【控制杆曲线】工具通过指定点与控制杆来绘制曲线。单击定位点，通过拖曳鼠标调整控制杆的角度与长度来调整曲线的形态。利用该工具绘制的曲线是多重曲线。定位的每两个点之间都会形成一段3阶4个CV的单跨曲线。在拖曳控制杆时按住Alt键，可以产生锐角点。这个工具由于其局限性，使用频率并不高。

### 4.1.5 描绘曲线

利用【描绘】工具通过拖曳鼠标来绘制曲线，Rhino会将拖曳轨迹转化为平滑的曲线。利用该工具只能绘制3阶曲线，曲线的CV通常会很多。在实际应用中，该工具的使用频率也不高。

## 4.2 │ 曲线形态编辑

用户很少能一次性将曲线绘制得非常精准，一般是先绘制一条初始曲线，确定大致的形态，重点是控制CV的数量与分布，然后显示曲线的CV，通过调整CV来改变曲线的形态。图4-11所示为【点的编辑】子工具列，这些都是增加点和减少点的工具。

· 图4-11 │ 【点的编辑】子工具列

- 利用【打开控制点】工具 🖼可以显示曲线或曲面的CV，默认快捷键为 F10 。
- 利用【显示曲线编辑点】工具 🖼可以显示曲线的EP。
- 要隐藏所有点（包括CV与EP），可以右击 🖼按钮，默认快捷键为 F11 。自定义工作环境后，对快捷方式重新进行了定义，按 F11 键修改为显示EP，关闭CV或EP可通过按 Esc 键来完成。
- 利用【关闭选取物件的点】工具 🖼可以通过选取要隐藏点的物件来隐藏其点。

## ▌4.2.1 增删CV

当曲线在调整过程中无法满足造型需求时，可以在局部增加CV。利用【插入一个控制点】工具🖼、【插入节点】工具🖼和【插入锐角点】工具🖼可以为曲线增加额外的CV。

### 1. 【插入一个控制点】工具

利用【插入一个控制点】工具🖼可以在曲线或曲面的任意位置插入CV，步骤如图4-12所示。可以发现，当插入额外的CV后，曲线的形态发生了改变。这在建模中期是不期望出现的结果，所以最好只在绘制最初曲线时使用该工具。

· 图4-12 | 插入CV的步骤

### 2. 【插入节点】工具

当建模中期需要维持物件造型并增加CV时，可以使用【插入节点】工具🖼，步骤如图4-13所示。在阶数不变的情况下，每增加一个节点，曲线就会多一个CV，所以利用该工具也可以为物件增加CV。

· 图4-13 | 插入节点的步骤

**要点提示**：插入节点后的曲线均匀性会发生改变。

### 3. 【插入锐角点】工具

利用【插入锐角点】工具🖼在指定位置增加一个锐角点，曲线会变为多重曲线。移动锐角点处的CV，会在此处形成一个尖锐转角，步骤如图4-14所示。

· 图4-14 | 插入锐角点的步骤

#### 4. 移除CV点

利用【移除一个控制点】工具 、【移除节点】工具 可以删除不需要的点，删除CV或节点都会使曲线或曲面造型发生改变。

## ▌4.2.2　维持连续性并调整曲线形态

当两条曲线之间的连续性为G1或G2时，想要维持端头的连续性，同时改变曲线的造型，可以依据曲线连续性的特点来调整。

#### 1. 维持G1连续并改变造型

两条曲线达到G1连续，需要每条曲线从端点开始的两个CV参与，所以调整从端点开始的第3个CV，不会破坏此端点的连续性。当需要调整从端点开始的第2个CV时，只需要维持4点共线的原则。调整比较简单，如图4-15所示。

· 图4-15｜维持G1连续并改变造型

#### 2. 维持G2连续并改变造型

两条曲线达到G2连续，需要每条曲线从端点开始的3个CV参与，所以调整从端点开始的第4个CV，不会破坏此端点的连续性。

当需要调整从端点开始的第2个CV和第3个CV时，需要满足G2连续的几何要求。手动调整时需要做辅助线，过程比较麻烦，可以使用【调整曲线端点转折】工具 来调整。

图4-16所示的两条曲线已达到G2连续，要调整右侧的曲线的造型，并维持左端为G2连续时，框选的3个CV不可随意调整。

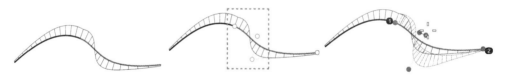

· 图4-16｜维持G2连续并改变造型

当利用【调整曲线端点转折】工具 调整曲线形态时，曲线有两个端头，在指令提示栏中可以设定"连续性1(C)=曲率"或"连续性2(O)=位置"，端头位置会有标识。"连续性1"的设置对应视图中标注为"❶"的端头需要维持的连续性级别，同理，"连续性2"对应"❷"处。

设定好端头需维持的连续性级别后，可以在视图中拖曳黑色实心点来改变造型。

连续性级别与可调整的点的数量关系如下。

- 无：此处端头没有可调整的点。
- 位置：此处端头仅有一个可调整的点。
- 相切：此处端头有两个可调整的点。
- 曲率：此处端头有3个可调整的点。

当曲线的两端都需要维持一定的连续性级别时，提供的可调整黑色实心点超过曲线原有CV数量时，曲线会自动增加CV，如图4-17所示。曲线两端都维持G2连续并调整形态，每个端头都需要3个可调整的点，一共需要6个CV，比原曲线要多。

　　调整时拖曳黑色实心点，并观察曲线的形态，直到实现需要的造型。调整过程中建议打开曲率图形，如图4-17所示。曲率图形会动态显示曲线曲率的变化。

　　**要点提示**：调整时要兼顾曲率变化，不宜太抖动。

·图4-17｜调整过程

# 4.3 ｜曲线编辑工具

　　Rhino提供了多种曲线编辑工具以满足用户多样化的需求。下面介绍使用频率较高的工具。

## 4.3.1　【衔接曲线】工具

　　【衔接曲线】工具可以改变指定曲线端头处的CV的位置，使其与另一条曲线达到指定的连续性。

　　该工具的使用方式非常简单，就是依次选择要进行衔接的开放曲线（要更改形态）的一端与衔接目标（形态不变）的一端，在弹出的【衔接曲线】对话框中设定需要的连续性，如图4-18所示，对话框中相应选项的介绍如下。

- 【连续性】：有3个单选项，对应G0～G2连续性。
- 【维持另一端】：用于设定要进行衔接的曲线的另一端的连续性是否保持。
- 【与边缘垂直】：当衔接目标是曲面边缘时，该复选框才可用。在选择要衔接的开放曲线时，指令提示栏中有"曲面边缘(S)"选项，如图4-19所示。选择"曲面边缘(S)"选项，即可选择一条曲面边缘作为衔接目标。勾选【与边缘垂直】复选框，可以使曲线与目标曲面边缘垂直衔接。

·图4-18｜【衔接曲线】对话框

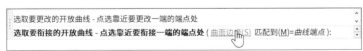

·图4-19｜选择指令提示栏中的"曲面边缘(S)"选项

- 【互相衔接】：勾选此复选框，两条曲线均会调整CV的位置来达到指定的连续性，衔接点位于两条曲线端点连线的中点处。图4-20所示为勾选与未勾选【互相衔接】复选框时两条曲线的状态。

- 【组合】：勾选此复选框，衔接曲线后会对两条曲线进行组合，相当于衔接后再执行【组合】命令。

·图4-20│勾选与未勾选【互相衔接】复选框时的状态

- 【合并】：勾选此复选框，衔接曲线后会将两条曲线合并为一条单一曲线，合并后的曲线无法通过【炸开】命令炸开。此复选框只在连续性为G2时才可用。

## 4.3.2 【可调式混接曲线】工具

利用【可调式混接曲线】工具可以在两条曲线之间以指定的连续性生成新的曲线。

下面通过实际操作来重点介绍【可调式混接曲线】工具的使用方法。

（1）单击侧边栏中的／【可调式混接曲线】按钮，依次选择两条曲线后，弹出【调整曲线混接】对话框，默认选项如图4-21所示。保持默认选项，不要关闭该对话框。

（2）在视图中分别单击两条曲线的端头处，如图4-22所示。

为了得到对称的混接曲线，事先在曲线上各放置了一个点对象，以便后续通过捕捉来调整混接曲线的形态。

（3）指令提示栏提示选择要调整的CV，选择CV，如图4-23所示。

·图4-21│【调整曲线混接】对话框

·图4-22│单击曲线的端头处

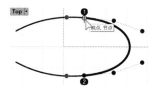

·图4-23│选择CV

（4）打开☑点 捕捉，拖曳鼠标到图4-24所示的点处后释放鼠标左键。以相同的方式调整另一侧的CV，效果如图4-25所示。

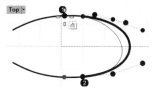

·图4-24│调整CV

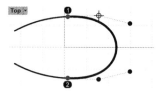

·图4-25│调整CV后的效果

（5）按住 Shift 键，拖曳任意一端中间的CV，用对称的方式来调整混接曲线的形态，如图4-26所示。

（6）右击完成调整，生成的混接曲线如图4-27所示。

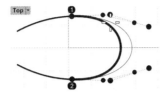
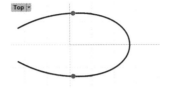

· 图4-26 | 对称调整CV   · 图4-27 | 生成的混接曲线

### 1. 在曲线之间生成混接曲线

单击侧边栏中的 ⬚/【可调式混接曲线】按钮 ⬚，选择要混接的两条曲线后，弹出【调整曲线混接】对话框，如图4-21所示，借助该对话框可动态地对曲线形态进行调整。

- 【连续性1】/【连续性2】：设定生成的混接曲线与原有两条曲线在端点处的连续性级别。利用【可调式混接曲线】工具 ⬚ 可以生成G0～G2连续的曲线，还可以生成G3、G4连续的曲线。

- 反转1 / 反转2 ：单击该按钮后，会反转生成的混接曲线在该端头的方向。

- 显示曲率图形 ：单击该按钮后，即可在调整形态时显示曲率图形，以便分析曲线质量。图4-28所示为显示曲率图形的状态。

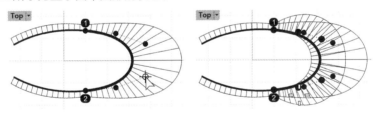

· 图4-28 | 显示曲率图形

**要点提示**：在选择要调整的CV之前按住 Shift 键，可以对CV做对称调整。

除了可以混接曲线，还可以在曲面边缘之间、曲线与指定点之间、曲面边缘与指定点之间生成混接曲线。

### 2. 在曲面边缘之间生成混接曲线

- 边缘(E)：单击【可调式混接曲线】按钮 ⬚ 后，在指令提示栏中选择该选项，即可从曲面边缘开始建立混接曲线。指令提示栏会提示选择要进行混接的曲面边缘。

- 默认情况下，生成的混接曲线与原曲面边缘垂直，如图4-29左图所示，在选择要调整的CV之前按住 Alt 键，以手动方式设定混接角度，调整状态如图4-29右图所示。

### 3. 在曲线与指定点之间生成混接曲线

- 点(P)：单击【可调式混接曲线】按钮 ⬚ 后，在指令提示栏中选择该选项，指令提示栏会提示选择曲线要混接至的点，其操作过程如图4-30所示。

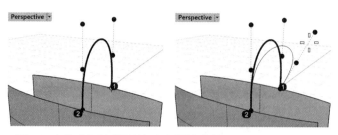

· 图4-29｜从曲面边缘开始建立混接曲线

· 图4-30｜混接到指定点的过程

### 4.3.3 【曲线圆角】工具

　　【曲线圆角】工具是Rhino中非常重要的工具，通常用于对模型中尖锐的边角进行圆角处理。在使用【曲线圆角】工具时，指令提示栏状态如图4-31所示。进行圆角处理的前提是两条曲线在同一平面内。

```
指令: _Fillet
选取要建立圆角的第一条曲线（半径(R)=1 组合(J)=否 修剪(T)=是 圆弧延伸方式(E)=圆弧 其他曲线延伸方式(X)=直线 动态(D)=否）:
```

· 图4-31｜【曲线圆角】工具的指令提示栏状态

　　利用侧边栏中的/【全部圆角】工具可以快速地以同一半径对多重曲线或多重直线的每个锐角进行圆角处理。

- 半径(R)：设定圆角的大小。注意，若圆角太大，超出了修剪范围，则倒圆角操作可能会不成功。
- 组合(J)：设定进行圆角处理后的曲线是否结合。若设定为"是"，则可以免去再使用【组合】工具进行结合的操作。
- 修剪(T)：设定进行圆角处理后是否修剪多余的部分。图4-32所示为设定不同修剪选项的效果。
- 圆弧延伸方式(E)：当要进行圆角处理的两条曲线是圆弧，并且未相交时，系统会自动延伸圆弧使其相交，然后再做圆角处理。

· 图4-32｜设定不同修剪选项的效果

- 其他曲线延伸方式(X)：该选项用于指定除了圆弧的其他曲线延伸的方式。当要进行圆角处理的两条曲线未相交时，系统会自动延伸曲线使其相交，然后再做圆角处理。
- 动态(D)：设置该选项为"是"后，在视图中依次选择要进行圆角处理的曲线，选项栏中会依次提示"半径或设置第一个距离点"与"第二个距离点"，然后通过单击确定两个距离点来生成圆角。这种模式可以动态预览进行圆角处理后的效果。

### ▌4.3.4 【曲线斜角】工具

【曲线斜角】工具╲和【曲线圆角】工具╲的功能非常相似，其指令提示栏状态如图4-33所示，其中有些选项和【曲线圆角】工具╲指令提示栏中的选项相同且作用一样，其余选项介绍如下。

```
指令: _Chamfer
选取要建立斜角的第一条曲线 ( 距离(D)=1,1 组合(J)=否 修剪(T)=是 圆弧延伸方式(E)=圆弧 其他曲线延伸方式(X)=直线):
```

· 图4-33│【曲线斜角】工具的指令提示栏状态

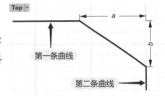

- 距离(D)：输入格式为"$a,b$"，分别代表选择的第一条曲线斜切后与原来两条曲线交点的距离、第二条曲线斜切后与交点的距离。图4-34所示为倒圆角示意。

· 图4-34│倒圆角示意

### ▌4.3.5 【延伸】子工具列

Rhino提供了多种曲线延伸的方式，长按侧边栏中的╲/【延伸曲线】━按钮，弹出图4-35所示的【延伸】子工具列。

- 【延伸曲线】工具━：按照曲线原本的趋势延伸曲线到一个点或选择的边界。
- 【延伸曲线到边界】工具━：延伸曲线至选择的边界，以指定的长度延伸，拖曳曲线端点至新的位置。
- 【连接】工具┱：在延伸曲线的同时修剪掉延伸后曲线交点以外的部分，注意单击点的位置不同，修剪掉的部分也不一样，如图4-36所示。

· 图4-35│【延伸】子工具列　　　　· 图4-36│利用【连接】工具产生的结果

- 【延伸曲线(平滑)】工具╱：延伸后的曲线与原曲线曲率（G2）连续。
- 【以直线延伸】工具╱：延伸部分为直线，延伸后的曲线与原曲线相切（G1）连续，可以利用【炸开】工具┵将其炸开。
- 【以圆弧延伸至指定点】工具╮：延伸部分为圆弧，延伸后的曲线与原曲线相切（G1）连续，可以利用【炸开】工具┵将其炸开。图4-37所示为不同延伸方式产生的效果。

·图4-37｜不同延伸方式产生的效果

- 【以圆弧延伸(保留半径)】工具 ：延伸部分为圆弧，产生的延伸圆弧的半径与原曲
  线端点处的曲率圆半径相同。
- 【以圆弧延伸(指定中心点)】工具 ：延伸部分为
  圆弧，通过指定圆心的方式确定延伸后的圆弧。
- 【延伸曲面上的曲线】工具 ：延伸曲面上的曲
  线到曲面的边缘，延伸后的曲线也位于曲面上。
  图4-38所示为延伸曲面上的曲线效果。

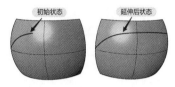

·图4-38｜延伸曲面上的曲线的效果

## ▌4.3.6 【偏移曲线】工具

【偏移曲线】工具 可以等距离偏移复制曲线，其指令提示栏状态如图4-39所示。

```
指令: _Offset
偏移侧 ( 距离(D)=6 松弛(L)=否 角(C)=锐角 通过点(T) 修剪(R)=是 公差(O)=0.001 两侧(B) 与工作平面平行(I)=否 加盖(A)=无 目的图层(U)=目前的 ):
```

·图4-39｜【偏移曲线】工具的指令提示栏状态

- 距离(D)：设定偏移曲线的距离。
- 松弛(L)：设定为"是"，可以使偏移后的曲线与偏移前曲线的CV数量一致，但是偏
  移距离的误差会稍大。
- 角(C)：当曲线中有角时，设定产生的偏移效果。图4-40所示为使用不同角选项产生的
  效果。

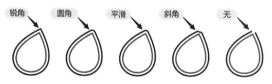

·图4-40｜使用不同角选项产生的效果

- 通过点(T)：代替输入偏移距离的方式，通过利用鼠标设定偏移曲线要通过的点的方式
  进行偏移。
- 公差(O)：设置偏移后的曲线与原曲线距离误差的许可范围，默认值和系统公差相
  同，公差越小，误差越小，但是偏移后曲线的CV越多。

曲线的CV分布与数量直接影响曲线的质量，若不严格要求偏移距离误差，则应适当增
大公差以减少CV的数量。图4-41左图和中图所示为使用不同公差的偏移曲线的CV效果。

如果要利用偏移前后的两条曲线构建曲面，且构建的曲面之间又要做混接处理，如果基
础曲线如果有相同的CV数量与分布，产生的曲面的结构和质量就要高一些。可以使用"松
弛(L)=是"选项来得到相同CV数量的曲线，如图4-41右图所示。

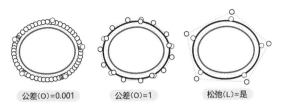

· 图4-41 │ 使用不同公差的效果

可以利用侧边栏中的 / 【分析曲线偏差值】工具 来分析偏移前后两条曲线的最大偏差值与最小偏差值，分析的结果显示在指令提示栏中。图4-42所示为不同公差与模拟偏移的偏差值，图中的绿色标记表示最小偏差值，红色标记表示最大偏差值。通过分析曲线偏差值，可以看出使用"松弛(L)=是"的优势，只要不是很严格地要求偏移距离误差，该选项就可以保证曲线的CV数量及分布与原曲线相同。

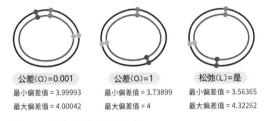

· 图4-42 │ 分析曲线偏差值

● 两侧(B)：选择该选项后，系统会同时向曲线内侧与外侧偏移曲线。

## 4.3.7 【重建曲线】工具

利用【重建曲线】工具 可以指定的阶数和CV数量转化曲线。选择曲线后，单击【重建曲线】按钮 ，弹出【重建】对话框，如图4-43所示，其中的主要选项介绍如下。

- 【点数】：括号内的数值是重建前曲线的CV数量，在数值框内可以输入重建后的CV的数量。

- 【阶数】：括号内的数值是重建前曲线的阶数，在数值框内可以输入重建后的阶数。

- 【删除输入物件】：勾选该复选框，会在重建曲线后删除原曲线；不勾选该复选框，则会保留原曲线。

· 图4-43 │ 【重建】对话框

- 【在目前的图层上建立新物件】：勾选该复选框，会将重建后的曲线转到当前图层，否则重建后的曲线会和原曲线位于一个图层。

- 【维持端点的正切方向】：重建后的曲线一定会变形，为使曲线端头的正切方向不变，可以勾选该复选框。

- 【适用于细分】：勾选该复选框使输出的曲线适用于细分建模。

- 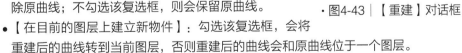：通过拾取一条曲线作为主线，被重建的曲线和主线的阶数与CV数量一致。

- 【最大偏差值】：利用【重建曲线】工具 🏗 会将CV分布得更均匀，所以即使重建前后的CV数量与阶数都相同，曲线也会发生变形。这个参数显示的是重建前后曲线之间距离的偏差值。重建曲线还会将节点赋值均匀化，所以非均匀曲线会变成均匀曲线。

利用【非一致性的重建曲线】工具 🏗 可以维持曲线的非均匀属性，同时重建曲线。

需要注意的是，重建后的曲线和原曲线一定会存在误差，即使维持原始的阶数与CV数量，或者增加曲线的阶数与CV数量。当需要增加曲线的CV数量时，如果不希望曲线变形，就不要用【重建曲线】工具 🏗，可以考虑使用升阶或加入节点的方式。

## ▌4.3.8 【以公差重新逼近曲线】工具

利用【以公差重新逼近曲线】工具 📧 可以公差和阶数来产生新曲线。选择曲线后，单击【以公差重新逼近曲线】按钮 📧，此时指令提示栏状态如图4-44所示。

· 图4-44 | 指令提示栏状态（4）

此时可以输入逼近公差的数值，公差数值越大，重新逼近的曲线的CV越少，与原曲线的偏差越大。

## ▌4.3.9 【更改阶数】工具

利用【改变阶数】工具 📧 可以更改曲线的阶数。选择曲线后，单击【更改阶数】按钮 📧，此时指令提示栏状态如图4-45所示。

在指令提示栏中输入新的阶数数值，按 Enter 键即可改变曲线阶数。阶数的取值范围为1～11。

· 图4-45 | 指令提示栏状态（5）

- 可塑形的(D)：当曲线含有内部节点时，"可塑形的(D)=否"会在节点处重合多个节点形成复节点，"可塑形的(D)=是"会维持节点数量不变。查看CV数量可以比较出区别：图4-46左图所示为3阶5个CV的初始曲线，图4-46中图所示为升5阶"可塑形的(D)=是"的结果，图4-46右图所示为升5阶"可塑形的(D)=否"的结果。可以看到右图比中图的CV多。

升阶后，可以利用【插入节点】工具 ✍ 查看曲线的节点状态，如图4-47所示，会发现曲线的节点位置与属性并未变化。根据CV计算公式$CV=D+K+1$，会发现图4-46右图中的曲线目前是不满足这个公式的，实际情况是中间曲线每个节点位置只有一个节点，因此符合曲线CV的计算公式，而图4-46右图在内部节点位置重合了3个节点，这种节点称为复节点，因此也符合曲线CV的计算公式。

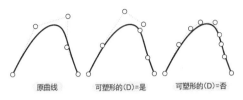

·图4-46 | 升阶后曲线CV状态    ·图4-47 | 曲线的节点状态

含有复节点的曲线和曲面不利于调整和编辑，所以建议升阶时设置"可塑形的(D)=是"。对于含有复节点的曲线和曲面，可以通过单击侧边栏中的▢/【移除曲面或曲线的重数节点】按钮◢来移除复节点。

## 4.4 | 曲面的结构

Rhino是以技术为核心的曲面建模软件，与其他实体建模软件（如Pro/ENGINEER、UG）有很大的不同，Rhino在构建自由形态的曲面方面具有灵活、简单的优势。

在学习曲面创建工具之前，了解曲面的标准结构与特殊结构，对于创建与编辑曲面会有很大的帮助。在建模过程中考虑曲面分面时，先按照4边结构去拆分曲面，当无法以4边结构拆分曲面时，再考虑以特殊曲面结构来拆分曲面。

### 4.4.1　曲面的标准结构

Rhino曲面的标准结构是具有4条边的类似矩形的结构，曲面具有两个方向的结构线，这两个方向呈网状交错，如图4-48所示。

曲面可以看作由一系列的曲线沿一定的方向排列而成。在Rhino中构建曲面时，需要了解曲面的结构元素。

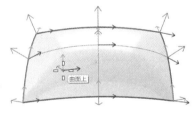

·图4-48 | 曲面的标准结构

#### 1. 曲面的*UVN*方向

NURBS使用*UVN*坐标来定义曲面，*UV*点是曲面上一系列的纵向和横向上的点；*N*是曲面上某一点的法线方向。

可以单击【分析方向】按钮▨查看曲面的*UVN*方向，如图4-48所示，红色箭头代表*U*方向，绿色箭头代表*V*方向，蓝色箭头代表*N*方向。

可以将*U*、*V*和*N*方向假想为曲面的*x*轴、*y*轴和*z*轴。

#### 2. 结构线

结构线是曲面上一条特定的U曲线或V曲线，是曲面上纵横交错的线，Rhino利用结构线和曲面边缘曲线来可视化NURBS曲面的形状。默认情况下，结构线显示在节点的位置。

**要点提示**：结构线又称等参线，英文名是Isoparametric curves，缩写为ISO。

用户可以通过结构线来判定曲面的质量，结构线分布均匀、简洁的曲面比结构线密集、分布不均的曲面质量要好。

### 3. 曲面边缘

曲面边缘（Edge）是指曲面边界的U曲线或V曲线。在构建曲面时，可以选择曲面的边缘来建立曲面之间的连续性。

将多个曲面组合后，若一个曲面的边缘没有与其他曲面的边缘相接，这样的边缘称为外露边缘。

单击顶栏中的□/【物件属性】按钮◎，在弹出的【属性】面板中可以设定结构线显示的密度，如图4-49所示。

曲面的边缘状态可以通过单击侧边栏中的▦/【显示边缘】按钮⬚查看，这时会弹出相应的【边缘分析】对话框，如图4-50所示，在该对话框中可以选择要显示的边缘类型。

·图4-49│【属性】面板

·图4-50│【边缘分析】对话框（1）

## 4.4.2 曲面的特殊结构

在建模过程中遇见的很多曲面从形态上看似与标准结构的曲面不同，但这些曲面也属于四边结构的曲面，只是4条边的状态比较特殊，具体分类如下。

### 1. 具有收敛点的曲面

图4-51所示的3边曲面看似不遵循4边曲面的构造，显示其CV，可以看出曲面具有两个方向的结构线，只是其中一个方向的线在一端汇聚为一点（称为奇点或收敛点），3边曲面是4边曲面的特殊状态，也就是有一条边的长度为0。虽然3边曲面也可以看作特殊的4边曲面，但是在构建曲面时，应尽量避免构建3边曲面，也就是尽量不要构建有收敛点的曲面（不包括由旋转命令形成的带有收敛点的曲面）。

当曲面的另一端也是收敛点时，曲面在视觉效果上只有两个可视边缘。

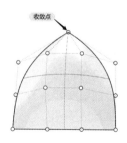

·图4-51│具有收敛点的曲面

**2. 具有接缝的曲面**

　　有一个方向的封闭曲面（见图4-52）看似不属于四边结构的曲面，在使用【显示边缘】工具 查看其边缘时，可以看到曲面侧面也具有边缘，如图4-53所示。这就是曲面的另外两个边缘，只是两个边缘重合在一起了。像这样重合在一起的曲面边缘称为接缝。

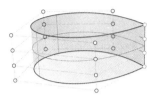

・图4-52│封闭曲面

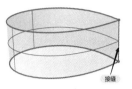

・图4-53│曲面边缘状态

**3. 封闭+收敛点**

　　图4-54所示的两个曲面是具有收敛点的封闭曲面，在使用【显示边缘】工具 查看其边缘时，可以看到曲面侧面的两个边缘重合，且另外的边缘在一端汇聚成收敛点。图4-54左图所示的曲面只有一端收敛，另一端是开放结构；图4-54右图所示的曲面的两端都为收敛点。

**4. 修剪曲面**

　　还有一些曲面从外观上看并不能分析出其4条边（见图4-55右图），但其实这仍是4边曲面，只是该曲面使用了【修剪】工具 将边缘外侧的面修剪掉了。显示曲面的CV后（见图4-55左图），其CV还是以4边结构排列。

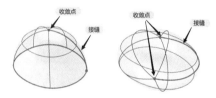

・图4-54│封闭+收敛点

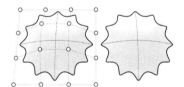

・图4-55│修剪曲面

　　在Rhino中，修剪曲面并不是真的将曲面删除，而是将其隐藏了，右击 按钮（执行【取消修剪】命令），取消修剪曲面，可以复原该曲面未被剪切的状态。

# 4.5 │ 曲面连续性的检测与分析工具

　　曲面建模时，有些造型不可能以一个完整的曲面去构建，这时需要将曲面拆分成多个面分别去构建，但是这些被拆开的曲面需要利用【衔接曲面】工具 、【混接曲面】工具 等搭接起来，形成光滑的过渡。要知道曲面之间是否达到了需要的连续性级别，就需要对曲面进行连续性分析，对此，Rhino提供了相应的曲面检测与分析工具。

## 4.5.1　检测曲面的连续性

　　曲面的连续性定义和曲线的连续性定义相似，连续性用来描述曲面之间的光滑程度。在Rhino中使用较多的是G0～G2连续，Rhino也提供了曲面的G3、G4连续。如图4-56所示，

【调整曲面混接】对话框中提供了G3、G4连续。

检测两个曲面的连续性，可以使用侧边栏中的/【斑马纹分析】工具。图4-57所示为斑马纹分析图。

- 如果两个曲面边缘重合，斑马纹在两个曲面接合处断开，则表示两个曲面为G0连续。
- 如果斑马纹在曲面和另一个曲面的接合处对齐，但在接合处突然转向，则表示两个曲面为G1连续。
- 如果斑马纹在接合处平顺地对齐且连续，则表示两个曲面为G2连续。

· 图4-56 |【调整曲面混接】对话框

**要点提示：** 在使用【斑马纹分析】工具时，曲面的显示精度会影响斑马纹的显示，因此需要将曲面的显示精度提高，以得到更为准确的分析结果。

· 图4-57 | 斑马纹分析图

## 4.5.2 分析曲面边缘

在使用【混接曲面】工具、【双轨扫掠】工具等时，通常会发现曲面边缘断开了，这时可以单击侧边栏中的/【显示边缘】按钮，查看边缘状态。图4-58所示为复合曲面的全部边缘状态。

单击【显示边缘】按钮，选择要显示边缘的曲面后按Enter键，会弹出图4-59所示的【边缘分析】对话框。下面介绍其中比较重要的几个选项。

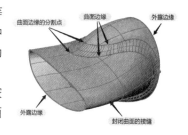

· 图4-58 | 显示曲面边缘

- 【全部边缘】：选择该单选项，会显示所有的曲面边缘。
- 【外露边缘】：曲面中没有与其他曲面的边缘相接（需要先将多个曲面组合）的边缘称为外露边缘。选择该单选项，仅显示外露边缘。图4-60所示为显示复合曲面的外露边缘。

**要点提示：** 在使用布尔运算类工具时，常会出现运算失败的情况，通常是因为两个曲面在要做布尔运算的部位的交线不闭合，系统无法定义剪切区域。这时可以利用【显示边缘】工具来查看曲面在相交位置是否存在外露边缘。

·图4-59 | 【边缘分析】对话框（2）    ·图4-60 | 显示复合曲面的外露边缘

- 放大(Z)：当选择【外露边缘】单选项时，该按钮才可用。有时曲面的外露边缘非常小，不容易观察，可以单击该按钮放大显示外露边缘，此时指令提示栏的状态如图4-61所示，可以选择"下一个(N)"或"上一个(P)"选项来逐个查看放大状态的外露边缘。

```
指令: '_ZoomNaked
全部外露边缘，按 Enter 结束 (全部(A) 目前的(C) 下一个(N) 上一个(P) 标示(M)):
```

·图4-61 | 【外露边缘】指令提示栏状态

## 4.5.3　曲面边缘断开与合并

在利用曲面边缘获得连续性时，可能只需要使用某个曲面边缘的一部分，这时可以单击侧边栏中的 /【分割边缘】按钮，在需要的位置分割边缘。右击按钮，执行【合并边缘】命令，可以将分割后的边缘合并。

在很多时候，虽然用户并未手动打断边缘，但是会出现边缘断开的情况。有些曲面边缘可以融合，但有些情况不能融合。边缘自动断开与融合情况如下。

（1）长短曲面边缘组合时，长边会自动断开，然后再融合，炸开后边缘不会自动融合。可以利用【合并边缘】工具融合，如果融合后的边缘有瑕疵，可以利用侧边栏中的 /【重建边缘】工具重建一下边缘。

（2）使用多段线修剪曲面，曲面边缘会断开。若多段线本来是G1连续的，则曲面的边缘可以融合。若多段线本来是G0连续的，则曲面的边缘则不可以融合。

（3）封闭曲面的接缝位置被修剪后是断边，不能融合。

（4）多重曲面之间，即使边缘G1以上连续，因为是多个曲面，所以也不能融合。

## 4.6 | 曲面的创建工具

Rhino提供的曲面创建工具完全可以满足各种曲面建模需求。对于同一个曲面造型，通常有多种创建工具。选择什么样的工具来构建曲面，取决于用户的个人习惯与经验。一般来说，对于同一个曲面造型，可以比较用多种工具生成的曲面，选择能创建最简洁曲面的工具来完成创建。创建曲面的具体工具如下。

### 4.6.1 【指定三或四个角建立曲面】工具

使用【指定三或四个角建立曲面】工具 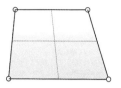 时，通过指定3个或4个点来创建曲面。该工具操作简单，但是用得很少。图4-62所示为指定4个角建立的平面。

· 图4-62 | 指定4个角建立的平面

### 4.6.2 【以二、三或四个边缘曲线建立曲面】工具

【以二、三或四个边缘曲线建立曲面】工具 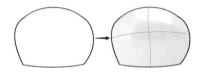 可以使用2～4条曲线或曲面边缘来建立曲面。图4-63所示为使用4条曲线创建的曲面。使用2或3条曲线建立曲面会产生收敛点，应尽量避免出现这种情况。

即使曲线端点不相接，也可以使用该工具建立曲面，但是这时生成的曲面边缘会与原曲线有偏差。该工具只能达到G0连续，形成的曲面的优点是结构线简洁，通常使用该工具来建立大块简单的曲面。

· 图4-63 | 使用4条曲线建立的曲面

### 4.6.3 【矩形平面：角对角】工具

【矩形平面：角对角】工具 通过指定平面的角点来创建矩形平面，该工具的使用方式很简单。

在Rhino 8的默认显示模式下不显示平面曲面的结构线，可以在【Rhino 选项】对话框中勾选【显示平面曲面的结构线】复选框，如图4-64所示，以便在线框模式下区分曲线与平面曲面。

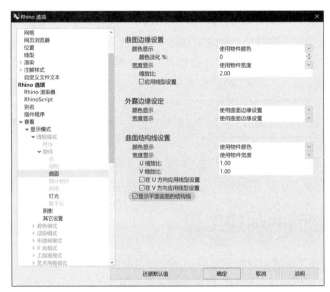

· 图4-64 | 【Rhino 选项】对话框

## 4.6.4 【以平面曲线建立曲面】工具

利用【以平面曲线建立曲面】工具◎可以将一个或多个同一平面内的封闭曲线创建为曲面，并且创建的是修剪曲面。图4-65所示为以平面曲线建立的曲面。

**要点提示**：使用该工具的前提是曲线必须封闭并且在同一平面内。如果选择开放曲线或空间曲线后使用该工具，指令提示栏会提示创建曲面出错的原因，如图4-66所示。

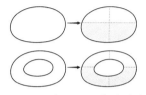

· 图4-65 | 以平面曲线建立的曲面　· 图4-66 | 指令提示栏的提示

## 4.6.5 挤出曲线建立曲面工具

Rhino提供了多种挤出曲线创建曲面的工具。长按侧边栏中的 / 【直线挤出】按钮 ，弹出图4-67左图所示的【挤出】子工具列；或者执行功能表中的【曲面】/【挤出曲线】命令，显示其下的命令组，如图4-67右图所示。

· 图4-67 | 【挤出】子工具列和【挤出曲线】命令组

图4-68所示为利用【挤出】子工具列中的各个工具挤出的曲面效果。

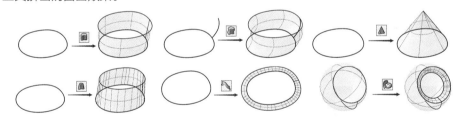

· 图4-68 | 使用各个挤出工具的曲面效果

【挤出】子工具列内的工具在模拟曲面表面的分模线时用得比较多，先创建一个挤出曲面，再修剪曲面，然后在两个曲面之间生成圆角。图4-69所示为创建曲面圆角效果的流程示意。选择使用【往曲面法线方向挤出曲线】工具 生成的曲面来创建圆角，会产生较好的效果。利用【直线挤出】工具 生成的曲面来创建圆角，有时分模线之间的缝隙会在局部过大，如图4-69（a）右图所示。

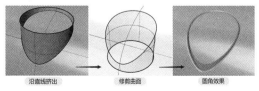

（a）
· 图4-69 | 创建曲面圆角效果的流程示意

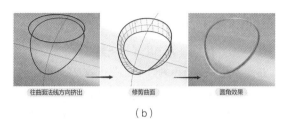

往曲面法线方向挤出　　　修剪曲面　　　圆角效果

（b）

·图4-69︱创建曲面圆角效果的流程示意（续）

## 4.6.6 【放样】工具

【放样】工具 通过空间上同一走向的一系列曲线（断面曲线）来建立曲面。图4-70所示为各种曲线产生的放样曲面效果。

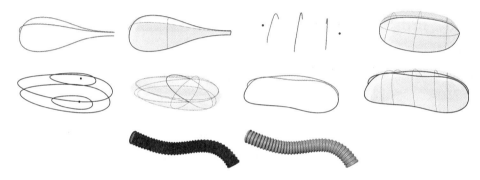

·图4-70︱放样曲面效果

用于放样的曲线需满足以下条件。
- 曲线必须同为开放曲线或封闭曲线（点对象既可以认为是开放的也可以认为是封闭的）。
- 曲线之间最好不要交错。

在使用【放样】工具 时，所基于的曲线最好阶数、CV数量都相同，并且CV的分布相似，这样得到的曲面结构线最简洁。在绘制曲线时，可以先绘制出一条曲线，其余曲线可以通过复制、调整CV得到。图4-71所示为在CV数量相同和不相同的情况下生成曲面的效果。

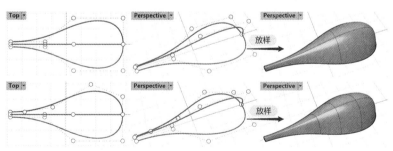

·图4-71︱效果比较（1）

**1.【放样】工具 的【放样选项】对话框**

单击【放样】按钮 ，弹出图4-72所示的【放样选项】对话框。

下面介绍【放样选项】对话框中比较重要的选项。

（1）【样式】选项组

下拉列表：放样只允许提供一个方向的断面曲线来生成曲面，这些断面曲线形成曲面的V向结构线，而U向结构线的造型通过该下拉列表来控制。图4-73所示为在下拉列表中选择不同选项的效果。

· 图4-72│【放样选项】对话框

- 【标准】：默认选择该选项。相当于利用【内插点曲线】工具 的默认参数"节点(K)=弦长"通过断面曲线形成曲面的U向结构线。

- 【松弛】：相当于利用【控制点曲线】工具 通过断面曲线形成曲面的U向结构线。该选项可以生成比较平滑的放样曲面，但放样曲面并不会通过所有的断面曲线。

- 【紧绷】：相当于利用【内插点曲线】工具 的"节点(K)=弦长平方根"通过断面曲线形成曲面的U向结构线。

- 【平直区段】：在每个断面曲线之间生成平直的曲面，相当于利用【多重直线】工具 通过断面曲线形成曲面的U向结构线。

- 【均匀】：相当于利用【内插点曲线】工具 的"节点(K)=均匀"通过断面曲线形成曲面的U向结构线。

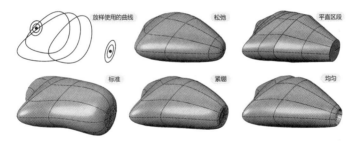

· 图4-73│在下拉列表中选择不同选项的效果

标记出断面曲线的顶部四分点位置，分别以【控制点曲线】工具 、【多重直线】工具 及【内插点曲线】工具 的3种节点赋值方式（参见3.2.3小节）绘制贯穿曲线，如图4-74所示。比较图4-73所示的曲面造型与图4-74所示的贯穿曲线造型，就能明白下拉列表中各选项的算法来源。

【封闭放样】：勾选该复选框后，可以得到封闭的曲面。该复选框在有3条或3条以上的放样曲线的情况下才可以使用。图4-75所示为勾选与未勾选【封闭放样】复选框的效果。

【与起始端边缘相切】和【与结束端边缘相切】：在使用曲面边缘来建立放样曲面时，最多能与该曲面建立G1连续。勾选这两个复选框后，可以获取G1连续。在很多命令中，因为曲线没有曲面边缘的向量属性，所以使用造型相同的曲面边缘与曲线产生的结果会不一样。

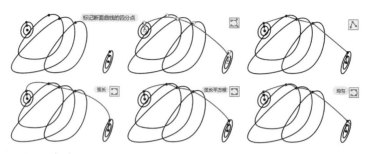

· 图4-74 │ 贯穿四分点的曲线造型

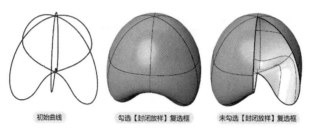

· 图4-75 │ 勾选与未勾选【封闭放样】复选框的效果

【在正切点分割】：当放样用的断面曲线是正切连接的多重曲线时，勾选此复选框，可以生成在正切点分割为多块的多重曲面，否则生成含有锐角点的单一曲面，如图4-76所示。

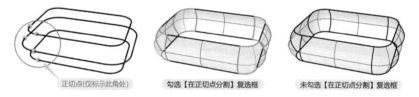

· 图4-76 │ 勾选与未勾选【在正切点分割】复选框的效果

（2）【断面曲线选项】选项组

对齐曲线... ：在选择曲线时，选择顺序与单击的位置会影响生成的曲面的形态，最好单击曲线的同一侧，这样生成的曲面不会发生扭曲。当生成的曲面产生扭曲时，可以单击该按钮后选择相应的断面曲线的端头进行反转。图4-77左图所示为正确的选择顺序与单击位置生成的曲面效果；图4-77右图所示为当曲面发生扭曲时，单击该按钮反转端点纠正曲面扭曲的过程。

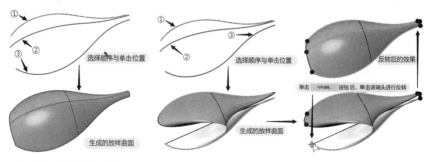

· 图4-77 │ 效果比较（2）

【不要简化】：以原曲线的参数计算放样曲面。

【重建点数】：将放样用的断面曲线重建为指定CV数量的曲线后，再形成曲面。即使重建为相同CV数量的曲线，重建曲线也一定会使曲面变形，所以该单选项会使得到的曲面边缘与原曲线形态不一致。

【重新逼近公差】：以指定的公差重整曲线后，再形成曲面。形成的曲面的CV会大大增加。该单选项通常保持默认值。

**2. 【放样】工具🔲的指令提示栏**

当放样曲线为封闭曲线时，选择曲线后右击，需要再调整曲线接缝位置和方向。此时指令提示栏的状态如图4-78所示。视图中的曲线上标记的点和箭头，表示曲线接缝位置和方向。可以利用鼠标修改接缝位置和方向。

> 选取要放样的曲线 ( 点(P) )
> **移动曲线接缝点，按 Enter 完成** ( 反转(F) 自动(A) 原本的(N) 锁定到节点(S)=是 ):

·图4-78 │ 指令提示栏状态（6）

指令提示栏中的主要选项介绍如下。

- 反转(F)：调转某个接缝的方向。
- 自动(A)：接缝的默认算法，会在多条断面曲线之间找到最近的节点作为接缝位置，如图4-79左图所示。
- 原本的(N)：以断面曲线原本的接缝位置与方向计算曲面的接缝，如图4-79右图所示。若原曲线的接缝不在同侧，则生成的曲面结构线会扭转过多。最好的解决办法是在画线时规划好接缝位置，画线的第一点决定了曲线接缝位置。

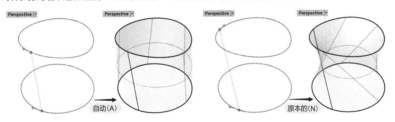

·图4-79 │ 选择"自动(A)"与"原本的(N)"选项的效果

# 4.6.7 【单轨扫掠】工具

利用【单轨扫掠】工具🔲生成曲面的方式：一系列的断面曲线沿着路径扫描生成曲面。图4-80所示为单轨扫掠生成曲面的效果。要进行单轨扫掠的曲线需要满足以下条件。

- 断面曲线和路径在空间位置上交错，但断面曲线之间不能交错；
- 断面曲线的数量没有限制；
- 路径只能有一条。

单击【单轨扫掠】按钮🔲，依次选择路径与断面曲线后，会弹出图4-81所示的【单轨扫掠选项】对话框。该对话框中的主要选项介绍如下。

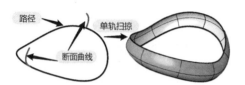

· 图4-80│单轨扫掠生成曲面的效果

· 图4-81│【单轨扫掠选项】对话框

## 1. 【框架样式】选项组

当断面曲线绕着路径生成曲面时，若断面曲线数量较少，在扫掠时断面曲线会沿着路径自由扭转，可以选择【走向】单选项来纠正绕转轴，如图4-82所示；也可以增加断面曲线来修正，但是生成的面还是有细微差别的，如图4-83所示。

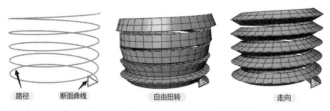

· 图4-82│选择【自由扭转】单选项与选择【走向】单选项的差别（1）

● 【自由扭转】：曲线在扫掠时断面会沿着路径自由扭转。

● 【走向】：曲线自动判别绕转轴，并纠正扫掠角度，一般的弹簧线、螺旋线作为路径时可以自动识别轴向，自由绘制的曲线作为路径时不能自动识别，这时可以单击 设置轴向 按钮来纠正绕转轴，轴向通过两点来确定，如图4-84所示。

· 图4-83│选择【自由扭转】单选项与选择【走向】单选项的差别（2）

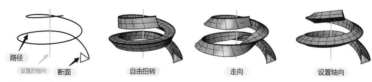

· 图4-84│纠正绕转轴

- 【对齐曲面】：选择该单选项，当选择的路径是曲面边缘时，可以维持断面与路径的夹角来生成单轨曲面。

**2. 【扫掠选项】选项组**

- 【封闭扫掠】：当路径为闭合曲线、断面曲线在两条以上时，可以勾选该复选框，第1个选的断面曲线决定曲面接缝的位置，示例如图4-85所示。

·图4-85│勾选【封闭扫掠】复选框的示例

- 【整体渐变】：图4-86所示为勾选与未勾选该复选框的示例。

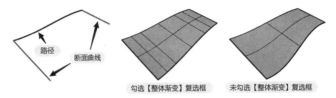

·图4-86│勾选与未勾选【整体渐变】复选框的示例

- 【未修剪斜接】：当路径是多段线且存在锐角点，生成的曲面有倾斜相接的情况时，曲面可以是修剪过的或未修剪的。将生成的曲面炸开后显示CV，可以看到曲面的修剪状况。勾选与未勾选该复选框的示例如图4-87所示。

·图4-87│勾选与未勾选【未修剪斜接】复选框的示例

**3. 【曲线选项】选项组**

- 【正切点不分割】：当放样用的路径是有正切连接的多重曲线时，勾选该复选框，生成在正切点分割为多块的多重曲面，否则生成含有锐角点的单一曲面，示例如图4-88所示。

·图4-88│勾选与未勾选【正切点不分割】复选框的示例

## 4.6.8 【双轨扫掠】工具

利用【双轨扫掠】工具生成曲面的方法与【单轨扫掠】工具相似，只是路径有两条，所以利用【双轨扫掠】工具可以更多地控制生成曲面的形态。图4-89所示为双轨扫掠生成曲面的效果。

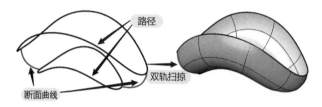

· 图4-89 │ 双轨扫掠生成曲面的效果

**1. 【双轨扫掠】工具的【双轨扫掠选项】对话框**

单击【双轨扫掠】按钮，依次选择路径与断面曲线后，弹出图4-90所示的【双轨扫掠选项】对话框。该对话框中的主要选项介绍如下。

（1）【曲线选项】选项组

- 【维持第一个断面形状】/【维持最后一个断面形状】：将曲面边缘作为路径使用时，这两个复选框才可用。将曲面边缘作为路径时，可以在曲面之间建立连续性，断面曲线会产生一定的形变来满足连续性的需求。这时可以勾选这两个复选框来强制末端断面曲线不变形。
- 【保持高度】：默认情况下，断面曲线会随着路径进行缩放。勾选该复选框可以限制断面曲线的高度保持不变。注意勾选该复选框无法得到最简扫掠的结果。勾选与未勾选该复选框的示例如图4-91所示。

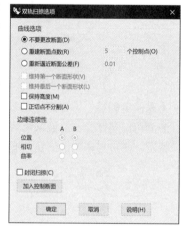

· 图4-90 │ 【双轨扫掠选项】对话框

· 图4-91 │ 勾选与未勾选【保持高度】复选框的示例

（2）【边缘连续性】选项组

当选择曲面边缘作为路径使用时，该选项组才可用。选择相应的单选项来建立需要的连续性。注意，当断面曲线CV数量不足时，不能满足两端的连续性需求，【A】或【B】单选项呈现灰色。如图4-92所示，拾取的断面曲线为3阶4个CV，若【A】和【B】端同时要求曲率连续，则断面曲线需要6个CV。CV数量不足时，可以在【曲线选项】选项组中选择相应的单选项，设置【重建断面点数】为"6"个控制点，以满足两端连续性需求。

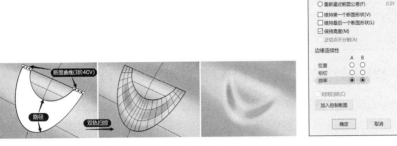

· 图4-92│【边缘连续性】选项组的应用示例

（3）加入控制断面 按钮

可以通过加入控制断面来修正曲面的结构线走向。单击 加入控制断面 按钮，然后在视图中结构线倾斜较大的曲面边缘处单击，通过加入控制断面修正结构线的走向。修正原则是使结构线方向与曲面边缘近似垂直，如图4-93所示。在使用【双轨扫掠】工具生成曲面时，可以利用【显示边缘】工具显示曲面边缘的分割状态。对于对称的造型，可以只生成一半的面，然后镜像。

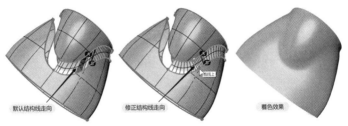

· 图4-93│自定义曲面的结构线走向

## 2. 【双轨扫掠】工具的最简扫掠

利用【双轨扫掠】工具生成的曲面有逼近和最简两种算法。Rhino 7以后取消了【最简扫掠】复选框。当选择的曲线满足最简算法的条件时，会自动产生最简扫掠的结果；当选择的曲线不满足最简算法的条件时，会自动产生逼近算法的结果，如图4-94所示。最简算法可以生成结构线最简洁的曲面，这在构建大块基础曲面时非常有用，但使用此功能需满足以下条件。

· 图4-94│逼近算法与最简算法的效果比较

- 路径的属性必须完全一样，属性包括阶数、CV数量、有理性及均匀性。在绘制路径时可以先绘制其中一条路径，然后通过复制得到另一条路径，再调整另一条路径的形态。
- 断面曲线不能是封闭曲线。
- 断面曲线必须准确地接在路径的编辑点。断面曲线不能错开编辑点的次序去接。
- 路径两端交于一点时，只能有端点处的断面曲线，不能有中间断面曲线。若加入中间断面曲线，则形成的最简扫掠曲面只有局部。
- 断面曲线的属性可以不一样，因为断面曲线的算法和放样一样。放样只有最简算法和插值算法。

## ▌4.6.9 【旋转成形】工具与【沿着路径旋转】工具

利用【旋转成形】工具 🔍（单击选择）生成曲面的方式为：断面曲线绕着旋转轴旋转生成曲面。【沿着路径旋转】工具 🔍（右击选择）是在【旋转成形】工具的基础上加了一个路径的限制。图4-95所示为沿着路径旋转成面的效果。

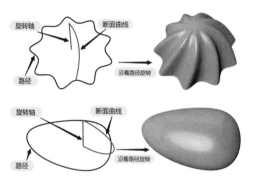

·图4-95 沿着路径旋转成面的效果

## ▌4.6.10 【从网线建立曲面】工具

利用【从网线建立曲面】工具 🔍 生成曲面的条件：同一方向上所有的曲线必须和另一方向上所有的曲线交错，不能和同一方向上的曲线交错。两个方向上的曲线数目没有限制。图4-96所示为启用【从网线建立曲面】工具 🔍 后弹出的【以网线建立曲面】对话框。

图4-97所示为使用【从网线建立曲面】工具 🔍 生成的曲面。使用默认的公差值生成的曲面产生的结构线较密，但是曲面边缘与内部曲线更逼近原曲线。可以通过增大公差值来简化结构线，但是曲面边缘及内部曲线与原曲线会存在一定的误差。

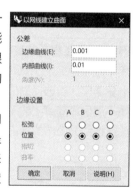

·图4-96 【以网线建立曲面】
对话框

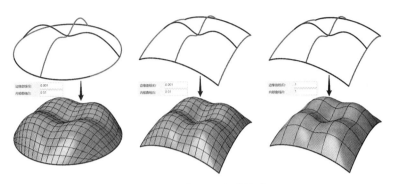

·图4-97│使用【从网线建立曲面】工具生成的曲面

【从网线建立曲面】工具⊠的功能非常强大，在曲面4个边缘都可以获得G2连续。当选择曲面边缘来创建曲面时，公差值最好保持为默认，否则生成的曲面边缘会形变严重，即使所有边缘都设置为G2连续，生成的网线曲面和原曲面之间也会存在缝隙。图4-98所示为利用曲面边缘和内部曲线生成的曲面。

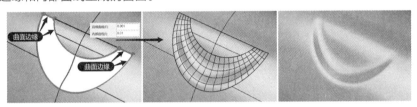

·图4-98│利用曲面边缘和内部曲线生成的曲面

## 4.6.11 【嵌面】工具

【嵌面】工具◈通常利用曲面边缘嵌面，如图4-99所示。

·图4-99│利用曲面边缘嵌面的效果

用户还可以利用曲面边缘、曲线和点来限定嵌面的形态。图4-100所示为利用曲面边缘和曲线嵌面的效果。

在使用【嵌面】工具◈时，会弹出图4-101所示的【嵌面曲面选项】对话框。该对话框中的主要选项介绍如下。

- 【曲面的U方向跨距数】/【曲面的V方向跨距数】：设置生成的曲面U/V方向的跨距数。数值越大，生成的曲面的结构线越密，与原曲线的形态越逼近。
- 【硬度】：数值越大，曲面"越硬"，得到的曲面越接近平面。

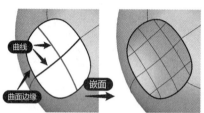

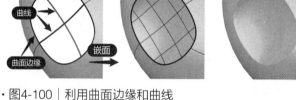

·图4-100｜利用曲面边缘和曲线嵌面的效果

·图4-101｜【嵌面曲面选项】对话框

- 【调整切线】：如果选择的是曲面边缘，则生成的嵌面曲面会与原曲面相切。
- 【自动修剪】：当在封闭的曲面边缘之间生成嵌面曲面时，会用曲面边缘修剪生成的嵌面曲面。

## 4.7｜**曲面的编辑工具**

　　Rhino提供了丰富的曲面编辑工具以满足不同曲面造型的需求。可以对曲面进行剪切、分割、组合、混接、偏移、圆角、衔接及合并等操作，还可以对曲面边缘进行分割和合并等操作。下面介绍较为常用的曲面编辑工具。

### 4.7.1　【混接曲面】工具

　　【混接曲面】工具 用来在两个曲面边缘不相接的曲面之间生成新的混接曲面，生成的混接曲面可以指定的连续性与原曲面衔接，该工具使用非常频繁。图4-102所示为在两个曲面边缘之间生成G2连续的混接曲面。在使用【混接曲面】工具时，可以利用【显示边缘】工具 显示曲面边缘状态，以辅助选择。对称的曲面可以只生成一半，然后镜像。

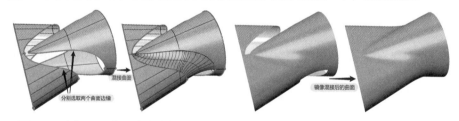

·图4-102｜在两个曲面边缘之间生成G2连续的混接曲面

　　利用【双轨扫掠】工具 、【从网线建立曲面】工具 最多只能达到G2连续，而利用【混接曲面】工具 可以达到G3、G4连续。如图4-103所示，【混接曲面】工具 的【调整曲面混接】对话框中提供了G3、G4连续。

单击【混接曲面】按钮🔗，选择要混接的两个曲面边缘后，指令提示栏状态如图4-104所示。

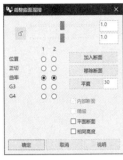

· 图4-103│【调整曲面混接】对话框　· 图4-104│【混接曲面】工具的指令
提示栏状态（1）

当选择的曲面边缘是封闭的时，可以对混接曲面的曲线接缝进行调整。一般来说，对称的对象最好将曲线接缝放置在物体的中轴处，以便获得更整齐的结构线。

若选择的曲面边缘不封闭，或者在调整完曲线接缝后右击，此时的指令提示栏状态如图4-105所示，并弹出图4-103所示的【调整曲面混接】对话框。该对话框中的主要选项介绍如下。

选取要调整的控制点，按住 ALT 键并移动控制杆调整边缘处的角度，按住 SHIFT 做对称调整：

· 图4-105│【混接曲面】工具的指令提示栏状态（2）

- 【1】/【2】：选择该单选项，可以为混接曲面的相应衔接端指定G0～G4的连续性。
- 加入断面 / 移除断面 ：当生成的结构线过于扭曲时，可以单击 加入断面 或 移除断面 按钮来修正结构线。单击 加入断面 按钮修正曲面结构线的效果如图4-106所示。

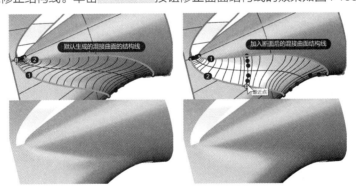

· 图4-106│修正曲面结构线的效果

- 平直 ：单击该按钮后可以依据右侧文本框中设置的角度阈值来自动添加断面，以使混接曲面的结构线扭曲得更少。
- 【内部断面】：设置是否打开曲面边缘每个EP位置上的断面形状控制杆。如图4-107所示，未勾选该复选框时，只在曲面边缘位置提供调整曲面混接程度的控制杆；勾选该复选框时，曲面内部也会提供控制杆。注意，若选择的是修剪形成的曲面边缘，则此复选框是不可用的。

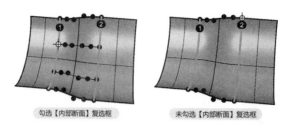

勾选【内部断面】复选框　　　　　　未勾选【内部断面】复选框

·图4-107│勾选与未勾选【内部断面】复选框的示例

- 【精细】：勾选该复选框，会增加更多的结构线。
- 【平面断面】：勾选该复选框，通过在视图中指定方向，使混接的曲面结构线与该方向处于一个平面内而形成平面断面。
- 【相同高度】：默认情况下，混接曲面的断面曲线会随着两个曲面边缘之间的距离进行缩放。勾选该复选框，可以限制断面曲线的高度不变。

用户可以通过手动调整混接曲面的断面曲线的CV来改变形态，也可以在【调整曲面混接】对话框中拖曳滑块来调整形态。

**要点提示：**在选择要调整的CV之前按住 Shift 键，可以对CV做对称调整。在选择要调整的CV之前按住 Alt 键，可以手动方式调整混接控制杆的角度。

## 4.7.2 【边缘圆角】工具

利用【边缘圆角】工具 可以在两个曲面边缘相接的曲面之间生成半径不等的圆角曲面。与【混接曲面】工具 不同的是，利用【边缘圆角】工具 只能生成G1连续的曲面。图4-108所示为不等距曲面的混接效果。

·图4-108│不等距曲面的混接效果

单击【边缘圆角】按钮 ，选择要圆角的曲面边缘后，指令提示栏状态如图4-109所示。其中的主要选项介绍如下。

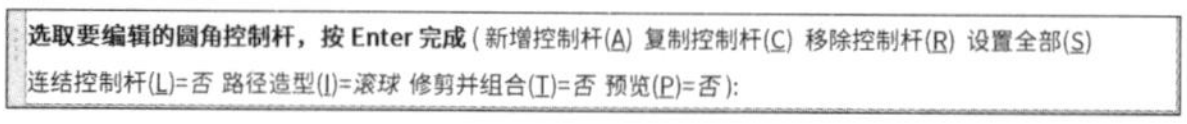

选取要编辑的圆角控制杆，按 Enter 完成 (新增控制杆(A) 复制控制杆(C) 移除控制杆(R) 设置全部(S) 连结控制杆(L)=否 路径造型(I)=滚球 修剪并组合(T)=否 预览(P)=否):

·图4-109│【边缘圆角】工具的指令提示栏状态

- 新增控制杆(A)：选择该选项后，可以在视图中需要变化的位置单击增加控制杆。
- 复制控制杆(C)：选择该选项后，可以在视图中单击已有的控制杆，然后指定新的位置复制控制杆。
- 移除控制杆(R)：新增控制杆后，右击确认，指令提示栏会新增该选项。选择该选项后，可以在视图中单击已有的控制杆，删除该处的控制杆。

- 设置全部(S)：选择该选项后，可以统一设置所有控制杆的半径。
- 连结控制杆(L)：默认为"否"。选择该选项，使其变为"是"，这样在调整任意一个控制杆的半径时，其他的控制杆也会以相同的比例进行调整。
- 路径造型(I)：选择该选项后，指令提示栏如图4-110所示，此时有3个选项可以选择。图4-111左图所示为3个选项的使用示意。如图4-111右图所示，在视图中单击控制杆的不同控制点，可以分别设定控制杆的半径与位置。

路径造型 <滚球>（与边缘距离(D) 滚球(R) 路径间距(I)）：

· 图4-110｜指令提示栏状态（7）

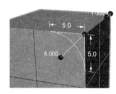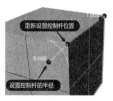

· 图4-111｜使用示意与重新设置控制杆的半径和位置的效果

- 修剪并组合(T)：当该选项为"是"时，在完成混接曲面后修剪原有的两个曲面，并将曲面组合为一体。

## 4.7.3 【曲面圆角】工具

在产品建模过程中，需要对产品的锐角进行圆角处理，可以利用【曲面圆角】工具实现。

利用【曲面圆角】工具可以在两个曲面之间生成圆角曲面。单击该按钮，选择两个曲面后，弹出图4-112所示的【曲面圆角】对话框。圆角曲面与原来两个曲面之间的连续性为G1。要获得不等半径的圆角曲面，可以使用【边缘圆角】工具。

【曲面圆角】对话框中的主要选项介绍如下。

**1. 【半径】选项组**

拖曳滑块可以修改圆角的大小，双击滑块后可以输入
精确的数值。注意，圆角半径超出曲面修剪的空间时，会 · 图4-112｜【曲面圆角】对话框
导致倒圆角失败，并且【曲面圆角】对话框中会出现提示文本。

**2. 【混接类型】选项组**

- 【圆弧】：选择该单选项后，以圆弧断面生成圆角曲面，生成的圆角曲面与原曲面形成G1连续。
- 【可塑形的】：选择该单选项后，其下的【可塑阶数】【正切】【转折】选项变为可用。通过设置阶数与调整滑块，可以改变断面的造型。

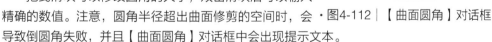

- 【G2混合】：选择该单选项后，生成的圆角曲面与原曲面形成G2连续。

## 4.7.4 【延伸曲面】工具

利用【延伸曲面】工具◢可以指定的方式延伸曲面。延伸方式有直线和平滑两种。修剪过的曲面也可以延伸。图4-113所示为平滑延伸已修剪曲面的示例。

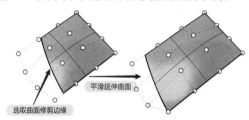

选取曲面修剪边缘　平滑延伸曲面

·图4-113│平滑延伸已修剪曲面的示例

## 4.7.5 【偏移曲面】工具

利用【偏移曲面】工具◉可以指定的间距偏移曲面。图4-114所示为偏移曲面的示例。

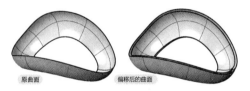

原曲面　偏移后的曲面

·图4-114│偏移曲面的示例

单击【偏移曲面】按钮◉，选择要偏移的曲面或多重曲面，右击，此时的指令提示栏状态如图4-115所示。其中的主要选项介绍如下。

指令:_OffsetSrf
选取要偏移的曲面或多重曲面
**选取要反转方向的物体，按 Enter 完成**〈距离(<u>D</u>)=1 角(<u>C</u>)=圆角 通过点(<u>T</u>) 实体(<u>S</u>)=是 松弛(<u>L</u>)=否
公差(<u>O</u>)=0.001 两侧(<u>B</u>)=否 删除输入物件(<u>I</u>)=是 全部反转(<u>F</u>)）:

·图4-115│【偏移曲面】工具的指令提示栏状态

- 选取要反转方向的物体：视图中曲面会显示法线方向，默认情况下，会向法线方向进行偏移。在视图中单击对象，可以反转偏移的方向。
- 距离(D)：选择该选项，在指令提示栏中输入数值，以改变偏移距离的大小。
- 角(C)：与【偏移曲线】工具◉的相似，参见4.3.6小节。
- 通过点(T)：与【偏移曲线】工具◉的相似，参见4.3.6小节。
- 实体(S)：以原曲面边缘和偏移后的曲面边缘放样并组合成封闭的实体。图4-116中图所示为"松弛(L)"选项为"是"、"实体(S)"选项为"是"时的曲面状态。
- 松弛(L)：曲面偏移默认情况下使用逼近算法，生成的曲面会有较密集的结构线，如图4-116左图所示。选择该选项，偏移后的曲面与原曲面的结构线分布相同，如

图4-116右图所示。

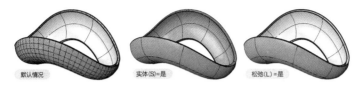

·图4-116│偏移曲面

- 两侧(B)：该选项为"是"时，会同时向两个方向偏移曲面。

利用【不等距偏移曲面】工具 可以不同的间距偏移曲面，如图4-117所示。

  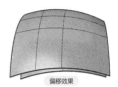

原曲面　　　　　　　　分别指定偏移距离　　　　　　　偏移效果

·图4-117│不等距偏移曲面

单击【不等距偏移曲面】按钮 ，选择要偏移的曲面或多重曲面后右击，此时的指令提示栏状态如图4-118所示。

> 选取要移动的点，按 Enter 完成 ( 公差(T)=0.01 反转(F) 设置全部(S)=1 连结控制杆(L) 新增控制杆(A) 边相切(I) 实体(Q)=否):

·图4-118│【不等距偏移曲面】工具的指令提示栏状态

前面的几个选项与【边缘圆角】工具 的选项相似，读者可参照【边缘圆角】工具 的指令提示栏中的相关选项进行学习。

- 边相切(I)：选择该选项后，维持偏移曲面边缘的相切方向和原曲面相同。

## 4.7.6 【衔接曲面】工具

利用【衔接曲面】工具 可以调整选择的曲面的边缘，使其和其他曲面形成G0～G2连续。注意，只有未修剪过的非组合的曲面边缘才能与其他曲面进行衔接，目标曲面则没有修剪或组合的限制。

指定要衔接的曲面边缘与目标曲面边缘后，弹出图4-119所示的【衔接曲面】对话框。其中比较重要的选项介绍如下。

·图4-119│【衔接曲面】对话框

- 【连续性】：指定两个曲面之间的连续性。3个选项对应G0～G2连续。
- 【互相衔接】：勾选此复选框，两个曲面均会自动调整CV的位置来达到指定的连续性。
- 【精确衔接】：若衔接后两个曲面边缘的误差大于文件的绝对公差，则勾选该复选框，在曲面上增加结构线，使两个曲面边缘的误差小于文件的绝对公差。

- 【以最接近点衔接边缘】：若勾选该复选框，则要衔接的曲面边缘的每个CV都会与目标曲面边缘的最近点进行衔接；若未勾选该复选框，则两个曲面边缘的两端都会对齐，示例如图4-120所示。

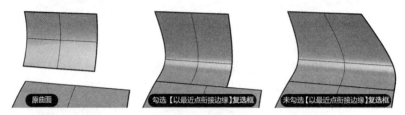

·图4-120│勾选与未勾选【以最接近点衔接边缘】复选框的示例

- 【结构线方向调整】：设置要衔接的曲面的结构线方向。图4-121所示为选择不同单选项的效果。如果想在曲面边缘处维持尖锐的角度并衔接，就选择【维持结构线方向】单选项；如果想在曲面边缘处维持边缘平滑过渡并衔接，就选择【与目标结构线方向一致】单选项；【与目标边缘垂直】单选项很少使用。

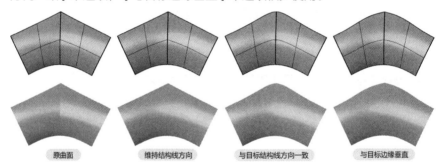

·图4-121│选择不同单选项的效果

## 4.7.7 【合并曲面】工具

利用【合并曲面】工具🔄可以将两个未修剪且边缘重合的曲面合并为一个单一曲面。单击【合并曲面】按钮🔄，此时的指令提示栏状态如图4-122所示。其中比较重要的选项介绍如下。

选取一对要合并的曲面（ 平滑(S)=是  公差(T)=0.001  圆度(R)=1 ）:

·图4-122│【合并曲面】工具的指令提示栏状态

- 平滑(S)：默认为"是"，两个曲面以平滑方式合并为一个曲面。当设置为"否"时，两个曲面均保持原有的状态不变，合并后的曲面在缝合处的CV为锐角点。注意观察曲面合并处的结构线，当调整合并处的CV时，该选项设置为"否"的曲面在此处会变得尖锐。图4-123所示为"平滑(S)"选项为"是"和"否"的效果。

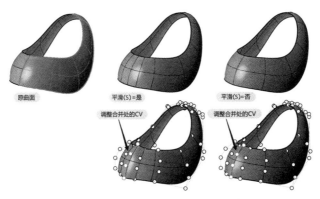

· 图4-123 │ "平滑(S)"选项为"是"和"否"的效果

- 圆度(R)：指定合并的圆滑度，取值范围为0～1。1相当于"平滑(S)"选项为"是"，0相当于"平滑(S)"选项为"否"。图4-124所示为不同圆度的合并效果。

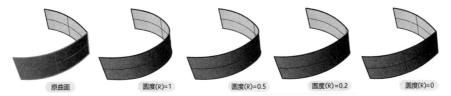

· 图4-124 │ 不同圆度的合并效果

## 4.7.8 【缩回已修剪曲面】工具

曲面被修剪后还会保持原有的CV结构，利用【缩回已修剪曲面】工具可以使原曲面的边缘缩回到曲面的修剪边缘附近。图4-125所示为缩回已修剪曲面的示例。

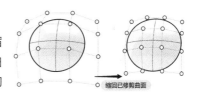

· 图4-125 │ 缩回已修剪曲面的示例

# 4.8 │ 小结

本章主要介绍了曲线的绘制与编辑工具、曲面的标准结构和特殊结构，以及曲面的连续性检测与分析工具、创建工具、编辑工具。产品的造型千变万化，面的拆解需要从曲面的标准结构着手，而很多造型的面是特殊结构，这就需要读者多加练习与思考，积累经验与技巧。曲面的创建与编辑工具是建模的核心工具，在使用时有很多需要注意的细节及技巧。

# 4.9 │ 习题

**1. 填空题**

（1）利用【分析方向】工具查看曲面的UVN方向，红色箭头代表_____方向，绿色箭头代表＿＿＿＿＿＿＿＿＿方向，白色箭头代表＿＿＿＿＿＿＿＿＿方向。

（2）利用【斑马纹分析】工具📄检测曲面的连续性时，如果两个曲面边缘重合，并且斑马纹在两个曲面接合处断开，则表示两个曲面为＿＿＿＿＿＿＿＿＿连续。

（3）利用【以平面曲线建立曲面】工具◎可以将一个或多个同一平面内的＿＿＿＿＿＿＿＿＿曲线创建为曲面。

（4）在使用【放样】工具⚞时，所基于的曲线最好＿＿＿＿＿＿＿＿＿、＿＿＿＿＿＿＿＿＿数量都相同，并且CV的分布相似，这样得到的曲面结构线最简洁。

**2. 简答题**

简述双轨最简扫掠的条件。

# 第5章

# KeyShot渲染基础

学习目标：

- 了解渲染的基本概念；
- 了解KeyShot中【项目】面板内各选项卡的作用；
- 掌握KeyShot材质的调节方式；
- 掌握KeyShot贴图的调节方式。

KeyShot是一款互动性的光线追踪与全域光渲染软件，不需要复杂的设置即可产生逼真的三维渲染影像，是目前比较流行的主流渲染软件之一。本章将介绍渲染相关的基础知识和KeyShot的参数含义与使用方法。

## 5.1 | 渲染的基本概念

渲染是模拟物理环境的光线照明、物理世界中物体的材质质感来得到较为真实的图像的过程，目前流行的渲染器都支持全局光照、HDRI等技术。焦散、景深、3S材质等的模拟也是用户比较关注的要点。

### 1. 全局光照明

全局光照明（Global Illumination，GI）是高级灯光技术的一种（还有一种是热辐射，常用于制作室内效果图），也叫作全局光照、间接照明（Indirect Lighting）等。光线在碰到场景中的物体后会反弹，再碰到物体后，会再次反弹，直到反弹次数达到设定的次数（常用Depth来表示）。次数越多，计算光照分布的时间越长。

利用全局光照明可以获得较好的光照效果，且对象的投影、暗部不会有"死黑"的区域。

### 2. HDRI

高动态范围图像（High Dynamic Range Image，HDRI）中的像素除了包含色彩信息外，还包含亮度信息，如普通照片中天空的色彩（如果为白色）可能与白色物体（纸张）表现为相同的RGB色彩。在HDRI中，同一种颜色在有些地方的亮度可能非常高。

HDRI通常以全景图的形式存储，全景图指的是包含360°场景的图像，全景图的形式多样，包括球体形式、方盒形式、镜像球形式等。在加载HDRI时需要为其指定贴图方式。

HDRI可以作为场景的照明，还可以作为折射与反射的环境。利用HDRI可以使渲染的图像更真实。

KeyShot照明主要来源于环境图像，这些图像是映射到球体内部的32位图像。KeyShot相机在球体内部时，这些用于照明的环境图像从任何方向看都是完全封闭的。在KeyShot中，只需将缩略图拖曳到实时渲染窗口中，就能创建照片般真实的效果。环境有现实世界的环境、类似摄影棚的环境两种。现实世界的环境较适合汽车或游戏场景，类似摄影棚的环境较适合产品和工程图，两者都能得到逼真的效果，支持的格式有".hdr"和".hdz"（KeyShot属性的格式）。图5-1和图5-2所示分别为两种类型的HDRI。

·图5-1 | HDRI（1）

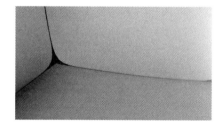

·图5-2 | HDRI（2）

### 3. 光线的传播

在渲染的所有环节中，光线是最为重要的一个要素。为了更好地理解渲染的原理，首先来认识一下现实世界中光线的传播方式：反射、折射、透射。

（1）反射

光线的反射是指光线在运动过程中碰到物体表面并反弹的现象，它包括漫反射和镜面反射两种方式。所有可视物体都受这两种方式的影响。图5-3所示为光线的反射示意。

反射是体现物体质感的一个非常重要的因素。

首先体现的是色彩。当物体将所有的光线反射出去时，人就会看到物体呈白色；当物体将光线全部吸收而不反射时，物体呈黑色；当物体只吸收部分光线然后将其余的光线反射出去时，物体就会呈现出各种各样的色彩。例如，物体只反射红色光线而将其余光线吸收后会呈现为红色。

其次体现的是光泽度。光滑的物体（如玻璃、瓷器、金属等）总会出现明显的高光，而没有明显高光的物体（如砖头、瓦片、泥土等）通常都是比较粗糙的。高光的产生是光线反射的体现，是其中的"镜面反射"在起作用。光滑的物体有类似"镜子"的作用，它对光源的位置和颜色是非常敏感的，所以光滑的物体表面只"镜面反射"出光源，这就是物体表面的高光区。越光滑的物体，高光范围越小，亮度越高，如图5-4所示。

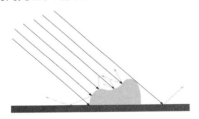

·图5-3│光线的反射示意

·图5-4│光线的反射效果

（2）折射

光线的折射是发生在透明物体中的一种现象。由于物体的密度不同，因此光线从一种介质传到另一种介质时会发生偏转现象。不同的透明物体具有不同的折射指数，这是表现透明材质的一个重要手段。图5-5所示为光线的折射示意，图5-6所示为光线的折射效果。

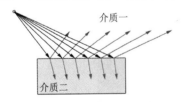

介质一

介质二

·图5-5│光线的折射示意

·图5-6│光线的折射效果

（3）透射

当光线遇到透明物体时，一部分光线会被反射，而另一部分光线会通过物体继续传播。如果光线比较强，光线穿透物体后会产生焦散效果，如图5-7所示。

如果物体是半透明的材质，光线会在物体内部产生散射，这也叫作"次表面散射"。例如牛奶、可乐、玉、皮肤等都有这种效果，如图5-8所示。

可以说任何物体的质感都是通过以上3种光线的传播方式来表现的，我们可以根据自然界中的光影现象，将其运用到渲染中，从而更加真实地表现渲染效果。

·图5-7│光线的焦散效果

·图5-8│次表面散射效果

## 5.2 │ KeyShot界面简介

KeyShot简单易用，整个界面一目了然，不像其他渲染软件一样有相当多的菜单和命令，用户只要有渲染软件使用基础，就可以很快掌握KeyShot的使用要领，即使是没有经验的用户，在学习时也不会有太多的困扰。图5-9所示为KeyShot的界面。

- 【库】：该面板用于存放渲染要用到的相关素材文件，包含预制的材质、颜色、环境、背景与贴图文件。通过简单和拖曳操作就可以赋予对象材质、改变场景环境、配置颜色、加载纹理贴图。用户还可以将自己调整好的材质、环境贴图、纹理图像等保存在相应的文件夹内，以便后续反复调用。

- 【项目】：该面板用于更改模型文件场景，包括管理场景、复制模型、删除组件、编辑材质、调整环境、调整相机及调整图像质量等功能。

·图5-9│KeyShot的界面

## 5.3 │ 常规渲染流程

**1. 导入三维模型**

在三维软件中应该先将不同材质的物件分配在不同的图层中，并给予明确的图层名称，以便后期管理与选择。导入三维模型，KeyShot支持的三维格式有20多种，如SketchUp、SOLIDWORKS、Solid Edge、Pro/ENGINEER、Maya、3ds Max等文件。

图5-10所示为将三维模型导入KeyShot后的初始状态。

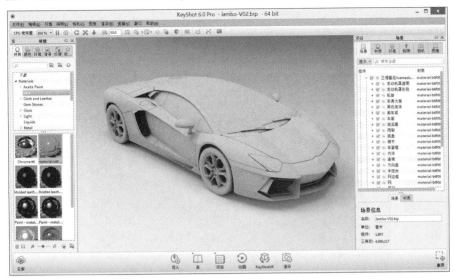

·图5-10│导入三维模型的初始状态

## 2. 分配材质

从【库】/【材质】选项卡中通过拖曳的方式赋予每个物件相应的材质，KeyShot材质库中有600多个预制材质。

在【项目】/【材质】选项卡中调整材质的参数，如图5-11所示。

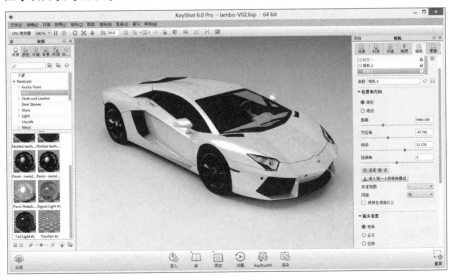

·图5-11│调整材质的参数

### 3. 调整视角与构图

在【项目】/【相机】选项卡中调整相机的设置，通过调整角度、距离来控制视角与焦距，设置视野或景深等，以获得最佳的构图。图5-12所示为调整相机角度后的效果。在结合HDR Light Studio设置灯光时，最好将Key Shot与HDR Light Studio的构图调整为相同的角度，以便查看灯光的反射效果，并便于调整。

· 图5-12 | 调整相机角度后的效果

### 4. 调整环境与灯光

在【库】/【环境】选项卡中通过拖曳的方式将环境贴图加载到场景中。环境贴图可以照亮场景，并在反射材质物件表面产生环境反射效果。

在【项目】/【环境】选项卡中调整环境贴图的相关参数。

HDR Light Studio是专业的环境贴图编辑软件，可以结合此软件来编辑环境贴图。图5-13所示为KeyShot结合HDR Light Studio调整环境与灯光的状态。

· 图5-13 | 调整环境与灯光的状态

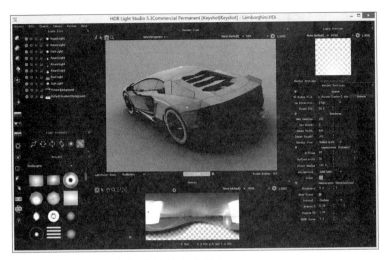

· 图5-13 | 调整环境与灯光的状态（续）

### 5. 渲染图像

得到满意的渲染效果后，就可以输出高品质的图像和用于后期修图的通道了。图5-14所示为最终渲染的图像与用于后期修图的通道。

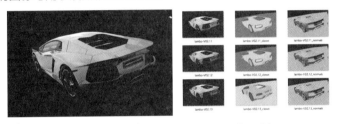

· 图5-14 | 最终渲染的图像与用于后期修图的通道

### 6. 后期修图

在Photoshop中结合通道文件对渲染图像进行后期加工，如图5-15所示。

· 图5-15 | 后期修图

## 5.4 导入模型文件

将三维模型导入KeyShot有以下两种途径。

**1. 在KeyShot中选择导入模型**

单击KeyShot界面底部的  按钮，弹出图5-16所示的【KeyShot导入】对话框。该对话框中常用的选项介绍如下。

- 【打开文件】：打开BIP模型渲染文件。
- 【导入文件】：在现有文件场景的基础上，额外导入其他文件的模型内容，通过该单选项可以合并多个文件。
- 【几何中心】：勾选该复选框时，会将导入的模型放置在环境的中心位置，模型原有的三维坐标会被移除。未勾选该复选框时，模型会被放置在原有三维场景的相同位置。

·图5-16 【KeyShot导入】对话框

- 【贴合地面】：勾选该复选框时，会将导入的模型直接放置在地平面上，也会移除模型原有的三维坐标。
- 【保持原始状态】：勾选该复选框时，使用原始模型文件的位置配置导入文件。
- 【向上】：不是所有的三维建模软件都会定义相同的向上轴向。根据用户的模型文件，可能需要设置与默认【Y】不同的方向。

**2. 从接口导入文件**

使用KeyShot开发给各个软件的接口导入文件也很方便，从Rhino中导入模型时无法设定网格的精度，会带来许多问题（例如破面或渲染产生灰色斑痕），因此在导出模型文件前需手动转换曲面为网格。

在使用Rhino接口导出模型文件时，需要将不同的材质分配在不同的图层。安装Rhino对KeyShot的接口文件后，Rhino功能表中会出现【KeyShot 6】菜单，如图5-17所示。

- 【Render】：可以直接将Rhino场景转到KeyShot中。
- 【Export】：将场景保存为".bip"文件，再在KeyShot中通过导入命令导入该文件。

·图5-17 【KeyShot 6】菜单

- 【Update】：在Rhino中所做的改动可以更新到KeyShot里。
- 【Include NURBS】：KeyShot 6支持NURBS格式的模型，选择该命令，在导出时可以保留NURBS格式的模型。

## 5.5 工具栏图标

KeyShot界面的菜单栏下提供了一些快捷工具图标，含义如下。

- CPU 使用量 100% ▾ ：选择用于实时渲染窗口的CPU内核数量。
- ⏸ ：暂停实时渲染。
- ⚙ ：在性能模式下会简化物件的材质与投影等效果的计算，以加快实时渲染速度。该按钮被激活后，实时渲染窗口右上角会显示【性能模式】图标。性能模式也可以通过【项目】/【照明】选项卡开启。
- ↻/✕/⬇ ：用户可以使用这些按钮操控相机来调整视角与构图，也可以使用鼠标滚轮来操纵视图。当鼠标指针在这些图标上停留几秒后，会弹出相应的操纵提示。
- 🔢 30.9 ：通过数值快速调整相机视角。
- 📷 ：添加一个新的相机到相机列表。
- 📷 ：添加一个新的视图集并保存到相机列表中。
- 📷 ：切换到之前保存好的相机视角。
- 📷 ：目前的相机或Viewset重置为其保存的状态。
- 📷 ：锁定当前相机或视图集的设置。
- 📷 ：显示/隐藏几何视图窗口。
- 📷 ：显示/隐藏材质模板窗口。
- 📷 ：打开图像编辑窗口。该窗口也可以通过【项目】/【环境】选项卡中的 HDRI 编辑器 按钮开启。
- ✖ ：使NURBS数据在实时渲染窗口中可以平滑渲染。有时没有开启【NURBS模式】，有些NURBS格式的部件会丢失，这时可以尝试开启【NURBS模式】。图5-18所示为开启与未开启【NURBS模式】时NURBS格式的模型的状态。
- 📷 ：打开插件脚本窗口。

·图5-18 | 开启与未开启【NURBS模式】时NURBS格式的模型的状态对比

## 5.6 | 【首选项】对话框

在开始渲染之前，先了解一下KeyShot【首选项】对话框中的各个选项的含义和设置。执行菜单命令【编辑】/【首选项】，弹出图5-19所示的【首选项】对话框。其中一些重要的选项介绍如下。

**1. 【常规】选项卡**

- 【调整长宽比到背景】：勾选该复选框，调整实时渲染窗口的长宽比与背景贴图的长宽比一致。另外一个影响实时渲染窗口的长宽比的是【项目】/【图像】/【分辨率】中的【锁定分辨率】按钮🔒。
- 【自动更新】：勾选该复选框，当有新版本可下载时会提示用户去下载。

- 【在此之后暂停实时渲染】：实时渲染会100%地占用中央处理器（Central Processing Unit，CPU）。这里可以设置一个数值来确定每过多长时间自动暂停实时渲染。若CPU的性能不是很强，则建议每15s暂停一次。开启【任务管理器】可以查看CPU的使用率。

- 【格式】：KeyShot可以将实时渲染的画面通过截屏保存，保存的格式有【JPEG】【PNG】两种，用户还可以指定截图的质量。

- 【询问将各个截屏保存到哪里】：若勾选该复选框，则每次截屏都询问保存目录，但一般不勾选。

- 【每次截屏时保存一个相机】：若勾选该复选框，则每次截屏所使用的视角都会自动保存在【项目】/【相机】下的面板中，以便以后再次调用这个截图的视角。

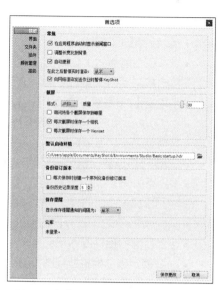

· 图5-19 | 【首选项】对话框

## 2.【文件夹】选项卡

图5-20所示为【文件夹】选项卡，在该选项卡中可以指定素材引用路径。需要特别注意的是，当使用【定制各个文件夹】单选项来自定义素材的保存目录时，KeyShot不支持中文路径。当设置为中文路径时，会出现全黑场景，看不到材质，开启场景也不会显示环境贴图。

## 3.【插件】选项卡

图5-21所示为【插件】选项卡，该选项卡主要用于管理加载的插件。KeyShot 3.2新增了【HDRI编辑器】复选框，勾选该复选框表示启用该插件，此插件专门用于编辑环境贴图。

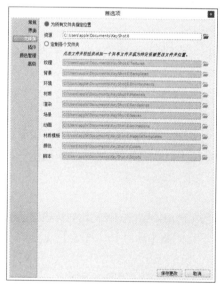

· 图5-20 | 【文件夹】选项卡

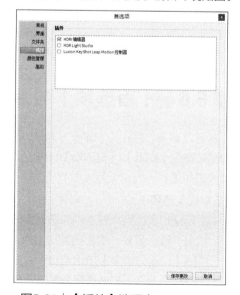

· 图5-21 | 【插件】选项卡

#### 4.【高级】选项卡

图5-22所示为【高级】选项卡。

- 【快速实时更新】：取消勾选该复选框，若旋转视图，则画面变化时保持平滑，但是更新速度较慢。对于大窗口渲染，旋转视图会比较困难。所以一般都勾选该复选框。
- 【网络】：网络渲染的配置，就是用多台计算机渲染同一个模型。一般个人用户不会用到。

· 图5-22 |【高级】选项卡

## ⊚ 5.7 |【项目】面板

单击KeyShot界面底部的 ▤ 按钮，弹出图5-23所示的【项目】面板。

对模型文件场景的任何更改都可以在这里完成，包括复制模型、删除组件、编辑材质、调整灯光和相机等操作。

### ▌5.7.1 【场景】选项卡

图5-24所示为【项目】面板下的【场景】选项卡，在这里可以显示场景文件中的模型、相机和动画等设置，也可以添加动画。在【场景】选项卡下方还有【属性】【位置】【材质】等子选项卡。

· 图5-23 |【项目】面板

从CAD软件中导入的模型会保留原有的层次结构，这些层次结构可以通过单击+图标来展开。被选中的组件会高亮显示（需要在【首选项】对话框中激活该选项）。单击 ☑/□ 图标可以显示或取消显示模型或组件。在模型名称上右击，利用弹出的快捷菜单可以对模型进行编辑。

· 图5-24 │【场景】选项卡

在场景堆栈中选中模型后，可以对模型进行移动、旋转、缩放等操作，也可以输入数值来调整模型。利用 重置 按钮可以恢复到初始状态，利用 中心 按钮可以将模型移动到场景中心，利用 贴合地面 按钮可以使模型贴合地面。

## 5.7.2 【材质】选项卡

图5-25所示为【材质】选项卡，选中材质的属性会在此选项卡中显示，场景中的材质会以图像的形式显示。当从材质库中拖曳一个材质到场景中时，这里会新增一个材质球。双击材质球可以对此材质进行编辑。如果材质没有赋给场景中的对象，会从这里被移除。

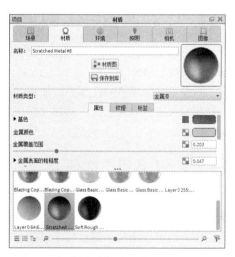

· 图5-25 │【材质】选项卡

【材质】选项卡中的选项介绍如下。

- 【名称】：在此文本框中可以给材质命名，单击 保存到库 按钮可以将材质保存到【库】面板中。
- 【材质类型】：此下拉列表包含材质库中的所有材质类型，所有材质类型都只包含创建这类材质的参数，这使创建和编辑材质变得很简单。
- 【属性】：显示当前选择的材质类型的属性，单击 ▶ 按钮可以展开相应选项栏。
- 【纹理】：可以添加色彩贴图、镜面贴图、凹凸贴图及不透明贴图。

- 【标签】：可以添加材质的标签。

# 5.7.3　【环境】选项卡

图5-26所示为【环境】选项卡，在这里可以编辑场景中的HDRI，支持的格式有".hdr"和".hdz"（KeyShot的专属格式）。

【环境】选项卡中的选项介绍如下。

**1.【设置】选项栏**

- 【对比度】：用于增加或降低环境贴图的对比度，可以使阴影变得尖锐或柔和；同时也会增加灯光和暗部区域的强度，影响灯光的真实性。为获得逼真的照明效果，建议使用初始值。

· 图5-26｜【环境】选项卡

- 【亮度】：用于控制环境贴图向场景发射光线的总量。如果渲染太暗或太亮，可以调整此选项。
- 【大小】：用于增大或减小灯光模型中的环境拱顶，这是一种调整场景中灯光反射的方式。
- 【高度】：用于向上或向下移动环境拱顶，这也是一种调整场景中灯光反射的方式。
- 【旋转】：用于设置环境贴图的旋转角度，这是另外一种调整场景中灯光反射的方式。

**2.【背景】选项栏**

在这里可以设置背景为【照明环境】、【色彩】、【背景图像】。在实时渲染窗口中切换背景模式的快捷键分别是E、C和B键。

**3.【地面】选项栏**

- 【地面阴影】：设置是否激活场景的地面阴影。勾选此复选框，就会有一个不可见的地面来承接场景中的投影。
- 【地面反射】：勾选此复选框，任何三维物体的反射都会显示在这个不可见的地面上。
- 【整平地面】：勾选此复选框，可以使环境拱顶变平坦，但只在【照明环境】方式作为背景时才有效。
- 【地面大小】：拖曳滑块可以增大或减小用于承接投影或反射的地面。最佳方式是尽量减小地面到没有裁剪投影或反射的情况。

# 5.7.4　【照明】选项卡

图5-27所示为【照明】选项卡，在这里可以设置场景中照明相关的配置。该选项卡中的选项介绍如下。

**1.【照明预设值】选项栏**

此选项栏下有【性能模式】、【基本】、【产品】、【室内】、【完全模拟】、【自定义】等单选项，当选择除【自定义】以外的几个单选项时，会自动配置相关的设置参数。

**2. 【设置】选项栏**

- 【射线反弹】：调整场景中光线反弹的总次数，对于渲染反射和折射材质很重要。
- 【间接反弹】：用于设置间接光线在三维模型之间的反弹次数。
- 【阴影质量】：调整该选项会增加地面的划分数量，这样可给地面阴影更多的细节。
- 【细化阴影】：细化三维模型中的阴影部分，一般需要勾选该复选框。
- 【全局照明】：勾选该复选框，允许间接光线在三维模型之间反弹，允许位于透明材质下的其他模型被照亮。在渲染透明物体时应该勾选该复选框，这会增加计算物体之间光线照射不到的地方的间接照明，使画面不出现大片暗色区域。图5-28所示为未勾选和勾选【全局照明】复选框的对比效果。

·图5-27│【照明】选项卡

·图5-28│未勾选和勾选【全局照明】复选框的对比效果

- 【地面间接照明】：勾选该复选框，允许间接光线在三维模型与地面之间反弹，产生较为真实的阴影效果。勾选【全局照明】和【地面间接照明】这两个复选框都会增加渲染的时间。图5-29所示为未勾选和勾选【地面间接照明】复选框的对比效果。
- 【焦散线】：勾选该复选框，可以透过折射材质产生光线焦散效果。
- 【室内模式】：勾选该复选框，系统的光照计算会模拟封闭空间的弹射模式，一般用于室内场景的渲染。

·图5-29│未勾选和勾选【地面间接照明】复选框的对比效果

# 5.7.5 【相机】选项卡

图5-30所示为【相机】选项卡，在这里可以编辑场景中的相机。

## 1. 【相机】列表框

该列表框包含场景中所有的相机。在列表框中选择一个相机，场景会切换为该相机的视角。单击列表框右侧的【新增相机】按钮 、【删除当前相机】按钮 可以增加或删除相机。

 / ：单击右侧的 或 按钮，可以解锁或锁定当前选中的相机。若相机被锁定，则所有参数变为灰色，并且不能被编辑，在渲染窗口中也不能改变视角。

## 2. 【位置和方向】选项栏

【位置和方向】选项栏用于设置相机的位置与角度，有【球形】、【绝对】两种模式。【球形】模式下，通过与场景中心的距离和角度来定位相机；【绝对】模式下，通过世界坐标系的坐标来定位相机。通常使用【球形】模式，因为它更加方便、直观。

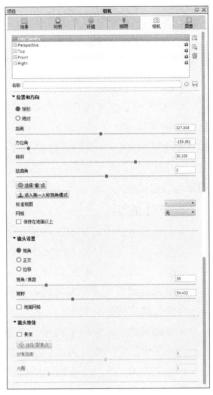

·图5-30｜【相机】选项卡

- 【距离】：推拉相机，数值为"0"时，相机位于世界坐标系的中心，数值越大，相机距离中心越远。拖曳滑块改变数值的操作，相当于在渲染视图中滑动鼠标滚轮来改变模型的景深。

- 【方位角】：控制相机的轨道，取值范围为－180°～180°，调节此数值可以使相机围绕目标点环绕360°。

- 【倾斜】：控制相机的垂直仰角或高度，取值范围为－90°～90°，调节此数值可以使相机垂直向下或向上观察。

- 【扭曲角】：取值范围为－180°～180°，调节此数值可以扭曲相机，使水平线产生倾斜。

## 3. 【镜头设置】选项栏

【镜头设置】选项栏有【视角】、【正交】、【位移】3个单选项，可以用于调整当前相机为透视角度或正交角度。【正交】模式不会产生透视变形。【位移】是在【视角】的基础上增加了在垂直和水平方向上平移画面的设置。

- 【视角/焦距】：当增大数值时，会保持实时视图中模型的取景大小。采用和实际摄影一样的方式来调整焦距，小一些的数值模拟广角镜头，大一些的数值模拟变焦镜头。

- 【视野】：是相机能捕捉到的场景范围，广角镜头的视野范围大，变焦镜头的视野范围小。

## 4. 【镜头特效】选项栏

勾选【景深】复选框，可以使渲染产生景深特效。

### 5.7.6 【图像】选项卡

图5-31所示为【图像】选项卡，该选项卡中各选项的介绍如下。

**1. 【分辨率】选项栏**

修改分辨率会修改实时渲染窗口的大小，激活【锁定纵横比】图标后，自由调整窗口或输入数值时，实时渲染窗口的长宽比保持不变。【预设】下拉列表中有一些常用的图像分辨率可以选择。

**2. 【调节】选项栏**

- 【亮度】：调整实时渲染窗口渲染图像的亮度，类似于Photoshop中的调整亮度操作。一般作为一种后处理方式，这样就不用通过调整环境亮度再重新计算渲染效果的方式来调整亮度。

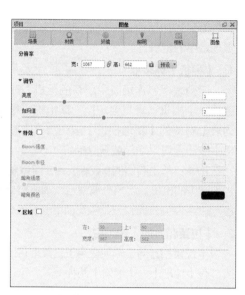

· 图5-31 |【图像】选项卡

- 【伽玛值】：类似于调整实时渲染窗口渲染图像的对比度，数值减小会增加对比度，数值增大会降低对比度。为了得到逼真的渲染效果，推荐保留初始数值。该选项很敏感，调整太大会导致结果不真实。

**3. 【特效】选项栏**

【特效】选项栏中有【Bloom强度】、【Bloom半径】、【暗角强度】、【暗角颜色】4个选项，调节这4个选项会改变光晕的效果。

- 【Bloom强度】：给自发光材质添加光晕特效，给画面整体添加柔和感。
- 【Bloom半径】：控制光晕扩展的范围。
- 【暗角强度】：添加渐变光晕特效可以使渲染图像周围产生阴影，使视觉焦点集中在三维模型上，效果如图5-32所示。
- 【暗角颜色】：设置暗角的颜色。

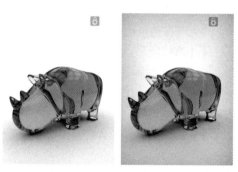

· 图5-32 | 调整【暗角强度】前后的效果

**4. 【区域】选项栏**

勾选【区域】选项栏右侧的复选框，可以只渲染局部画面。在该选项栏中可以设置渲染画面的大小。不勾选时，会直接渲染整个画面。

## ⊙ 5.8 | KeyShot材质通用属性

KeyShot的材质设置非常简单，只需几个属性就可以控制一个材质。例如，金属材质只包含创建金属材质的属性，塑料材质只包含创建塑料材质必需的属性。图5-33所示为材质类型。

本节主要介绍几种关于常用材质类型的通用属性，这些属性是漫反射、高光、高光传播、漫透射和粗糙度等。虽然KeyShot的材质设置非常简单，即使没有很多使用经验的用户也可以创建出逼真的材质效果，但还是有必要理解这些概念，这有助于深入理解并掌握渲染和材质设置，创作出更好的作品。

### 5.8.1　漫反射

很多材质类型都具有漫反射属性，可以认为漫反射就是KeyShot材质的整体颜色，主要用于表现材质的固有颜色。漫反射属性控制着材质的漫射光颜色，可以单击■按钮，加载一幅图像来模拟物体表面的纹理或贴花效果。

·图5-33│材质类型

漫反射的含义为：散射或散开，指灯光如何在材质表面反射。材质的表面不同，当光线碰到表面时，反射的方式也不同。例如，如果表面有很少或没有瑕疵，光线会垂直反弹，表示这是一个有光泽或反射的表面。如果表面实际上有许多凹凸或颗粒，例如磨砂质感的材质表面，光线会散落在表面，创建磨砂的外观。这就是磨砂材质不反光或发亮的原因。

漫反射属性控制着材质的漫射光颜色，若在【漫反射】贴图通道里面添加了纹理贴图，将会使用贴图来覆盖颜色设置。【漫反射】贴图一般用来模拟物体表面的纹理，如木纹、大理石、织物表面的图案。图5-34所示为不同材质的漫反射效果。

·图5-34│不同材质的漫反射效果

### 5.8.2　高光

高光（镜面反射）是垂直于材质表面并且没有散射的反射，用来表现抛光材质的反射和光泽。高光属性控制材质镜面反射光线的颜色和强度。漫反射与高光的效果示意如图5-35所示。

如果高光设置为黑色，材质就没有镜面反射，并且不会呈现反射效果和光泽度。如果高光设置为白色，就是赋予材质一个100%的反射效果。

如果正在创建金属材质，高光颜色就是金属颜色的设置。金属没有漫反射颜色，所以任何颜色将完全来自高光颜色。

如果正在创建塑料材质，高光颜色应该是白色或灰色，以减少反射。塑料不会有彩色的镜面反射，只能有白色的镜面反射。

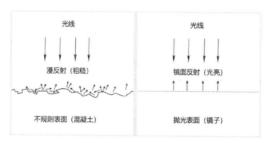

·图5-35│漫反射与高光的效果示意

图5-36所示为不同的颜色V（亮度）值对反射的影响。

·图5-36│不同的颜色V（亮度）值对反射的影响

### 5.8.3 高光传播

高光传播可以认为是材质的透明度，黑色100%不透明、白色100%透明。
图5-37所示为不同的颜色V值对透明度的影响。

·图5-37│不同的颜色V值对透明度的影响

如果正在创建透明的玻璃或塑料材质，【漫反射】应该设置为黑色，材质的所有颜色来自此属性。透明的玻璃或塑料材质的镜面反射也应该为白色。如果需要模拟磨砂塑料，【漫反射】设置为一个（比较深的）颜色就可以了。

通过高光传播选项模拟的玻璃材质与【实心玻璃】、【玻璃】材质的区别在于：高级材质提供了【粗糙度传播】属性，用来模拟内部磨砂效果，表面反射还是呈现清晰的玻璃材质效果；【实心玻璃】材质增加粗糙度后，表面的反射会被模糊掉；【玻璃】材质则没有粗糙度属性，如图5-38所示。

·图5-38│通过高光传播选项模拟的玻璃材质
与【实心玻璃】、【玻璃】材质的区别

## 5.8.4  漫透射

漫透射会让材质表面产生额外的光线散射，用于模拟半透明效果，会增加渲染时间，不是很必要，推荐保留初始设置为黑色。半透明效果也可以用半透明材质来模拟。图5-39所示为不同漫透射V值的材质效果。

V=80　　　V=60　　　V=40　　　V=20　　　V=0

· 图5-39 │ 不同漫透射V值的材质效果

## 5.8.5  粗糙度

粗糙度也是一个常用的属性。通过滑块来调整材质微观层面的凹凸程度、表面粗糙程度。当增加粗糙度时，光线在表面散射开，扰乱了镜面反射。由于增加了散射，因此粗糙的表面比完全的折射材质有更多的处理方式。

图5-40所示为不同粗糙度V值的材质效果。

V=0　　　V=0.1　　　V=0.2　　　V=0.5　　　V=1

· 图5-40 │ 不同粗糙度V值的材质效果

## 5.8.6  采样值

粗糙材质的呈现更加复杂，采样值设置可以提高这些粗糙材质的准确性。采样是指渲染图像中一个像素发出的光线的数量。每条射线都会收集周围的环境信息，并返回此信息到该像素，以确定它的最终着色。采样值越大，准确性越高，粗糙感越弱。图5-41所示为采样值示意。

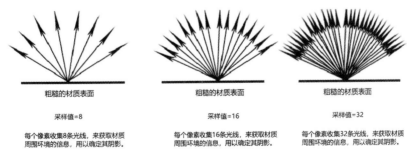

粗糙的材质表面　　　粗糙的材质表面　　　粗糙的材质表面

采样值=8　　　采样值=16　　　采样值=32

每个像素收集8条光线，来获取材质周围环境的信息，用以确定其阴影。　　　每个像素收集16条光线，来获取材质周围环境的信息，用以确定其阴影。　　　每个像素收集32条光线，来获取材质周围环境的信息，用以确定其阴影。

· 图5-41 │ 采样值示意

### 5.8.7 粗糙度传播

粗糙度传播是折射的粗糙度，该属性与粗糙度的主要区别在于，该属性产生的粗糙感主要位于材质的整个内部，可以用来创建磨砂的外观，同时仍保持材质表面的光泽。图5-42所示为不同粗糙度传播V值的材质效果。

V=0　　V=0.1　　V=0.2　　V=0.3　　V=0.4

·图5-42│不同粗糙度传播V值的材质效果

### 5.8.8 折射指数

折射指数（Index of Refraction，IOR）也称折射率，是KeyShot材质类型中的属性，这是透明材质本身很常见的一个物理现象。例如，插入水杯的筷子看起来是断的，是因为光在不同介质之间传播时会发生弯曲或折射，如图5-43所示。

折射是光线在不同介质中传播的速度不同引起的，这种减速被称为材质的折射指数，由一个数字代表。例如，水的折射指数为1.33、玻璃的折射指数为1.517、钻石的折射指数为2.417。这表示光通过真空比通过水快1.33倍，光通过玻璃比通过水快1.517倍，光通过钻石比通过水快2.417倍。光线通过的速度越慢，发生的弯曲和扭曲会越多。

图5-44所示为不同折射指数的材质效果。

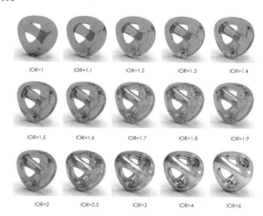

IOR=1　　IOR=1.1　　IOR=1.2　　IOR=1.3　　IOR=1.4

IOR=1.5　　IOR=1.6　　IOR=1.7　　IOR=1.8　　IOR=1.9

IOR=2　　IOR=2.5　　IOR=3　　IOR=4　　IOR=6

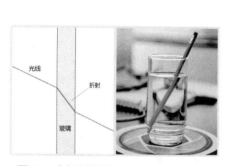

·图5-43│折射效果　　·图5-44│不同折射指数的材质效果

可以看到IOR=1的材质，光线并未发生折射扭曲现象，材质表面也没有反射效果。折射指数越大，光线穿透后发生的折射扭曲越明显，同时反射效果也越明显。反射效果太明显会显得不真实，并且会覆盖材质本身的纹理。当折射指数超过3后，反射效果会非常夸张，IOR最高可以设置到10，但在实际应用时一般设置在1~3，或者参考现实世界的折射指数来设置，不同材质的折射指数可以参考以下数值。

常见材质的折射指数如下。

- 空气：1
- 酒精：1.329
- 树脂：1.472
- 红宝石：1.77
- 钻石：2.417

- 冰：1.309
- 水：1.33
- 玻璃：1.517
- 水晶：2.0

折射是透明材质对光线进行扭曲的物理现象，用于模拟光线穿透透明材质后发生弯曲程度的效果。在处理折射或反射效果时，还需要注意一个效应，基于折射或反射与视角之间的夹角，折射或反射的程度会有不同，这个现象称为菲涅尔（Fresnel）效应，见5.8.9小节。

**要点提示**：*包括KeyShot在内的很多软件的反射或折射材质是默认带有菲涅尔效应的，并且通过【折射指数】来控制菲涅尔效应大小。*

## 5.8.9 菲涅尔效应与折射指数

开启【菲涅尔】可以使物体表面的反射强度不一。图5-46右图所示的【高级】材质类型提供了【菲涅尔】复选框。反射面与视线越接近平行，物体表面的反射就越强烈。这个反射由弱到强的过程可以由【折射指数】来控制。

需要注意的是，反射的强度还受到高光颜色V值的影响，这个高光颜色是对反射整体的控制。图5-45所示为不同折射指数的效果。

IOR=1　　IOR=1.3　　IOR=1.7　　IOR=2　　IOR=3

· 图5-45 │ 不同折射指数的效果

图5-46左图所示为取消勾选【菲涅尔】复选框的效果。取消勾选后，反射效果会变成全反射，就像金属或镜面。图5-46右图所示为【高级】材质类型的属性。

· 图5-46 │ 取消勾选【菲涅尔】复选框的效果及【高级】材质类型的属性

## 5.9 KeyShot基本材质类型

KeyShot基本材质类型包含漫反射、平坦、液体、金属、油漆、塑料、实心玻璃、玻璃、薄膜、半透明等，详细说明如下。

### 5.9.1 漫反射材质

漫反射材质只有一个属性，就是漫反射颜色，利用该材质可以轻松地创建任何一种磨砂或非反光材质。由于该材质是一个完全的漫反射材质，所以镜面贴图不可用。图5-47所示为漫反射材质的属性及应用示例。

· 图5-47 漫反射材质的属性及应用示例

### 5.9.2 平坦材质

平坦材质是一个非常简单的材质类型，可以产生无阴影、无高光、整个对象是单一颜色的材质效果。图5-48左图所示为平坦材质的属性。

平坦材质通常用来制作汽车栅格或其他网格后面的"黑掉"的材质，也常用于创建单色平坦材质的图像。将每个模型部件都设定为不同的颜色，在图像编辑软件中进行后期处理时，可以轻松地创建选区，如图5-48右图所示。

· 图5-48 平坦材质的属性及应用示例

单击 按钮，在弹出的【渲染】对话框中，利用【输出】选项卡下的【Pass】选项栏中新增的【Clown Pass】通道可以更快地输出这种单色填充的制作选区用的图像。

【色彩】：单击 图标，在弹出的【颜色选择】对话框中可选择材质的颜色。

### 5.9.3 液体材质

液体材质是实心玻璃材质的变种，提供额外的【外部折射指数】属性，可以准确创建表示不同折射材质接触面之间的曲面，例如，玻璃容器和水，但要想创建更高级的容器内液体（如彩色的液体）的场景，可能需要使用绝缘材质。图5-49所示为液体材质的属性及应用示例。

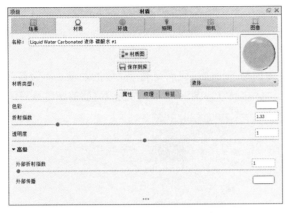

·图5-49 | 液体材质的属性及应用示例

- 【色彩】：参考5.10.4小节宝石效果材质中【色彩】的含义。
- 【折射指数】：用于设定液体折射的扭曲程度，详解参见5.8.8小节。
- 【透明度】：该滑块控制【色彩】属性里设置的颜色的浓度，并且【透明度】依赖这个材质组件的厚度。在设置了【色彩】属性后，使用【透明度】属性可以调整颜色的饱和度。数值越小，模型表面薄的区域的颜色越饱和；数值越大，表面薄的区域的颜色越不饱和。
- 【外部折射指数】：更高级、功能更强大的设置，可以准确地模拟两种不同的折射材质之间的界面。最常见的用途是渲染有液体的容器，如装有水的杯子，在这样的场景中，需要一个单独的表面来表示玻璃和水相交的界面。这个表面内部有液体，因此【折射指数】设置为"1.33"；外面有玻璃，因此【外部折射指数】设置为"1.5"。
- 【外部传播】：控制材质外光线的颜色，这是更高级、更复杂的设置，在需要渲染的容器内有液体时使用。

## 5.9.4 金属材质

金属材质是一个很简单的创建抛光或粗糙金属的材质类型，其设置方式非常简单，只需设置【色彩】和【粗糙度】。图5-50所示为金属材质的属性及应用示例。

·图5-50 | 金属材质的属性及应用示例

- 【色彩】：控制曲面反射亮点的颜色。
- 【粗糙度】：可以模拟材质表面细微层次的杂点。若设为"0"，则金属完全平滑抛光；数值增大，材质表面会产生漫射，显得更加粗糙。

## 5.9.5 油漆材质

油漆材质用于创建不需要金属感的材质，只需要进行简单的喷漆。其设置方式很简单，只需设置基底的颜色和控制顶层涂层属性。图5-51所示为油漆材质的属性及应用示例。

· 图5-51｜油漆材质的属性及应用示例

- 【色彩】：设置油漆底层的颜色。
- 【粗糙度】：可以模拟材质表面细微层次的杂点。若设为"0"，则油漆表层完全平滑抛光，得到清漆效果；数值增大，光线在表面产生漫射，材质表面会显得更加粗糙，得到类似绒面或亚光喷漆的效果。
- 【采样值】：小于"8"的采样值会使表面显得杂点较多，增大采样值可以使杂点平滑均匀。
- 【折射指数】：用于控制清漆的强度，一般设置为"1.5"。若需要抛光的喷漆，增大数值即可。数值为"1"时，相当于关闭清漆效果，可以用于制作表面亚光或模拟金属质感的塑料材质效果。详解参见5.8.8小节。

## 5.9.6 塑料材质

图5-52所示为塑料材质的属性及应用示例。

· 图5-52｜塑料材质的属性及应用示例

- 【漫反射】：用于控制整个材质的颜色，有透明效果的塑料材质只有一点或没有漫反射。
- 【高光】：用于设置场景中光源的反射颜色和强度。黑色表示关闭反射；白色表示100%反射，可以得到抛光塑料效果。真实塑料的【高光】没有颜色，所以一般设置为白色或灰色，设置为彩色会得到类似金属的质感。
- 【粗糙度】：可以模拟材质表面细微层次的杂点。若设为"0"，则材质完全平滑抛光；数值增大，材质表面产生漫射，会显得更粗糙。
- 【折射指数】：用于控制高光反射的强度，一般设置为"1.5"。若需要抛光的喷漆，增大数值就可以。数值为"1"时，相当于关闭清漆效果，可以制作表面亚光或模拟金属质感的塑料材质效果。详解参见5.8.8小节。

## 5.9.7 实心玻璃材质

实心玻璃材质与简单的玻璃材质相比，会考虑到模型的厚度，所以可以更准确地模拟玻璃的颜色效果。图5-53所示为实心玻璃材质的属性及应用示例。

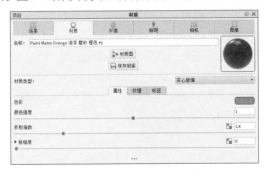

· 图5-53 │ 实心玻璃材质的属性及应用示例

- 【色彩】：用于设定材质整体的颜色，光线进入表面后，材质会被染色。这种材质的颜色高度依赖其颜色的亮度，如果已设置一种颜色，但颜色看起来太微弱，整体很暗，则需要提高颜色的亮度。
- 【颜色强度】：控制光线在物件内传输时的颜色浓度，和物件的厚度有关。例如，模拟海滩处浅水区水的颜色和深海的颜色。更大的数值会让物件中薄的位置的颜色更淡。
- 【折射指数】：用于设定实心玻璃折射的扭曲程度。详解参见5.8.8小节。
- 【粗糙度】：会分散物件表面的反射亮点，使其看起来像磨砂玻璃。展开此选项栏，其下有【采样值】设置，该值越大，产生的杂点越少。

## 5.9.8 玻璃材质

玻璃材质用于创建玻璃，其属性如图5-54所示。

和实心玻璃材质相比，玻璃材质缺少【粗糙度】、【颜色强度】属性，但是添加了用于创建没有厚度的单一曲面部件（只有反射和透明，没有折射）材质效果的属性。该属性通常用于制作汽车挡风玻璃。

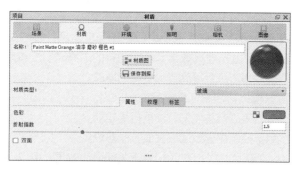

·图5-54 | 玻璃材质的属性

- 【色彩】：用于设定玻璃的颜色。
- 【折射指数】：用于设定玻璃折射的扭曲程度。详解参见5.8.8小节。
- 【双面】：用于开启或禁止材质的折射属性。当勾选该复选框时，材质产生折射效果；若取消勾选，则材质没有折射效果，会看到其表面的反射效果，并且材质透明，光线穿过曲面不会发生弯曲。当希望看到曲面背后的对象而且没有因折射产生的扭曲现象时，应该取消勾选该复选框。

图5-55左图所示为勾选【双面】复选框后的效果，可以看到由于曲面的折射使其看起来像厚玻璃，透过玻璃可以观察到扭曲过的环境；图5-55右图所示为取消勾选【双面】复选框的效果，可以看到只有表面反射，没有折射扭曲，且材质透明。制作汽车的挡风玻璃时通常使用未勾选【双面】复选框的玻璃材质，只有透明效果，没有折射扭曲。

·图5-55 | 勾选与未勾选【双面】复选框的示例

## 5.9.9 薄膜材质

薄膜材质可以产生类似肥皂泡上的彩虹效果。图5-56所示为薄膜材质的属性及应用示例。

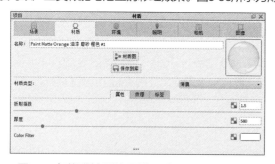

·图5-56 | 薄膜材质的属性及应用示例

- 【折射指数】：可以模拟表面的反射效果，增大数值会增大反射强度，详解参见5.8.8小节。实际上薄膜的颜色会受到折射指数的影响，也可以通过【厚度】来调整颜色，通常只需要通过【折射指数】来调整反射的总量。

- 【厚度】：用于调整薄膜材质表面的颜色。当数值很大时，材质表面颜色会变为一层层的效果，其取值范围为10～5000。
- 【Color Filter】：颜色倍增器，当设置为白色时，材质的颜色将由物件的厚度决定。不饱和的颜色可以用来添加微妙的色调变化。

## 5.9.10　半透明材质

半透明材质能模拟塑料或其他材质的次表面散射效果。图5-57所示为半透明材质的属性及应用示例。

·图5-57│半透明材质的属性及应用示例

- 【表面颜色】：用于控制材质外表面的扩散颜色，也可以认为是整个材质的颜色。

**要点提示**：在调整半透明类型的材质时，如果【表面颜色】设置为全黑，就不会产生次表面的半透明效果。

- 【次表面颜色】：用于控制当光线通过材质后到达眼睛的颜色。人的皮肤就是一个很好的次表面散射的例子，当一束强光穿过耳朵（或手指）上薄的区域时，因为皮肤内血管中有血液，所以光线通过后皮肤显得很红。光线通过表面后会随机反弹到周围，因此可以创建一个柔和的半透明效果，而不像玻璃类型的材质是直接折射的效果。对于半透明的塑料材质，可以将【次表面颜色】设置得和【表面颜色】很接近，只是更亮一点。
- 【半透明】：用于控制光线穿透表面后进入物件的深度，数值越大，次表面颜色越多，产生的材质效果越柔和。
- 【纹理颜色】：通过颜色或纹理贴图来表现材质表面的色彩。
- 【高光颜色】：通过颜色的V值控制材质表面的反射程度，一般用非彩色。如果用彩色，可以模拟那种依据光线与物件表面的角度产生颜色渐变的双色材质。
- 【粗糙度】：增大数值，会增加反射的延伸，得到磨砂质感。

- 【折射指数】：用来进一步提高或降低表面上的反射强度。
- 【采样值】：是【折射指数】的采样控制，数值越大，反射效果越细腻，所需时间也越长。
- 【全局照明】：勾选该复选框，会增加材质暗部（投影区域）的光照，使暗部（投影区域）更明亮。

图5-58所示为基于半透明材质模拟的皮肤效果。

·图5-58｜基于半透明材质模拟的皮肤效果

半透明材质可以散射光线，当材质背面或内部有灯光时，半透明材质才会呈现更完美的光线散射效果。图5-59左图所示为全局光与环境光照明下的半透明材质效果，图5-59右图所示为内部有红色灯光的半透明材质效果。

·图5-59｜半透明材质受光照影响的示例

# 🎯 5.10 ｜ KeyShot高级材质类型

KeyShot高级材质类型包含高级、塑料（高级）、半透明（高级）、宝石效果、绝缘材质、各向异性、丝绒及金属漆等。

## 5.10.1　高级材质

高级材质是所有KeyShot材质中功能最多的材质类型。图5-60所示为高级材质的属性及应用示例，它比其他材质类型的属性多。金属、塑料、透明塑料或磨砂塑料、玻璃，以及漫反射材质和皮革都可以由这种材质创建。

- 【漫反射】：用于调整材质的整体色彩或纹理。透明材质有很少的或没有漫反射。金属没有漫反射，所有颜色均来自镜面反射。
- 【高光】：用于控制材质对于场景中光源反射的颜色和强度。若设为黑色，则强度为0，材质没有反射；若设为白色，则强度为100%，完全反射。如果正在创建一个金属材质，该属性就是用于设置金属颜色。如果正在创建一个塑料材质，镜面反射应该调整为白色或灰色。塑料不会有彩色的镜面反射。
- 【氛围】：用于设置当场景中的对象有自我遮蔽情况时，材质中直接光照不能照射到的区域的颜色，会产生非现实的效果。推荐保留初始设置（黑色）。
- 【粗糙度】：可以模拟材质表面微观层面的颗粒。设置为"0"时，材质呈现出完美的光滑和抛光质感。数值越大，由于表面灯光漫射，材质越粗糙。
- 【折射指数】：用于控制材质折射的程度。

- 【漫透射】：可以让材质表面产生额外的光线散射来模拟半透明效果。设置该属性会增加渲染时间，推荐保留初始设置（黑色）。
- 【高光传播】：用于控制材质的透明度。黑色表示100%不透明，白色表示100%透明。
- 【粗糙度传输】：与【粗糙度】的主要区别在于，设置该属性带来的粗糙感主要位于整个材质的内部，因此该属性可以用来创建磨砂材质，同时保持表面光泽。这种材质需要通过设置【高光传播】使材质透明。
- 【光泽采样】：用于控制光泽（粗糙）反射的准确性。
- 【菲涅尔】：用于控制垂直于相机区域的反射强度。在现实世界中，材质对象边缘的折射效果比直接面对相机区域的明显。材质的反射和折射都有菲涅尔现象，该复选框默认是勾选的。不同材质有不同的菲涅尔衰减数值。详解参见5.8.9小节。

· 图5-60 | 高级材质的属性及应用示例

## 5.10.2 塑料（高级）材质

塑料（高级）材质类型与塑料材质类型相比多了【漫透射】和【高光传播】属性，用于模拟半透明或透明塑料材质。图5-61所示为塑料（高级）材质的属性及应用示例。

- 【漫反射】：用于控制整个材质的颜色，有透明效果的塑料材质只有一点或没有漫反射。
- 【高光】：用于设置场景中光源的反射颜色和强度。设为黑色，表示关闭反射；设为白色，表示100%反射，可以得到抛光塑料效果。真实塑料的【高光】没有颜色，所以一般设置为白色或灰色，设置为彩色会得到类似金属的质感。
- 【粗糙度】：可以模拟材质表面细微层次的杂点。当设为"0"时，材质完全平滑抛光；数值增大，材质表面产生漫射，会显得更粗糙。
- 【漫透射】：可以让材质表面产生额外的光线散射效果，用于模拟半透明效果。推荐保留初始设置（黑色）。
- 【高光传播】：可以用于模拟有透明效果的塑料材质。黑色表示100%不透明，白色表示100%透明。

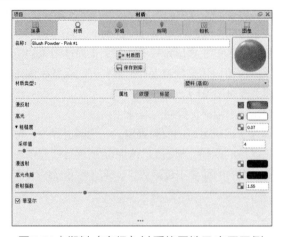

· 图5-61 │ 塑料（高级）材质的属性及应用示例

如果正在创建透明的玻璃或塑料材质，【漫反射】应该设置为黑色，材质的所有颜色都来自此属性。透明的玻璃或塑料的【高光】应该设为白色。如果需要表现透明磨砂塑料，则【漫反射】应该设置为比较深的颜色。

• 【折射指数】与【菲涅尔】的详解参见5.8.9小节。

## 5.10.3 半透明（高级）材质

半透明（高级）材质能模拟很多塑料或其他材质的次表面散射效果。图5-62所示为半透明（高级）材质的属性及应用示例。与半透明材质相比，半透明（高级）材质的控制能力更强，可以在【表面颜色】和【次表面颜色】通道内贴图，表现更复杂的材质变化。而半透明材质的【表面颜色】和【次表面颜色】只能是单一颜色。

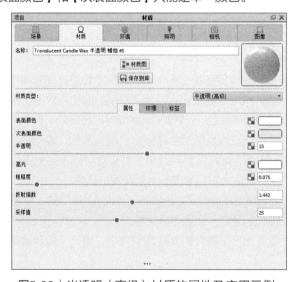

· 图5-62 │ 半透明（高级）材质的属性及应用示例

- 【表面颜色】：用于控制材质外表面的扩散颜色，也可以认为是整个材质的颜色。

**要点提示**：在调整半透明（高级）类型的材质时，如果【表面颜色】设置为全黑，则不会产生次表面的半透明效果。

- 【次表面颜色】：用于控制当光线通过材质后到达眼睛的颜色。对于半透明的塑料材质，可以将【次表面颜色】设置得和【表面颜色】很接近，只是更亮一点。
- 【半透明】：用于控制光线穿透表面后进入物件的深度，数值越大，次表面颜色越多，产生的材质效果越柔和。
- 【高光】：控制材质的反射颜色与强度。
- 【粗糙度】：增大数值，会增加反射的延伸，得到磨砂质感。
- 【折射指数】：用于控制曲面反射的强度。
- 【采样值】：是【折射指数】的采样控制，数值越大，反射效果越细腻，所需的时间也越长。

## 5.10.4 宝石效果材质

宝石效果材质与实心玻璃、绝缘材质和液体材质类型相关。这里为渲染宝石做了相关优化，【阿贝数（散射）】属性对于制作宝石表面的炫彩效果非常重要，【内部剔除】是该材质类型另外一个很重要的属性。图5-63所示为宝石效果材质的属性。

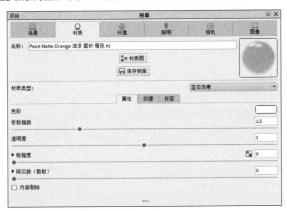

·图5-63｜宝石效果材质的属性

- 【色彩】：控制材质整体的颜色，光线进入曲面后，材质会被染色。这种材质的颜色数量依赖【透明度】的设置。如果已设置一种颜色，但它看起来太微弱，需要减小【透明度】的数值。
- 【折射指数】：控制光线通过该材质类型的部件时弯曲或"折射"的程度。大部分宝石的折射指数远大于1.5，所以可以设置为2以上的数值。
- 【透明度】：控制【色彩】属性里设置的颜色的浓度，并且【透明度】依赖该材质组件的厚度。在设置了【色彩】属性后，设置【透明度】属性可以调整颜色的饱和度。数值越小，模型表面薄的区域的颜色越饱和；数值越大，表面薄的区域的颜色越不饱和。图5-64所示为两种相同的材质，【色彩】的设置完全相同，只是【透明度】的设置不同。图5-64左图的【透明度】设置得较低，结果是在部件表面的所有区域中，厚的和薄的区域颜色都比较饱和。图5-64右图的【透明度】设置得相当高，会发现部件薄的区域的颜色没有其他区域明显；在厚的区域，如底部，色彩依然明显。

·图5-64 | 不同【透明度】设置的珠宝效果

- 【粗糙度】：与其他不透明材质一样，【粗糙度】可以用来延伸曲面上的高光形态，但是宝石效果类型的材质也会透射光线。【粗糙度】可以用来创建毛玻璃效果。

这个属性配有【采样值】，数值较小可以产生有杂点的效果，增大数值可以使杂点更平滑，得到平滑的毛玻璃效果。

**要点提示：**毛玻璃效果的成因主要是光线传播到物体表面后被打乱并延展。曲面的折射光线也会延展开。

- 【阿贝数（散射）】：可以控制光线穿过曲面以后的散射效果，得到类似棱镜的效果。这种彩色棱镜效果可以用来创建宝石表面的炫彩效果。若设为"0"，则完全禁用散射效果。数值较小将显示重分散，增大数值时，效果会更加微妙。如果需要一个微弱的散射效果，建议以35～55为起始值开始调整。

这个属性也配有【采样值】，数值较小会产生有杂点的效果，增大数值可以使杂点更平滑。

## 5.10.5 绝缘材质

绝缘材质是一种更高级的用来创建玻璃材质的材质类型，与实心玻璃材质类型相比，增加了一个【阿贝数（散射）】属性。图5-65所示为绝缘材质的属性。

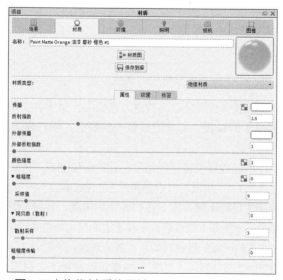

·图5-65 | 绝缘材质的属性

- 【传播】：用于控制材质整体的色彩，光线进入表面后，材质会被染色。

这种材质的颜色数量高度依赖【颜色强度】的设置，如果已经对【传播】设置了颜色，但看起来太微弱，可以减小【颜色强度】的数值。

- 【折射指数】：控制光线通过该材质类型的部件时弯曲或"折射"的程度。默认值为"1.5"，可以模拟大多数类型的玻璃。增大数值，可以使内表面的折射效果更加明显。
- 【外部传播】：控制材质外光线的颜色，这是更高级、更复杂的设置，在需要渲染的容器内有液体时使用。

例如，渲染一个有水的玻璃杯，需要在液体和玻璃接触的地方专门创建一个曲面。可以使用【外部传播】属性来控制玻璃的颜色，使用【传播】属性来控制液体的颜色。

如果玻璃和液体都是透明的，则【外部传播】和【传播】的颜色均可以设置为白色。

图5-66所示的第1个和第2个模型的材质设置得不正确，问题在于，整个水杯是一个材质，【折射指数】设置为"1.5"。玻璃杯里面的液体也是一个整体，但是整体放大了一些，与水杯壁存在相交区域，或者整体缩小了一些，与水杯壁存在缝隙。液体的【折射指数】设置为"1.33"。很多人会建立这样的场景，但是结果却不是很理想。玻璃与液体之间的边缘效果不对，注意观察现实生活中的容器与液体，看容器外部边缘液体折射的表现。

·图5-66｜水杯内有液体的效果

图5-66中的第3个水杯效果是正确的，首先需要创建一个正确的模型，使用一个从玻璃底部开始往上移动再回到液体接触面边缘的曲面来表示玻璃杯，到液体部位就止住；再使用一个表面表示玻璃与液体的接触面；第3个面用于表示液体的顶面。这样的设置可以使每个部件的折射都准确，玻璃外部的折射指数设置为"1.5"，液体顶面的折射指数设置为"1.33"。最重要的就是液体与玻璃之间的面，【折射指数】设置为"1.33"（因为里面有液体），【外部折射指数】应设置为"1.5"（因为外面有玻璃）。用户需要分清哪个设置代表外部、哪个设置代表内部。

图5-67所示分别对应图5-66所示的3个效果的模型设置。第1个模型，液体与水杯壁有相交区域；第2个模型，液体与水杯壁有微小的缝隙；第3个模型将水杯壁、液体表面、水杯壁与液体接触面分割为3个物件，分别赋予不同设置的绝缘材质。

·图5-67｜模型建模的细微区别

- 【颜色强度】：用于控制用户可以看到多少在【传播】属性中设置的颜色，该属性依赖整个材质部件的厚度。可以模拟类似海滩浅水区水的颜色与深海的颜色。若没有设置【颜色强度】，最深的海底与泳池池底的水的颜色效果将差不多。

在设置了一种【传播】颜色后，设置【颜色强度】可以使颜色更加饱和、突出。数值越小，模型表面薄的区域的颜色越深；数值越大，表面薄的区域的颜色越微弱。

- 【粗糙度】：与其他不透明材质一样，【粗糙度】可以用来延伸曲面上的高光形态，但是绝缘类型的材质也会透射光线。利用【粗糙度】可以创建毛玻璃效果。

这个属性配有【采样值】，较小的数值可以产生有杂点的效果，增大数值可以使杂点更平滑，得到平滑的毛玻璃效果。

- 【阿贝数（散射）】：控制光线穿过曲面以后的散射效果，得到类似棱镜的效果。这种彩色棱镜效果可以用来创建宝石表面的炫彩效果。

## 5.10.6　各向异性材质

各向异性材质用于控制材质表面的亮点（高光）。图5-68所示为各向异性材质的属性及应用示例。其他材质类型只有一个【粗糙度】属性，增大其数值会使表面的亮点在各个方向都均匀地铺开。各向异性材质有两个粗糙度滑块，可以分别调整$x$轴、$y$轴两个方向的粗糙度来控制高光的形状。这种材质类型通常用来模拟金属拉丝表面。

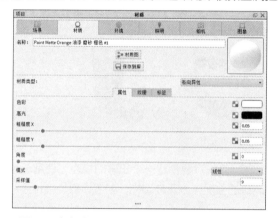

· 图5-68 | 各向异性材质的属性及应用示例

- 【色彩】：要创建一个金属材质，则该属性应设置为黑色。当设置为黑色以外的任何颜色时，这种材质看起来更像塑料。
- 【高光】：参考5.8.2小节来理解该属性的含义。
- 【粗糙度X】/【粗糙度Y】：分别用于控制$x$轴和$y$轴方向上的表面高光延伸。增大数值，表面高光会延伸出去并得到拉丝效果。两个粗糙度的值相同会使各个方向的延伸变均匀。
- 【角度】：当【粗糙度X】、【粗糙度Y】的值不同时，该属性会使高光旋转扭曲，取值范围为0～360。
- 【模式】：用于控制高光如何延伸，有【UV】、【线性】、【径向】3个模式。默认设置为【线性】，表示线性延伸高光，独立于用户为物体指定的UV贴图坐标。设置为【UV】时，依据指定的UV坐标，可以基于建模软件的贴图来操纵各向异性的高光。设置为【径向】时，表示径向延伸高光，可以用来模拟CD播放面的高光效果，如

图5-68右图所示。

- 【采样值】：设置较小的数值（8或更小），会使表面看起来有更多的噪点，显得很粗糙。增大数值，噪点会更加平滑，得到均匀分布的粗糙感。

## 5.10.7  丝绒材质

丝绒材质可以用来模拟有着特别光线效果的柔软面料材质。

一般来说，可以利用塑料材质或高级材质来创建织物材质，但丝绒材质类型提供了几个其他材质没有的属性。图5-69所示为丝绒材质的属性及应用示例。

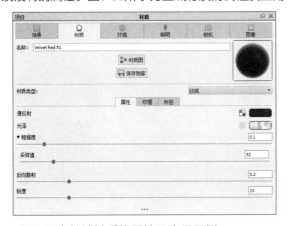

· 图5-69 │ 丝绒材质的属性及应用示例

- 【漫反射】：用于控制材质的颜色，【漫反射】和【光泽】颜色一般首选深色，当选择浅色时，材质会亮得不自然。
- 【光泽】：设置从曲面背后穿过的光线反射的颜色。该属性和【锐度】属性一起使用可以控制整个材质光泽的柔和程度。该属性一般设置为和【漫反射】颜色很相近的颜色，并且稍微明亮些。
- 【粗糙度】：用于决定如何分布表面的反向散射效果。当设置为较小的数值时，可以保持反向散射的光线集中在较小的区域内；设置为较大的数值时，会均匀地在整个对象上延展光线。
- 【采样值】：用于控制反向散射效果。较大的数值将平滑散射光线，使其显得更均匀；较小的数值使散射光线显得更加有颗粒感。要得到平滑效果，可以将数值设置为32左右。
- 【反向散射】：用于控制整个表面尤其是暗部区域的散射光线，使整个表面看起来柔和，它的颜色由【光泽】属性控制。
- 【锐度】：用于控制表面光泽效果传播多远。较小的数值会使光泽逐渐淡出，而较大的数值会使表面边缘的周围产生明亮的光泽边框。设置为"0"时，没有光泽效果。

## 5.10.8  金属漆材质

金属漆材质可以模拟有3层喷漆效果的材质。第1层是基础层；第2层控制金属喷漆薄片

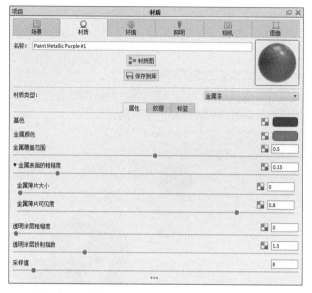

的大小；第3层是清漆，用于控制整个油漆的清晰反射。图5-70所示为金属漆材质的属性及应用示例。

·图5-70｜金属漆材质的属性及应用示例

- 【基色】：设置整个材质的颜色，可以认为是油漆的底漆颜色。
- 【金属颜色】：这一层相当于在基色之上喷洒金属薄片。可以选择一个与基色类似的颜色来模拟微妙的金属薄片效果。通常将【金属颜色】设置为白色或灰色来得到真实的油漆质感。

金属颜色在曲面高光或明亮区域显得多一些，基色在照明较少的区域显得多一些。金属颜色在高光周围比较突出，基色在曲面照明较少的区域更明显。

- 【金属覆盖范围】：用于控制金属颜色与基色的比例。设置为"0"时，只能看到基色。设置为"1"时，表面将几乎完全被金属颜色覆盖。对于大多数金属漆材质，该属性一般设置为"0"，调整时建议从0.2开始增加。
- 【金属表面的粗糙度】：控制曲面金属颜色的延展。数值较小时，只有高光周围有很少的金属颜色；数值较大时，整个表面会有更大范围的金属颜色。建议从0.1开始调整。
- 【透明涂层粗糙度】：金属漆最上面一层是透明涂层（清漆），可以模拟清晰的反射。如果需要缎面或亚光漆效果，则可以增大该数值。该属性可以使表面反射延展开并形成磨砂效果。
- 【透明涂层折射指数】：用于控制清漆的强度，一般设置为"1.5"。若需要抛光的喷漆，则增大数值。设为"1"时，相当于关闭清漆效果，可以制作表面亚光或模拟金属质感的塑料材质效果。
- 【金属薄片大小】：用于控制喷漆表面的金属薄片的大小，增大数值，金属薄片效果更明显。
- 【金属薄片可见度】：用于控制喷漆表面的金属薄片的透明度。设为"0"时，金属薄片完全透明。数值越大，融进基色的金属薄片越明显。

- 【采样值】：控制喷漆里金属质感的细致程度。数值较小会产生明显的薄片效果，数值较大会使金属效果的颗粒分布更均匀、平滑。为了得到类似珠光的效果，数值可以设置得大一些。

# 5.11 | KeyShot特殊材质类型

KeyShot特殊材质类型包含X射线、Toon、地面及线框。

## 5.11.1 X射线材质

X射线材质可以用来创建用于查看物体内部组件的褪去外壳的材质效果。该材质的属性只有【色彩】。图5-71所示为X射线材质的属性及应用示例。

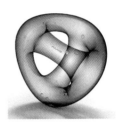

· 图5-71 | X射线材质的属性及应用示例

- 【色彩】：用于设置材质整体的颜色。

## 5.11.2 Toon材质

Toon材质可以用于创建类似二维卡通风格的效果，可以控制轮廓宽度、轮廓线的数量，以及材质表面是否接受阴影投影。图5-72所示为Toon材质的属性及应用示例。

- 【色彩】：设置Toon材质的填充颜色。
- 【轮廓颜色】：控制模型轮廓线的颜色。
- 【轮廓角度】：控制卡通素描内部轮廓线的数量。数值较小将增加内部轮廓线的数量，数值较大将减少内部轮廓线的数量。
- 【轮廓宽度】：控制模型轮廓线的粗细。
- 【轮廓质量】：控制轮廓线的质量，数值越大，线条越干净、平滑。
- 【透明度】：允许光线穿透模型，用于显示模型的内部结构。
- 【轮廓宽度以像素为单位】：勾选该复选框时，【轮廓宽度】以像素为单位；未勾选该复选框时，使用软件场景设置的单位。
- 【内部边缘轮廓】：显示或隐藏草图的内部轮廓线。
- 【外形轮廓】：在草图中显示或隐藏轮廓线。
- 【材质轮廓】：显示或隐藏Toon材质链接的材质的轮廓线。如果Toon材质没有链接

材质，则此复选框不起作用。

- 【环境阴影】：显示或隐藏照明环境投射在赋予Toon材质的模型上的阴影。
- 【阴影大小】：控制照明环境投射在赋予Toon材质的模型上阴影的强度。

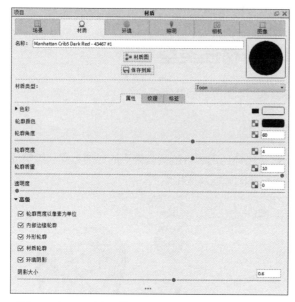

· 图5-72 | Toon材质的属性及应用示例

### 5.11.3 地面材质

地面材质类型是一种简化的材质类型，专门用于地面物件的材质控制。图5-73所示为地面材质的属性及应用示例。

· 图5-73 | 地面材质的属性及应用示例

执行菜单命令【编辑】/【添加几何图形】/【地平面】，可以为KeyShot场景添加地平面。地面材质也可以应用于导入的几何物件。

在KeyShot中，即使没有真实的地面物件，渲染器也会在虚拟的地面物件上产生投影。

可以在【项目】面板中【环境】选项卡的【地面】选项栏下通过勾选【地面反射】复选框来开启地面反射效果，但是无法深入地控制反射的效果。

- 【阴影颜色】：控制模型在地面物件上产生的投影的颜色。
- 【高光】：设置为非黑色，可以让地面产生反射。
- 【折射指数】：控制地面上的反射效果。
- 【剪切地面之下的几何图形】：勾选该复选框，如果几何物件有部分处于地面物件之下，则会修剪掉地面以下的部分。

## 5.11.4　线框材质

线框材质类型用于为多边形的框架描边。图5-74所示为线框材质的属性及应用示例。

- 【线框色彩】：控制线框的颜色。
- 【基色】：控制材质整体的颜色。
- 【基本传输色】：控制基色传输。设为较浅的颜色会使除线框外的位置变为半透明，设为白色则全部透明。
- 【背面基色】：控制背面的基色。
- 【线框背面颜色】：控制线框背面的颜色。

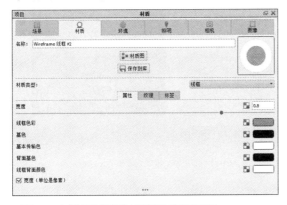

· 图5-74 │ 线框材质的属性及应用示例

## 5.12 │ KeyShot光源材质类型

KeyShot光源材质类型包含区域光漫射、点光漫射、点光IES配置文件及自发光。

KeyShot允许用户在需要的地方添加除了环境照明、物理灯光之外的不同类型的照明。将KeyShot光源材质赋予任何一个几何物件，可以把它变成一个局部光源。

KeyShot是通过对物件添加光源材质来制作灯光物件的。用户可以导入新的几何物件或使用现有的几何物件作为一个光源，从而轻松地控制多个相同的光源。拖曳一个光源材质到一个几何物件上，KeyShot将添加一个灯泡图标来表示其为光源。

### 5.12.1　区域光漫射材质

区域光漫射材质可以将任何物件变成一个灯光物件。图5-75所示为区域光漫射材质的属性及应用示例。

- 【色彩】：设置区域光的颜色。
- 【电源】：用【瓦特】或【流明】来控制光源强度。
- 【应用到几何图形前面】：勾选此复选框，可以将光源应用到几何体的前面。
- 【应用到几何图形背面】：勾选此复选框，可以将光源应用到几何体的背面。
- 【相机可见】：设置在相机中是否显示光源。
- 【反射可见】：设置在材质反射中是否显示光源。
- 【阴影中可见】：设置光源是否产生投影。
- 【采样值】：控制渲染中使用的样本量。

·图5-75 │ 区域光漫射材质的属性及应用示例

### 5.12.2　点光漫射材质

点光漫射材质可以把任何物件变成一个点光，也是通过功率（瓦特）或流明来控制光源强度。图5-76所示为点光漫射材质的属性及应用示例。

·图5-76 │ 点光漫射材质的属性及应用示例

- 【色彩】：设置灯光的颜色。
- 【电源】：控制灯光的强度，单位可以设置为【瓦特】或【流明】。
- 【半径】：通过调整半径来控制点光的大小与衰减。

### 5.12.3　点光IES配置文件材质

　　【点光IES配置文件】是通过单击编辑器中的文件夹图标 📂 加载一个IES文件，在实时渲染窗口中以网格显示物件。图5-77所示为点光IES配置文件材质的属性，图5-78所示为几种点光IES灯光的渲染效果。

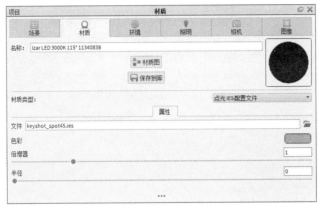

・图5-77｜点光IES配置文件材质的属性

・图5-78｜几种点光IES灯光的渲染效果

- 【文件】：显示IES文件的名称。单击 📂 按钮可以更改IES文件。
- 【色彩】：控制灯光的颜色。
- 【倍增器】：调整灯光的强度。
- 【半径】：可以通过调整半径来控制灯光的阴影衰减。

### 5.12.4　自发光材质

　　自发光材质可以用于模拟小的光源，如LED灯、发光的屏幕。赋予自发光材质的物件不能作为场景的主光源。当发光对象的光线对周围物件有影响时，需要在【项目】面板的【照明】选项卡中勾选【全局照明】复选框，以便在实时渲染窗口中照亮其他对象，也需要勾选【地面间接照明】复选框，以照亮地面。

　　图5-79所示为自发光材质的属性及应用示例。

- 【色彩】：用于控制发光材质的颜色。
- 【强度】：用于控制发光强度，当使用色彩贴图时依然有效。
- 【相机可见】：勾选该复选框，对相机隐藏发光材质的物件依然发出光线。
- 【反射可见】：取消勾选该复选框，会在镜面反射中隐藏材质的发光效果，发光效果只对漫反射物件效果明显。
- 【双面】：取消勾选该复选框，材质只有单面发光，另一面变为黑色。

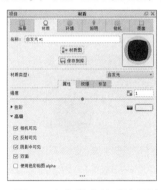

·图5-79 | 自发光材质的属性及应用示例

## 5.13 | 云端材质

单击软件界面左下角的 图标，即可打开KeyShot Cloud库的网页，KeyShot Cloud库提供了大量用户上传的材质资源，以扩充用户的素材库。用户在云端材质库里可以下载喜欢的资源到本地。也可以将下载的资源整理到"Downloads"文件夹中。

除了云端用户上传的资源，Luxion公司（该公司发布了KeyShot）与艾仕得涂料系统、模德模具和索伦森皮革公司建立了伙伴关系，为材质库添加了基于现实世界的材质，让用户创建的视觉效果准确度更高。

### 5.13.1 Axalta Coating Systems（艾仕得涂料系统）

作为汽车车身涂料的领先制造商，艾仕得涂料系统基于现实世界的材质创建了KeyShot材质，并提供了准确的表示材质集。在KeyShot Cloud库里面搜索"Axalta"，即可搜索到相关材质。

图5-80所示为艾仕得涂料系统材质的渲染效果示例。

·图5-80 | 艾仕得涂料系统材质的渲染效果示例

### 5.13.2 Mold-Tech Materials（模德模具）

在KeyShot Cloud库里面搜索"Mold-Tech"，即可搜索到相关材质。

图5-81所示为模德模具材质的渲染效果示例。

· 图5-81 │ 模德模具材质的渲染效果示例

### 5.13.3 Sorensen Leather（索伦森皮革）

在KeyShot Cloud库里面搜索"Sorensen Leather"，即可搜索到相关材质。图5-82所示为索伦森皮革材质的渲染效果示例。

· 图5-82 │ 索伦森皮革材质的渲染效果示例

## 5.14 │ KeyShot贴图通道

贴图是三维图像渲染中很重要的一个环节，可以通过贴图操作来模拟物体表面的纹理效果，添加细节，如木纹、网格、瓷砖及精细的金属拉丝效果。在【材质】选项卡的【纹理】子选项卡中可添加纹理。图5-83所示为【纹理】子选项卡。

KeyShot提供了【漫反射】、【高光】、【凹凸】、【不透明度】4种贴图通道。相比其他渲染软件，KeyShot的贴图通道要少一些，但是也能满足调整材质的需求。每个通道的作用各不相同。

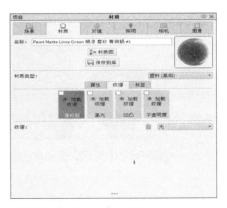

· 图5-83 │ 【纹理】子选项卡

### 5.14.1 【漫反射】通道

【漫反射】通道可以用图像来代替漫反射的颜色，可以用真实照片来创建逼真的数字化材质效果。该通道支持常见的图像格式。图5-84左图所示为通过【漫反射】通道模拟瓷砖表面的效果，图5-84中图所示为贴图图像，图5-84右图所示为对材质的设置。

· 图5-84 | 通过【漫反射】通道模拟瓷砖表面的效果

在【属性】子选项卡中勾选【混合颜色】复选框，如图5-85左图所示，可以将贴图和其右侧的颜色混合，以得到叠加的纹理效果。贴图中的白色区域会被【混合颜色】属性设定的颜色替代，黑色区域依然保留贴图的图像，中间色调相当于半透明，设置为中间色调的部分会叠加颜色与纹理，形成混合效果。

图5-85右图所示为蓝色纹理图像与单色混合的效果。

· 图5-85 | 勾选【混合颜色】复选框的效果

## 5.14.2 【高光】通道

【高光】通道可以使用贴图中的黑色和白色表明不同区域的镜面反射强度。黑色不会显示镜面反射，而白色会显示100%的镜面反射。该通道可以使材质表面的镜面反射区域效果更细腻。图5-86左图所示为材质效果，图5-86中图所示为贴图图像，图5-86右图所示为对材质的设置。

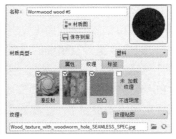

· 图5-86 | 【高光】通道贴图的效果与设置

图5-87所示为【高光】通道未放置贴图与放置贴图的效果对比。

· 图5-87 | 【高光】通道未放置贴图与放置贴图的效果对比

## 5.14.3 【凹凸】通道

要实现现实世界中材质表面的凹凸效果可以使用【凹凸】通道，如图5-88所示。如拉丝镍、皮革表面的凹凸质感等，这些材质细节在建模中不容易实现或无法实现。

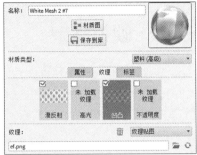

·图5-88│【凹凸】通道贴图的效果与设置

创建凹凸映射有两种方法：一种是最简单的方法，即采用黑白图像来创建；另一种是通过法线贴图来创建。法线贴图是KeyShot特有的一种贴图类型。

- 黑白图像：黑色表示凹陷，白色表示凸起，如图5-89左图所示。
- 法线贴图：法线贴图包含的颜色比黑白图像多，这些额外的颜色代表不同的$x$、$y$、$z$坐标扭曲强度，如图5-89右图所示。用法线贴图能创建更复杂的凹凸效果，但是即使不用法线贴图，用黑白图像也能创建非常逼真的凹凸效果。

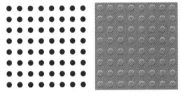

·图5-89│黑白图像与法线贴图

## 5.14.4 【不透明度】通道

【不透明度】通道可以使用黑白图像或带有Alpha通道的图像来使材质的某些区域变透明，常用于创建实际没有打孔的模型的网状材质，如图5-90所示。

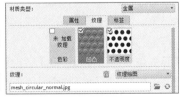

·图5-90│【不透明度】通道贴图的效果与设置

在【不透明度】通道中实现透明效果有以下3种模式。

- 【Alpha】：使用任何嵌入图像的Alpha通道来创建局部透明效果。如果图像中没有Alpha通道，使用该模式会没有透明效果。
- 【色彩】：通过图像中颜色的亮度值来表示透明度，一般采用黑白图像。白色区域完全不透明，黑色区域完全透明，50%灰色表示透明度为50%。这种模式不需要Alpha

通道来实现透明效果。

- 【补色】：采用与原来颜色相反的颜色。黑色表示完全透明，白色表示完全不透明，50%灰色表示透明度为50%。

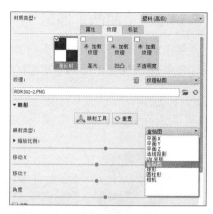

## 5.15 | 映射类型

纹理贴图是在三维模型上按指定方向映射二维图像。如图5-91所示，【纹理】子选项卡中的【映射类型】下拉列表中的选项为所有的KeyShot纹理映射类型。

·图5-91 | 映射类型

### 5.15.1 【平面X】、【平面Y】、【平面Z】映射类型

只通过x轴、y轴、z轴3个单向轴来投射纹理。

当【映射类型】设置为【平面X】、【平面Y】、【平面Z】时，曲面上只有面向相应轴向位置的贴图能维持原样，曲面上其他位置的贴图会被拉伸以包裹三维模型，如图5-92所示。

·图5-92【平面X】、【平面Y】、【平面Z】映射类型的效果

### 5.15.2 【盒贴图】映射类型

【盒贴图】映射类型会从一个立方体的6个面向三维模型映射纹理，纹理从立方体的一个面映射过去直到发生延展。大多数情况下，这是最简单、快捷的方式，产生的延展最小。

图5-93演示的是二维图像如何以【盒贴图】映射类型投影到三维模型上，注意每个平面的延展都是最小的。缺点是不同投影面的相交处有接缝。

·图5-93 | 【盒贴图】映射类型的效果

### 5.15.3 【球形】映射类型

【球形】映射类型会从一个球的内部映射纹理，大部分未变形的图像位于赤道部位，向两极收敛，如图5-94所示。对于有两极的对象，【盒贴图】与【球形】映射类型或多或少都有扭曲。

·图5-94 | 【球体】映射类型的效果

### 5.15.4 【圆柱形】映射类型

图5-95所示为【圆柱形】映射类型的效果，被圆柱形侧面环绕的表面映射的纹理较好，其他部位的纹理会向两极收敛。

· 图5-95 ｜【圆柱形】映射类型的效果

### 5.15.5 【交互贴图】映射类型

除了上面的自动映射类型，KeyShot还有一种【交互贴图】映射类型，在【纹理】子选项卡中的【映射】选项栏中单击 映射工具 按钮，模型上会出现贴图映射工具，如图5-96左图所示，该映射类型能交互地缩放、平移和旋转贴图，用来微调映射到模型上的纹理的位置。在【材质】选项卡的【标签】子选项卡的【映射】选项栏中单击 位置 按钮，也会出现类似的工具，如图5-96右图所示，但是标签只能在模型表面移动。

· 图5-96 ｜【交互贴图】映射类型的效果

### 5.15.6 【UV坐标】映射类型

【UV坐标】与前面的映射类型不同，它是完全自定义的映射类型，使用时耗费更多的时间，广泛用于游戏等产业。【UV坐标】映射类型的效果如图5-97所示。

· 图5-97 ｜【UV坐标】映射类型的效果

【UV坐标】相比其他的映射类型更耗时、更烦琐，但效果更好。大多数CAD软件不提供UV坐标贴图和技术，这就是KeyShot提供自动映射类型的原因。【UV坐标】映射类型主要用于游戏、电影等娱乐产业，而不是产品设计或工程领域。

把模型摊平为二维图像的过程称为"展开UV"。图5-98所示为展开UV的贴图。

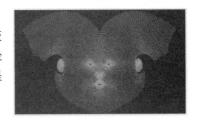

· 图5-98 ｜展开UV的贴图

## 5.16 【标签】子选项卡

　　【标签】子选项卡专门用来在三维模型中自由、方便地放置标志、贴纸或图像对象，如图5-99所示。在【材质】选项卡的【标签】子选项卡中单击➕按钮可添加标签。软件的标签功能支持常见的图像格式，如JPG、TIFF、TGA、PNG、EXR及HDR。标签没有数量限制，每个标签都有它自己的映射类型。如果一个图像带Alpha通道，则该图像中的透明区域不可见。图5-100所示使用的标签是带透明区域的PNG图像，图像周围的透明区域不显示。

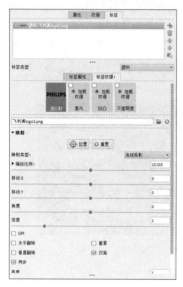

·图5-99 【标签】子选项卡

·图5-100 PNG格式图像的效果

### 1. 【添加标签】按钮

　　单击【添加标签】按钮➕来添加标签到标签列表，添加的标签的名称显示在标签列表中，当加载标签图像后，系统会自动显示用于编辑标签属性和标签纹理的选项，调节方式和贴图类似。如果在其他软件中编辑了标签图像，可以单击标签纹理路径右侧的↻按钮来刷新标签。在列表中选择标签后，单击【删除标签】按钮🗑可以删除该标签。

　　标签按添加顺序罗列，列表顶部的标签位于标签层的顶部。单击【在层次结构中上移标签】按钮⬆可以使标签切换到上面，单击【在层次结构中下移标签】按钮⬇可以使标签切换到下面。

### 2. 【映射】选项栏

● 【映射类型】：选项与纹理贴图下的选项相同，不再赘述，可参考5.15小节的内容。

● ⊕位置：用于定位标签。单击该按钮，在模型上移动标签，当标签到达需要的位置时，单击✓按钮，就会停止互动式定位。

### 3. 【缩放比例】选项栏

　　拖曳缩放滑块可以调整标签的大小，同时保持长宽比。如果要水平或垂直缩放标签，就展开【缩放比例】选项栏。

- 【移动X】/【移动Y】：可以拖曳【移动X】或【移动Y】滑块来偏移标签。
- 【角度】：可以拖曳滑块来旋转标签，还可以通过勾选【水平翻转】、【垂直翻转】、【重复】复选框来变换标签。
- 【深度】：控制在材质上显示标签厚度。例如，一个材质有两个表面直接相对，【深度】可以控制标签是出现在一个面上还是出现在双面上。如图5-101所示，左图中的水杯【深度】值大，所以背面也出现标签；右图的【深度】值小，另一面没有标签。
- 【双面】：控制在物体的背面是否显示标签。例如，如图5-102所示，两图在相同位置都有标签，右图勾选了【双面】复选框，左图没有勾选【双面】复选框，在背面看不见标签。
- 【亮度】：用于调整亮度。如果一个场景的整体照明是好的，但标签过亮或过暗，就可以通过该滑块来调整。
- 【对比度】：用于调整标签对比度。如果一个场景的整体照明是好的，但标签对比度不够，就可以通过该滑块来调整。

·图5-101｜不同【深度】值的效果　　　　·图5-102｜未勾选与勾选【双面】复选框的效果

### 4.【标签属性】标签页

图5-103所示为【标签属性】标签页。

- 【高光】：主要用于使标签出现镜面反射，当颜色设置为黑色时，标签上没有反射效果；设置为白色时，会有很强的反射效果。该属性也可以设置为彩色，但最现实的效果应该是颜色介于黑色和白色之间。如图5-104所示，左图的【高光】设置为黑色，右图的【高光】设置为白色。

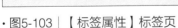

·图5-103｜【标签属性】标签页　　　　·图5-104｜不同【高光】的效果

- 【折射指数】：虽然该属性是最常用的与透明度有关的属性，但是此处的【折射指数】只能作用于标签，用于调整标签的反射程度。它只会影响标签上的反射效果（需要将【高光】设置为除黑色以外的颜色）。如图5-105所示，左图的【折射指数】设置为"1"，右图的【折射指数】设置为"3"。注意，右图标签的反射效果比左图强。

·图5-105│不同【折射指数】的效果

## 5.17 │ 渲染设置

在KeyShot中除了可以通过截屏来保存渲染好的图像，还可以通过执行菜单命令【渲染】/【渲染】或单击界面底部的 图标，在弹出的【渲染】对话框中设置图像的输出格式与质量，如图5-106所示。

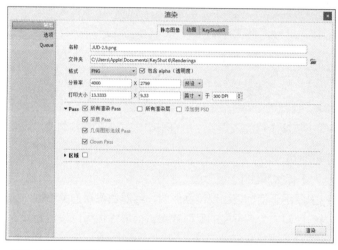

·图5-106│【渲染】对话框

这里需要注意的是，KeyShot 6新增了【Pass】选项栏，可以输出各种通道，以便后期进行图像处理与合成，所以建议将该选项栏中的复选框都勾选，这些通道会在渲染完成后一并保存在"Renderings"文件夹中。

**1.【输出】选项卡**

【输出】选项卡用于设置输出图像的名称、路径、格式和大小等。

**2.【选项】选项卡**

【选项】选项卡用于设置输出图像的渲染质量，如图5-107所示。

KeyShot提供了【最大采样】、【最大时间】、【高级控制】3种质量设置方式。【高级控制】下的主要选项说明如下。

- 【采样值】：用于控制图像每个像素的采样数量。在大场景的渲染中，模型的自身反射与光线折射的强度或质量都需要较大的采样数量。较大的采样数量设置可以与较高的抗锯齿设置配合。

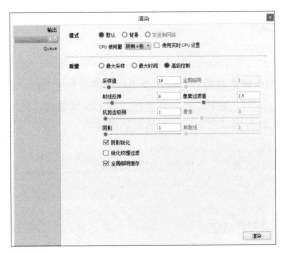

· 图5-107 │【选项】选项卡

- **【射线反弹】**：用于控制光线在每个物体上反射的次数。对于透明材质，适当的光线反射次数是得到正确渲染效果的基础。在有透明物体的场景中，该选项设置为【项目】面板【照明】选项卡中【射线反弹】文本框中的数值的两倍左右即可。

- **【抗距齿级别】**：提高抗锯齿级别可以将物体的锯齿边缘细化，数值越大，物体的抗锯齿质量也会越高。

- **【全局照明】**：增大其值可以获得更富细节的光线漫射计算。一般情况下，该选项不需要调整。如果需要处理阴影和光线的效果，可以考虑改变它的值。

- **【像素过滤值】**：为图像增加的模糊效果，得到柔和的图像，建议设为1.5~1.8。不过在渲染珠宝首饰时，大部分情况下有必要将该数值设为1~1.2。

- **【景深】**：增大数值将导致画面出现一些颗粒状的像素，以模拟景深效果。一般设置为3就足以得到很好的渲染效果。不过要注意的是，增大数值将会增加渲染的时间。

- **【阴影】**：用于控制物体在地面上的投影的质量。

- **【阴影锐化】**：默认处于勾选状态，通常情况下保持默认，否则会影响到画面细节方面的阴影的锐利程度。

- **【锐化纹理过滤】**：勾选该复选框，可以得到更加清晰的纹理效果，不过通常情况下不用勾选。

## 🎯 5.18 │ 小结

完成建模后，通常需要用渲染软件将模型渲染成逼真的效果图。本章主要讲解了渲染软件KeyShot的界面、常规渲染流程、各种材质类型、材质属性等内容。渲染的重点是材质属性及灯光环境的调节。这需要用户对材质的类型与特征有所了解，并通过大量练习来积累经验，同时收集和积累好的材质库与纹理素材库。

## 5.19 | 习题

**1．填空题**

（1）HDRI通常以全景图的形式存储，全景图指的是包含360°场景的图像，全景图的形式多样，包括_____形式、_____形式、镜像球形式等。

（2）创建凹凸映射有两种方法：一种是最简单的方法，即采用_____图像来创建；另一种方法是通过_____来创建。

（3）【不透明度】通道可以使用黑白图像或带有_____通道的图像来使材质的某些区域变透明。

**2．简答题**

（1）简述漫反射材质的特征。

（2）简述KeyShot有哪些贴图通道。

（3）简述纹理贴图的映射类型有哪些。

# 第6章

# 小产品建模案例

学习目标：

- 掌握灯泡建模的方法；
- 掌握剪刀建模的方法；
- 掌握耳机建模的方法。

本章利用几个经典的小产品建模案例来介绍模型的建立过程，其中涉及的命令与操作步骤在建模时很常用，读者需要反复练习，以达到熟练的程度。

## 6.1 │ 灯泡建模

灯泡模型是官方提供的模型素材之一，模型本身比较简单，如图6-1所示。其中最难实现的是尾部螺旋部分，如图6-2所示，下面详细介绍该部分的建模过程。

· 图6-1│灯泡模型　　　　　　　　　　　· 图6-2│尾部螺旋部分

1. 在Front视图中单击侧边栏中的【圆: 中心点、半径】按钮◎，以原点为中心，绘制一个半径为15mm的圆形，结果如图6-3所示。

2. 在圆形的左侧和上方四分点的位置分别放置一个点，结果如图6-4所示。

3. 单击侧边栏中的【修剪】按钮🖱，修剪圆形，结果如图6-5所示。

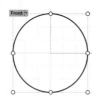

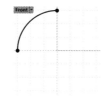

· 图6-3│绘制圆形　　　　　· 图6-4│标记点　　　　　　· 图6-5│修剪圆形

4. 将圆弧以原点为中心顺时针旋转45°，并将点删除，结果如图6-6所示。

5. 切换到Top视图，单击侧边栏中的📐/【倾斜】按钮✏，将圆弧以原点为基点，以水平向右的任意一点为参考点，倾斜2.5°，结果如图6-7所示。

**要点提示**：在执行【倾斜】命令时，激活的视图必须是**Top**视图，并且参考点在工作平面的*x*轴上，否则不能保证曲线处于中心对称状态。

6. 切换到Front视图，单击侧边栏中的📐/【环形阵列】按钮🎲，将倾斜后的圆弧以原点为中心点、环形阵列出4个，结果如图6-8所示。

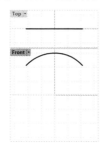

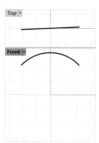

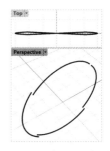

· 图6-6│旋转圆弧并删除点　　· 图6-7│倾斜圆弧　　　　· 图6-8│环形阵列

7. 将阵列好的圆弧以【端点】捕捉方式调整为首尾相接的状态，结果如图6-9所示。

8. 参考图6-10，通过【端点】捕捉绘制线段，以获得后面生成螺旋曲面的一个单元体的边长。

9. 将阵列后的圆弧删除，将绘制好的线段以其中点为起点，移动到圆弧的中点位置，结果如图6-11所示。

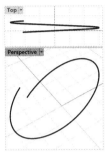

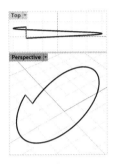

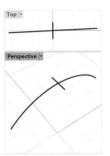

· 图6-9｜调整圆弧后的状态　　· 图6-10｜绘制线段　　· 图6-11｜移动线段

10. 单击侧边栏中的 ◦ /【依线段长度分段曲线】按钮 ，将线段等分为6段，得到7个标记点，结果如图6-12所示。

11. 通过【点】捕捉将圆弧复制6份到图6-13所示的各个点上。

12. 选择最中间的3个圆弧，如图6-14所示。

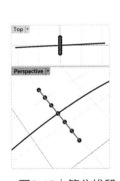

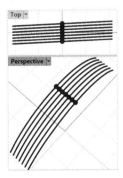

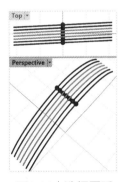

· 图6-12｜等分线段　　· 图6-13｜复制圆弧　　· 图6-14｜选择圆弧

13. 单击侧边栏中的 /【不等比缩放】按钮 ，激活Front视图，以原点为基点缩放，缩放比例分别为x=0.9、y=0.9、z=1，结果如图6-15所示。

**要点提示**：*应该激活Front视图，否则应该对不等比缩放的缩放因子进行调整。*

14. 删除线段与点。

15. 单击侧边栏中的 /【放样】按钮 ，依次选择7个圆弧，弹出【放样选项】对话框，在【样式】选项组的下拉列表中选择【松弛】选

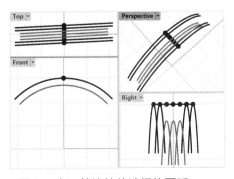

· 图6-15｜不等比缩放选择的圆弧

147

项，如图6-16所示。单击 确定 按钮。生成的曲面效果如图6-17所示。

16．切换到Front视图，将放样好的曲面以原点为中心点、环形阵列出4个，结果如图6-18所示。

· 图6-16 | 【放样选项】对话框　· 图6-17 | 生成的曲面效果

· 图6-18 | 环形阵列效果

17．将阵列好的曲面，以端点捕捉方式移动到首尾相接状态，再组合起来，结果如图6-19所示。

18．单击侧边栏中的【复制】按钮，将组合好的曲面以【端点】捕捉方式复制4份，结果如图6-20所示。

19．单击侧边栏中的 /【切割用平面】按钮，在Top视图中参照图6-21绘制切割用平面。

20．利用平面修剪放样及复制得到的曲面，结果如图6-22所示。

· 图6-19 | 移动后的效果

21．参照图6-23，绘制圆形与线段，并在圆形的上四分点位置标记一个点。

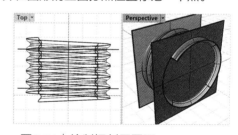

· 图6-20 | 复制后的效果

· 图6-21 | 绘制切割用平面

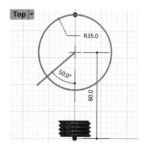

· 图6-22 | 修剪曲面

· 图6-23 | 绘制圆形与线段并标记点

22．利用点与线段修剪圆形，然后删除点与线段，结果如图6-24所示。

23. 参照图6-25（单位：mm），绘制4条辅助线。

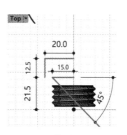

・图6-24｜修剪圆形并删除点与线段　　・图6-25｜绘制辅助线

24. 单击侧边栏中的🖊/【可调式混接曲线】按钮🖳，分两次在曲线之间生成混接曲线，连续性为G2，结果如图6-26所示。

25. 删除辅助线，然后组合圆弧与混接曲线，结果如图6-27所示。

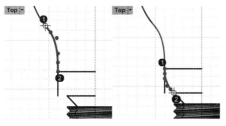

・图6-26｜生成混接曲线　　・图6-27｜组合圆弧与混接曲线

26. 参照图6-28所示的步骤，以左侧曲面边缘的四分点为起点，绘制垂直的线段，线段的长度为1.5mm，然后偏移线段，偏移距离为1mm。再在步骤25中得到的曲线与偏移后的线段之间生成混接曲线，混接曲线的连续性为G1。偏移混接曲线，偏移距离为−1mm，捕捉偏移后的混接曲线与步骤25得到的曲线端点，绘制线段。

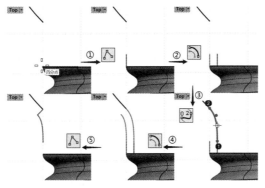

・图6-28｜分步绘制曲线

27. 参照图6-29，分步绘制断面曲线。注意最下面曲线右侧的两个CV水平对齐，最右侧的端点位于Top视图工作平面的$y$轴上。

28. 参照图6-30组合曲线。

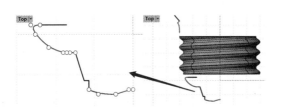

<table>
<tr><td>·图6-29│绘制断面曲线</td><td>·图6-30│组合曲线</td></tr>
</table>

29. 选中步骤28中的曲线，单击侧边栏中的▨/【旋转成形】按钮💡，以世界坐标系的*y*轴为旋转轴，旋转成曲面，结果如图6-31所示。

30. 参考图6-32，仅显示这些曲面。

·图6-31│旋转成曲面

·图6-32│仅显示的曲面

31. 单击侧边栏中的🔘/【混接曲面】按钮🔄，将曲面之间的空隙混接成面，在混接时可以利用侧边栏中的▭/【显示边缘】工具🔲查看曲面边缘的状态。由于螺旋曲面的边缘是分段的，所以在选择曲面边缘时要选择指令提示栏中的"连锁边缘(C)"选项，分步拾取边缘，结果如图6-33所示。

32. 两端的缝隙都利用【混接曲面】工具🔄混接，然后显示所有的曲面，最终结果如图6-34所示。

·图6-33│混接曲面

·图6-34│ 最终结果

## 🎯 6.2│剪刀建模

剪刀模型曲面的变化比较丰富，需要花一定的时间分析面片划分方式及曲面建模流程，圆角处理也需要分步完成。渲染部分的场景布置、灯光与材质的设置则相对简单。最终建模效果如图6-35所示。

·图6-35│剪刀的最终建模效果

## 6.2.1 基础曲面构建

1. 单击顶栏中的 □/🖱/【显示或隐藏工具列】按钮田，弹出图6-36所示的【Rhino 选项】对话框，勾选【背景图】复选框，显示【背景图】工具列，如图6-37所示。

· 图6-36 │ 【Rhino 选项】对话框

· 图6-37 │ 【背景图】工具列

2. 在【背景图】工具列中单击【放置背景图】按钮🖼，将配套资源"Map"文件夹中的"jiandao.jpg"文件导入Top视图中，再利用【背景图】工具列中的【移动背景图】工具🖼、【对齐背景图】工具🖼、【缩放背景图】工具🖼调整背景图的位置与大小。

（1）调整背景图时，图像显示为矩形框架形式，这不利于观察图像内容，并且背景图不是物件，无法使用操作轴来调整位置与大小。这时可以使用顶栏中的田/【添加一个图像平面】工具🖼将背景图作为一个带图像的矩形平面物件导入，然后就可以利用操作轴来调整图像平面，并且在调整的过程中，移动后的图像内容一直实时显示，这样调整起来更加方便。图6-38所示为调整背景图和图像平面的比较。

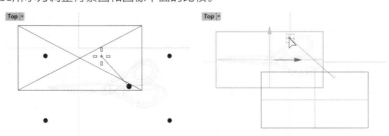

· 图6-38 │ 调整背景图和图像平面的比较

（2）由于图像平面是物件，在建模过程中会遮挡其他模型和格线，作为参考背景并不方便，这时可以捕捉调整好的图像平面的角点来放置背景图，背景图位于格线下方，并且不能被锁点锁定。下面重新以图像平面来放置背景图。

（3）注意，不能旋转背景图。如果想旋转背景图，可以在修图软件中进行；或者利用【工作平面】工具列中的工具修改视图的工作平面，再利用顶栏中的 🖳 /【正对工作平面】工具 🖳 来调整查看的角度。

3. 单击顶栏中的 🖽 /【添加一个图像平面】按钮 🖽 ，将配套资源"Map"文件夹中的"jiandao.jpg"文件导入Top视图中，背景图中剪切开合部位的旋轴轮廓为圆形，以这个圆形为基准，将圆形的中心放置在原点，半径为5mm。图6-39所示为放置好的图像平面。单击【背景图】工具列中的【放置背景图】按钮 🔘 ，选择配套资源"Map"文件夹中的"jiandao.jpg"文件，在Top视图中捕捉图像平面的左下角与右上角端点，置入背景图，然后新建一个图层，命名为"背景图"，将图像平面调整到该图层中，将该图层隐藏并锁定。图6-40所示为依据图像平面放置的背景图。

**要点提示：** 后面的案例都是先利用图像平面调整大小与位置，再参考图像平面放置背景图。

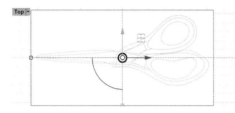 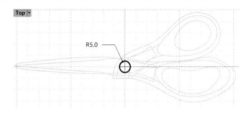

·图6-39｜放置好的图像平面　　　　·图6-40｜放置的背景图

4. 单击侧边栏中的【控制点曲线】按钮 🖸 ，参考底图绘制剪刀把手的外轮廓线，结果如图6-41所示。

5. 将绘制好的外轮廓线复制一份，并向内缩小一点，然后显示曲线的CV，参照图6-42调整曲线的形态。这条曲线只有一部分造型可以参考底图，其余部分要自己把握走势，重点是保证线条平滑、流畅，把手弯曲的位置和外轮廓线的弯曲趋势相似就好。

6. 单击侧边栏中的【控制点曲线】按钮 🖸 ，参考底图绘制剪刀另一个把手的外轮廓线，如图6-43所示。

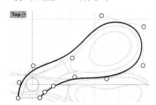 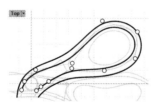 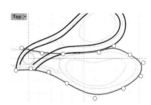

·图6-41｜绘制外轮廓线　　·图6-42｜复制外轮廓线并调整·图6-43｜绘制另一条外轮廓线

7. 将步骤4中绘制好的外轮廓线的端点利用【端点】和【最近点】捕捉调整到步骤6中绘制的另一条外轮廓线的端头或路径上，如图6-44所示。

8. 将步骤5中调整好的曲线沿世界坐标系的 $z$ 轴移动5.8个单位，结果如图6-45所示。

9. 单击侧边栏中的【多重直线】按钮 🖊 ，结合【端点】捕捉，将曲线的两端头用线段连接起来，结果如图6-46所示。

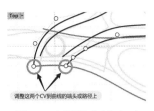

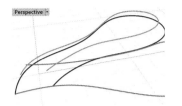

· 图6-44 | 调整曲线（1） · 图6-45 | 调整曲线（2） · 图6-46 | 绘制线段（1）

10. 单击侧边栏中的▨/【以平面曲线建立曲面】按钮◙，以线段和相接的曲线建立曲面，结果如图6-47所示。

11. 单击侧边栏中的▨/【直线挤出】按钮▣，将步骤4中绘制好的曲线沿直线挤出，挤出长度不限，结果如图6-48所示。

12. 单击侧边栏中的▨/【放样】按钮▧，选择步骤10、步骤11中创建好的两个曲面的边缘，在弹出的【放样选项】对话框中，在【样式】选项组的下拉列表中选择【标准】选项，并勾选【与起始端边缘相切】、【与结束端边缘相切】复选框，单击 确定 按钮，放样结果如图6-49所示。

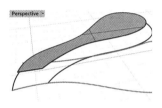

· 图6-47 | 以平面曲线    · 图6-48 | 沿直线挤出成面（1） · 图6-49 | 放样结果（1）
　　　　　建立曲面（1）

13. 将步骤6中绘制好的曲线复制一条后隐藏起来备用，再用与之相接的曲线进行修剪，结果如图6-50所示。

14. 将修剪后的曲线沿直线挤出，结果如图6-51所示。

15. 单击侧边栏中的▨/【放样】按钮▧，选择步骤10、步骤14中创建好的两个曲面的边缘，在弹出的【放样选项】对话框中，在【样式】选项组的下拉列表中选择【标准】选项，并勾选【与起始端边缘相切】、【与结束端边缘相切】复选框，单击 确定 按钮，放样结果如图6-52所示。

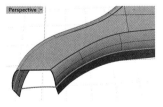

· 图6-50 | 修剪曲线    · 图6-51 | 沿直线挤出成面（2） · 图6-52 | 放样结果（2）

16. 将沿直线挤出的曲面删除，结果如图6-53所示。

17. 利用【衔接曲面】工具⬒消除曲面之间的缝隙。单击侧边栏中的◐/【衔接曲面】

按钮，分步选择缝隙处的曲面边缘，在弹出的【衔接曲面】对话框中选择【位置】单选项，并勾选【互相衔接】复选框，单击  按钮，衔接后的效果如图6-54所示。

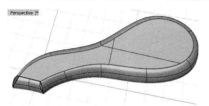

·图6-53｜删除挤出的曲面

·图6-54｜衔接后的效果（1）

18. 以相同的方式将另一个缝隙也消除，效果如图6-55所示。

19. 单击侧边栏中的【控制点曲线】按钮，参考底图绘制图6-56所示的曲线。

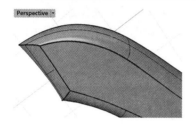

·图6-55｜衔接后的效果（2）

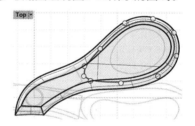

·图6-56｜绘制曲线（1）

20. 将步骤19绘制的曲线复制一份，然后调整曲线的轮廓，结果如图6-57所示。

21. 单击侧边栏中的【修剪】按钮，使用步骤19绘制的曲线修剪曲面，结果如图6-58所示。

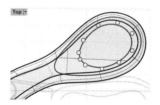

·图6-57｜复制曲线后调整其轮廓

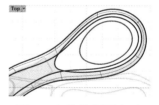

·图6-58｜修剪曲面（1）

22. 单击侧边栏中的【多重直线】按钮，在修剪后曲面的边缘与内圈曲线之间绘制两条线段，结果如图6-59所示。

23. 单击侧边栏中的/【更改阶数】按钮，将线段升为3阶，然后将中间两个CV向外调整，使线段变成单弧曲线，结果如图6-60所示。

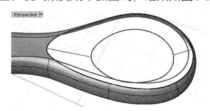

·图6-59｜绘制线段（2）

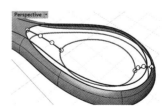

·图6-60｜调整线段为单弧曲线（1）

24. 单击侧边栏中的 /【双轨扫掠】按钮，指令提示栏提示"选取第一条路径"，选择"连锁边缘(C)"选项，然后选择修剪后曲面的边缘作为第一条路径，按Enter键后选择内圈曲线作为第二条路径，按Enter键后选择步骤23中调整好的两条曲线作为断面曲线，按Enter键后在弹出的【双轨扫掠选项】对话框中勾选【封闭扫掠】复选框，单击 确定 按钮，形成的双轨曲面效果如图6-61所示。

25. 单击侧边栏中的【控制点曲线】按钮 ，参考底图绘制图6-62所示的两条曲线。两条曲线的两端留出一些空隙，以线段连接两个端头。

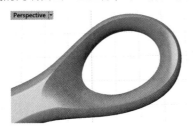

· 图6-61｜双轨曲面效果（1）

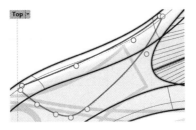

· 图6-62｜绘制曲线（2）

26. 利用步骤25绘制好的曲线修剪曲面，修剪效果如图6-63所示，再以线段连接修剪后曲面侧面的两个端头，结果如图6-64所示。

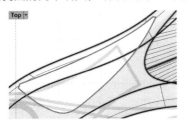

· 图6-63｜修剪效果

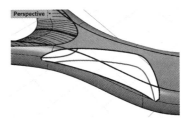

· 图6-64｜绘制线段（3）

27. 切换到Front视图，用之前的方法再次修剪曲面，结果如图6-65所示。

28. 新建一个图层，将其命名为"曲线"，选择所有的曲线，并移到该图层中，然后锁定并隐藏图层。

29. 单击侧边栏中的 /【双轨扫掠】按钮 ，指令提示栏提示"选取第一条路径"，选择"连锁边缘(C)"选项，然后连续选择修剪后曲面的边缘作为第一条路径，按Enter键后选择另一侧曲面边缘作为第二条路径，路径选择状态如图6-66所示。

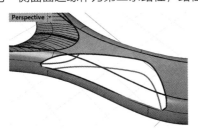

· 图6-65｜再次修剪曲面

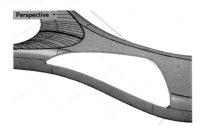

· 图6-66｜路径选择状态

30. 按Enter键后再选择与路径相接的两条修剪后曲面的边缘作为断面曲线，按Enter键后在弹出的【双轨扫掠选项】对话框中选择【重建断面点数】单选项，并修改为重建7个CV，【边缘连续性】选项组中【A】与【B】的连续性都设置为【曲率】，如图6-67所示。

31. 单击 确定 按钮，形成的双轨曲面效果如图6-68所示。

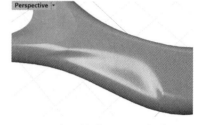

·图6-67│【双轨扫掠选项】对话框    ·图6-68│双轨曲面效果（2）

32. 单击顶栏中的 □/【着色】按钮 ◉，着色观察双轨曲面，可以看到局部有些褶皱，单击侧边栏中的 ◈/【移除曲面或曲线的重数节点】按钮 ◈，删除曲面的复节点，曲面会变得平顺一些。目前曲面的整体着色效果如图6-69所示。

33. 新建一个图层，将其命名为"剪刀把手02"，并将该图层设置为当前图层。

34. 显示步骤13中隐藏的曲线，将其复制一份，然后向内缩小一点，再显示曲线的CV，参照图6-70调整曲线的形态。这条曲线只有一部分造型可以参考底图，其余部分要自己把握走势，重点是要保证线条的平滑、流畅，把手弯曲的位置和外轮廓的弯曲趋势相似就好。

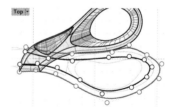

·图6-69│整体着色效果    ·图6-70│复制并调整曲线

35. 将步骤34中调整好的曲线沿世界坐标系的z轴移动5.8个单位，结果如图6-71所示。

36. 单击侧边栏中的【多重直线】按钮 ⋏，结合【端点】捕捉，将曲线的两个端头以线段连接起来，结果如图6-72所示。

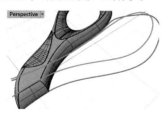

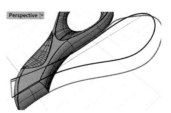

·图6-71│移动曲线    ·图6-72│绘制线段（4）

37. 新建一个图层，将其命名为"剪刀把手01"，将前面制作好的所有曲面与创建这些曲面用到的曲线修改到该图层，并将该图层隐藏。

38. 单击侧边栏中的◢/【以平面曲线建立曲面】按钮◉，以线段和相接的曲线建立曲面，结果如图6-73所示。

39. 单击侧边栏中的◢/【直线挤出】按钮◉，将步骤6中绘制好的曲线沿直线挤出，挤出长度不限，结果如图6-74所示。

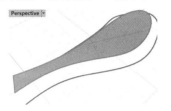

·图6-73│以平面曲线建立曲面（2）

·图6-74│沿直线挤出成面（3）

40. 单击侧边栏中的◢/【放样】按钮◙，选择步骤38、步骤39中绘制好的两个曲面的边缘，在弹出的【放样选项】对话框中，在【样式】选项组的下拉列表中选择【标准】选项，并勾选【与起始端边缘相切】、【与结束端边缘相切】复选框，单击 确定 按钮，放样结果如图6-75所示。

41. 将图6-75中的曲面隐藏，然后显示"剪刀把手01"图层，选中步骤7调整好的曲线，并将该曲线修改到当前图层，再次隐藏"剪刀把手01"图层，单击侧边栏的◥/【可调式混接曲线】按钮◙，在两个把手外轮廓曲线之间生成混接曲线，调整混接起点到图6-76所示的❶与❷标记的位置，两端的连续性都设置为相切。

·图6-75│放样结果（3）

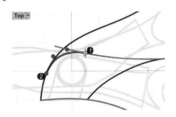

·图6-76│混接曲线

42. 复制步骤7中调整好的曲线，然后利用混接后的曲线修剪复制的曲线，只留端头处的一小节，再显示图6-75中隐藏的曲面，修剪后的效果如图6-77所示。

43. 单击侧边栏中的◢/【直线挤出】按钮◉，将修剪后留下的两条曲线沿直线挤出成面，结果如图6-78所示。

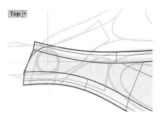

·图6-77│修剪后的效果

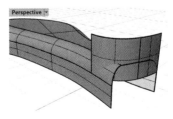

·图6-78│沿直线挤出成面（4）

44．将步骤39中沿直线挤出的曲面删除，结果如图6-79所示。

45．单击侧边栏中的【修剪】按钮，将图6-79所示的曲面相互修剪，结果如图6-80所示。若有局部曲面修剪不掉，是因为该处的曲面没有互相穿透，利用侧边栏的 /【延伸曲面】工具 将此处的曲面稍微延伸后再修剪即可。

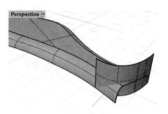
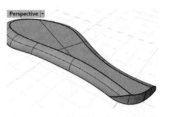

· 图6-79 ｜ 删除挤出曲面　　　　　　· 图6-80 ｜ 曲面之间互相修剪

46．单击侧边栏中的【控制点曲线】按钮，参考底图绘制图6-81所示的曲线。

47．将步骤46绘制的曲线复制一份并缩小，然后调整曲线的轮廓，结果如图6-82所示。

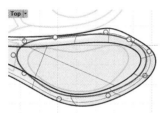
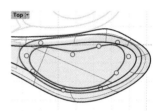

· 图6-81 ｜ 绘制曲线（3）　　　　　　· 图6-82 ｜ 复制并缩小曲线后调整

48．单击侧边栏中的【修剪】按钮，使用步骤46绘制的曲线修剪曲面，结果如图6-83所示。

49．单击侧边栏中的【多重直线】按钮，在修剪后曲面的边缘与内圈曲线之间绘制两条线段，结果如图6-84所示。

· 图6-83 ｜ 修剪曲面（2）　　　　　　· 图6-84 ｜ 绘制线段（5）

50．单击侧边栏中的 /【更改阶数】按钮，将线段升为3阶，然后将中间的两个CV向外调整，使线直变成单弧曲线，结果如图6-85所示。

51．单击侧边栏中的 /【双轨扫掠】按钮，指令提示栏提示"选取第一条路径"，选择"连锁边缘(C)"选项，然后选择修剪后曲面的边缘作为第一条路径，按 Enter 键后选择内圈曲线作为第二条路径，按 Enter 键后选择步骤50中调整好的两条曲线作为断面曲线，按 Enter 键后在弹出的【双轨扫掠选项】对话框中勾选【封闭扫掠】复选框，将【A】端连续性修改为【曲率】，单击 确定 按钮，形成的双轨曲面效果如图6-86所示。

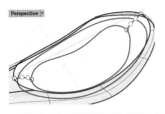

· 图6-85 | 调整线段为单弧曲线（2）

· 图6-86 | 双轨曲面效果（3）

52. 显示"剪刀把手01"图层的曲面，将所有曲面沿世界坐标系z轴镜像，结果如图6-87所示。

53. 放大，可以看见把手内圈的镜像对称位置是尖锐转折的。单击侧边栏中的 ◉/【衔接曲面】按钮 ，选择镜像对称位置两侧的曲面边缘，在弹出的【衔接曲面】对话框中设置【连续性】为【正切】，勾选【互相衔接】复选框，在【结构线方向调整】选项组中选择【与目标结构线方向一致】单选项，单击 确定 按钮，衔接后的效果如图6-88所示。

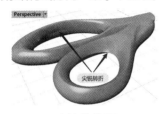

· 图6-87 | 镜像曲面

· 图6-88 | 衔接后的效果（3）

## 6.2.2　倒圆角处理

在Rhino中倒圆角比较容易出现破面等问题，所以要学会多种倒圆角破面的处理办法。将倒圆角完成后的曲面复原到未倒圆角的状态非常费时费力，所以在倒圆角前要备份未倒圆角的模型，以便在设计过程中对方案进行修正。

1. 执行功能表中的【文件】/【另存为】命令，将6.2.1小节创建的模型以"剪刀未倒圆角.3dm"为名进行备份。

2. 仅显示"剪刀把手02"图层的内容，单击侧边栏中的【组合】按钮 ，将该图层的所有曲面组合为一个多重曲面。

3. 单击侧边栏中的 ◉/【边缘圆角】按钮 ，选择图6-89所示的边缘进行倒圆角，圆角半径设置为1mm。放大局部查看倒圆角后的效果，如图6-90所示，由于该位置的边缘有比较尖锐的转折，因此倒圆角面在尖锐位置形成了半径为0的效果。若希望整个边缘的倒圆角都平滑过渡，不出现半径为0的倒圆角，可以重新以倒圆角边缘为基础形成圆管曲面，然后以圆管曲面修剪掉要倒圆角部位的曲面，形成等距空隙，最后使用【混接曲面】工具补上空隙来模拟倒圆角的效果。步骤4~15为具体的操作过程，这个模拟倒圆角方式简称为"圆管+混接"方式。

4. 按 Ctrl+Z 快捷键，撤销倒圆角操作。

5. 单击侧边栏中的【炸开】按钮 ，将多重曲面炸开，然后删除对称轴一侧一半的曲面，结果如图6-91所示。再将剩下的曲面组合为一个整体。

·图6-89｜选择边缘　　　　·图6-90｜倒圆角效果　　　　·图6-91｜删除一半的曲面（1）

6. 单击侧边栏中的🔲/【复制边缘】按钮🔲，复制出图6-92所示的曲面边缘，成为独立的曲线。

7. 单击侧边栏中的【组合】按钮🔲，将复制出来的曲线组合成一个整体。

8. 单击侧边栏中的🔲/【延伸曲线】按钮🔲，将组合后的曲线两端分别延长5个单位，结果如图6-93所示。

9. 单击侧边栏中的🔲/【圆管(平头盖)】按钮🔲，使延伸后的曲线形成圆管，结果如图6-94所示。

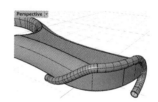

·图6-92｜复制曲面边缘　　　　·图6-93｜延伸曲线　　　　·图6-94｜形成圆管

10. 单击侧边栏中的【分割】按钮🔲，利用圆管分割剪刀把手曲面，然后删除中间的部分，结果如图6-95所示。

11. 单击侧边栏中的🔲/【显示边缘】按钮🔲，显示曲面边缘的状态，结果如图6-96所示。

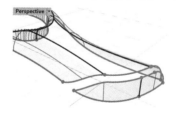

·图6-95｜分割曲面后删除中间的部分　　　　·图6-96｜显示边缘

12. 单击侧边栏中的🔲/🔲/【分割边缘】按钮🔲，将曲面的边缘分割成图6-97所示的状态。

13. 单击侧边栏中的🔲/【可调式混接曲线】按钮🔲，在曲面边缘之间生成多条混接曲线，如图6-98所示。注意，在指令提示栏中提示"选取要混接的曲线"时选择"边缘(E)"选项，这样可以在曲面边缘之间生成混接曲线。

14. 单击侧边栏中的🔲/【双轨扫掠】按钮🔲，利用修剪后曲面的边缘作为路径、混接曲线作为断面曲线，生成双轨曲面，结果如图6-99所示。

15. 单击顶栏中的🔲/【着色】按钮🔲，模拟着色效果，结果如图6-100所示。

16. 单击侧边栏中的🔲/【镜像】按钮🔲，将生成的双轨曲面沿着世界坐标系的z轴镜像，结果如图6-101所示。

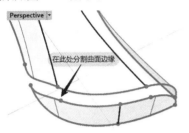

·图6-97 │ 分割曲面边缘

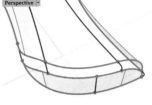

·图6-98 │ 生成多条混接曲线

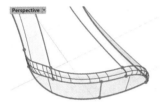

·图6-99 │ 生成双轨曲面

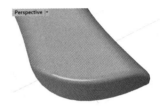

·图6-100 │ 着色效果

17. 单击侧边栏中的【组合】按钮，将镜像后的所有曲面组合成一个整体。

18. 切换"剪刀把手01"图层为当前图层，然后将"剪刀把手02"图层隐藏起来。

19. 单击侧边栏中的【炸开】按钮，将"剪刀把手01"图层的多重曲面炸开，然后删除对称轴一侧一半的曲面，结果如图6-102所示。

20. 剩下的一半曲面倒圆角也会出现相似的问题，除了可以利用前面的"圆管+混接"方式模拟倒圆角，还可以利用"分割+放样"方式做模拟倒圆角的效果。"分割+放样"这个方式适用于没有修剪过的曲面。

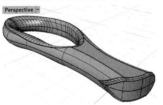

·图6-101 │ 镜像曲面

·图6-102 │ 删除一半的曲面（2）

21. 临时显示"剪刀把手02"图层，单击侧边栏中的【单点】按钮，在倒圆角处以【端点】捕捉方式放置两个点，结果如图6-103所示。

22. 隐藏"剪刀把手02"图层，点的位置如图6-104所示。

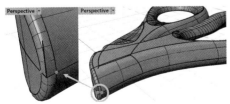

·图6-103 │ 放置点

·图6-104 │ 点的位置

23. 右击侧边栏中的【以结构线分割曲面】按钮，以【点】捕捉方式将两个曲面分别以结构线分割开，结果如图6-105所示。

24. 单击侧边栏中的/【放样】按钮，依次选择图6-106所示的3条曲面边缘，在弹出的【放样选项】对话框中，在【样式】选项组的下拉列表中选择【松弛】选项，单击确定按钮，结果如图6-107所示。

・图6-105｜以结构线分割曲面　　　・图6-106｜选择3条曲面边缘

25. 放大放样曲面端头的位置，看到图6-108中圈出的位置多出一个小角。

・图6-107｜放样结果　　　・图6-108｜多出一个小角

26. 单击侧边栏中的【修剪】按钮，利用步骤24的放样结果修剪掉这个多余的小角，结果如图6-109所示。

27. 利用"分割+放样"的方式在另外一个转角处模拟倒圆角的效果，如图6-110所示，因为没有相邻的曲面要对接。

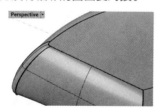

・图6-109｜修剪掉小角　　　・图6-110｜模拟倒圆角的效果

28. 删除步骤21创建的两个点。

29. 单击侧边栏中的/【镜像】按钮，将处理好的面沿着世界坐标系的z轴镜像，然后单击侧边栏中的【组合】按钮，组合曲面，结果如图6-111所示。

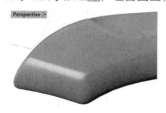

・图6-111｜镜像后组合曲面

## 6.2.3 分割形体

前面已经绘制好了剪刀的两个把手，下面将这两个把手相交处重叠的面切割掉，然后组装成一体。分割使用的曲线可以利用最初绘制的把手外轮廓线修整得到。

1. 显示前面绘制好的把手外轮廓线，如图6-112所示。

2. 按F10键，显示曲线的CV。参照图6-113中的箭头标注微微调整曲线的CV，使两条曲线在旋转装置位置相交形成的围合区域稍微变大。

3. 单击侧边栏中的 / 【物件相交】按钮 ，求出两条曲线的交点，如图6-114所示。

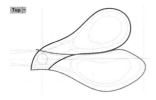
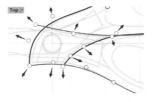
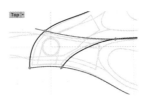

· 图6-112 | 显示把手外轮廓线　　· 图6-113 | 调整后的效果　　· 图6-114 | 曲线交点

4. 单击侧边栏中的【修剪】按钮 ，利用交点修剪曲线，结果如图6-115所示。

5. 删除交点，然后单击侧边栏中的【组合】按钮 ，将修剪后的曲线组合成一条封闭曲线。

6. 单击侧边栏中的 / 【直线挤出】按钮 ，将指令提示栏的"实体(S)"选项修改为"是"，先向下挤出，挤出长度超出相交的曲面即可，结果如图6-116所示。

7. 显示"剪刀把手01"图层的物件，然后单击侧边栏中的 / 【布尔运算差集】按钮 ，利用挤出的物件修剪剪刀的把手，结果如图6-117所示。

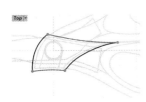

· 图6-115 | 修剪曲线　　· 图6-116 | 挤出曲面（1）　　· 图6-117 | 布尔运算结果（1）

8. 单击侧边栏中的 / 【直线挤出】按钮 ，将指令提示栏的"实体(S)"选项修改为"是"，再向上挤出，挤出长度超出相交的曲面即可，结果如图6-118所示。

9. 显示"剪刀把手02"图层的物件，然后单击侧边栏中的 / 【布尔运算差集】按钮 ，利用挤出的物件修剪剪刀的把手，结果如图6-119所示。

· 图6-118 | 挤出曲面（2）　　· 图6-119 | 布尔运算结果（2）

10. 两个把手进行布尔运算后的结果如图6-120所示。

11. 使用6.2.2小节介绍的方法对进行布尔运算后的曲面边缘进行倒圆角，倒圆角后的着色效果如图6-121所示。

·图6-120｜布尔运算结果（3）

·图6-121｜倒圆角后的着色效果

12. 单击侧边栏中的【控制点曲线】按钮◻，参考底图绘制剪刀刀口的两条外轮廓线，注意两条曲线绘制好后分别组合成封闭曲线，结果如图6-122所示。

13. 选择其中一条轮廓线与圆形，单击侧边栏中的▨/【直线挤出】按钮◼，在指令提示栏中设置"实体(S)"选项为"是"、挤出长度为"2"。再选择另一条轮廓线与圆形，利用挤出工具挤出长度为"2"、挤出方向相反的曲面，结果如图6-123所示。

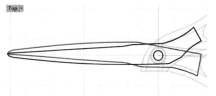

·图6-122｜绘制曲线

·图6-123｜挤出效果（1）

14. 单击侧边栏中的【圆: 中心点、半径】按钮◉，以原点为圆心，绘制图6-124所示的两个圆形。

15. 单击侧边栏中的▨/【直线挤出】按钮◼，在指令提示栏中设置"实体(S)"选项为"是"、挤出长度为"6.5"，挤出方向一个向上、另一个向下，结果如图6-125所示。

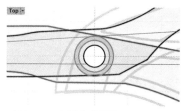

·图6-124｜绘制圆形

·图6-125｜挤出效果（2）

16. 单击侧边栏中的◉/【边缘圆角】按钮◼，将圆角半径设置为"0.2"，倒圆角效果如图6-126所示。剪刀模型最终的着色效果如图6-127所示。

·图6-126｜倒圆角效果

·图6-127｜最终着色效果

## 6.3 | 耳机建模

该耳机模型的制作难点是耳机罩与头梁的连接部件，这个部件有一个转弯，转弯部分的两端侧面分别处于两个平面上，因此需要建立两个工作平面。利用自建的工作平面结合操作轴可以降低移动等变换操作的轴向设定难度。

制作完成的耳机模型的着色效果如图6-128所示。

· 图6-128 | 耳机模型着色效果

### 6.3.1 放置背景图

1. 开始建模时，应当设置好文件的单位、公差等，创建不同的模型时使用的单位和公差不尽相同。图6-129所示为本产品建模所使用的单位及公差。

微课

耳机 - 放置背景图

· 图6-129 | 设置单位及公差

2. 参考6.2节剪刀建模案例中的背景图放置方式，利用【添加一个图像平面】工具与【放置背景图】工具，将配套素材"Map"文件夹中的"erjifront.jpg""erjiright.jpg"文件分别导入Rhino的Front视图与Right视图中。背景图高度参照图6-130。注意这次的背景图涉及两个视图，需要绘制一条高度为185mm的线段作为参考基准，使两个视图的图像内容高度与这条线段等高。

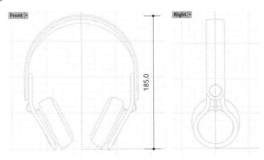

· 图6-130 | 放置背景图

## 6.3.2　绘制连接部件

如果从上至下绘制耳机模型，先绘制较容易的部件，再绘制较难的部件，那么需要花费大量的时间去处理模型细节的衔接问题，所以可以先将最难的部件绘制完成，再依次绘制相邻的部件，以减少模型的绘制时间。这里先绘制耳机与头梁的连接部件。

照片中耳机连接部件的侧面应该是平面，由于透视效果变成了曲面，所以要先确定这里的造型所处的平面，并由此建立工作平面。

1. 新建一个图层，将其命名为"连接部件"，并设置为当前图层。

2. 单击侧边栏中的【圆: 中心点、半径】按钮◎，在Right视图中以原点为基点绘制一个圆形，如图6-131所示。

3. 垂直向上移动圆形，并参考底图调整圆形的大小，使圆形的直径与底图耳机罩的宽度相等，结果如图6-132所示。

4. 切换到Front视图，调整圆形的角度，同时观察Right视图，使圆形与底图耳机罩的下半部分相贴合，结果如图6-133所示。

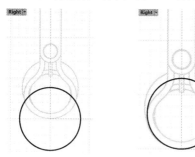
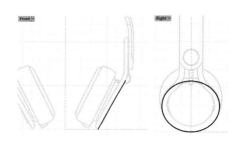

·图6-131│绘制圆形　　·图6-132│调整圆形　　·图6-133│调整圆形的角度
　　　　　　　　　　　　　　　　的大小

5. 单击侧边栏中的【单点】按钮◦，在Right视图中圆形的左边与上边四分点位置各放置一个点，再单击顶栏中的▨/【以三点设置工作平面】按钮▨，在Perspective视图中以圆心为原点、圆形的两个四分点与圆心的连线为x轴与y轴，更改Perspective视图的工作平面，结果如图6-134所示。

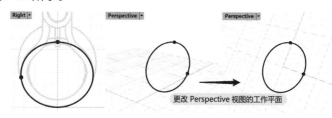

更改 Perspective 视图的工作平面

·图6-134│更改Perspective视图的工作平面（1）

6. 单击顶栏中的▨/【以名称保存工作平面】按钮▨，将新建的工作平面以名称"1"保存起来，以便以后调用。

7. 参考底图绘制一个圆形，圆形的直径与头梁的宽度相等，圆形所在的高度参考Front视图，结果如图6-135所示。

8. 单击侧边栏中的【单点】按钮，在Right视图中圆形的左边与上边四分点位置各放置一个点，再单击顶栏中的 /【以三点设置工作平面】按钮，在Perspective视图中以圆心为原点、圆形的两个四分点与圆心的连线为x轴与y轴，更改Perspective视图的工作平面，结果如图6-136所示。

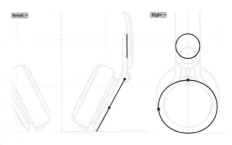

· 图6-135│绘制并调整圆形

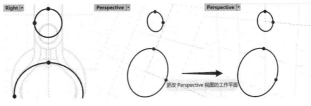

· 图6-136│更改Perspective视图的工作平面（2）

9. 单击顶栏中的 /【以名称保存工作平面】按钮，将新建的工作平面以名称"2"保存起来，以便以后调用。

10. 右击顶栏中的 /【还原工作平面】按钮，将Perspective视图的工作平面还原为步骤6中保存好的"1"工作平面，如图6-137所示。

11. 将大圆复制一份，在Perspective视图中利用操作轴调整圆形的大小，并观察Right视图，使复制后的圆形与底图吻合，结果如图6-138所示。注意，要在Perspective视图中拾取复制的圆形，这样操作轴才能与"1"工作平面的格线平行。

· 图6-137│还原为"1"工作平面

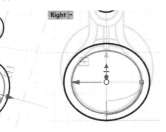

· 图6-138│复制并调整圆形

12. 单击顶栏中的 /【水平尺寸标注】按钮，标注两个圆形的半径差值，结果如图6-139所示。

13. 参考这个半径差值，单击侧边栏中的 /【偏移曲线】按钮，偏移上边的小圆，结果如图6-140所示。注意，指令提示栏中的选项"松弛(L)"设置为"是"。

14. 单击侧边栏中的【多重直线】按钮，绘制图6-141所示的线段，垂直的线段起点在圆形的左侧四分点位置，终点在底图造型转弯的位置，斜线的起点在圆形的圆心，斜线通过底图造型转弯的位置，再沿y轴镜像。

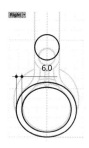

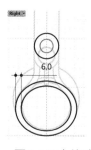

・图6-139｜标注尺寸　　・图6-140｜偏移小圆　　・图6-141｜绘制线段

15．单击侧边栏中的【修剪】按钮，利用步骤14绘制的线段修剪圆形，结果如图6-142所示。

16．单击侧边栏中的/【可调式混接曲线】按钮，在4条线段与步骤15中修剪过的圆形之间生成混接曲线，连续性为G2连续，结果如图6-143所示，然后删除斜线。

17．在Perspective视图中选择下部的两个大圆弧，这时操作轴的方位会和该视图的工作平面的方位相同，然后按住Alt键，单击操作轴的z轴，在数值框中输入"5"，沿着z轴移动并复制曲线，结果如图6-144所示。

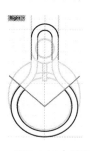

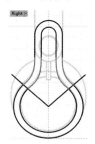

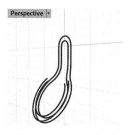

・图6-142｜修剪圆形　・图6-143｜生成混接曲线（1）　・图6-144｜移动并复制曲线（1）

18．右击顶栏中的/【还原工作平面】按钮，将Perspective视图的工作平面还原为步骤9保存好的"2"工作平面，如图6-145所示。

19．在Perspective视图中，选择上部的两个小圆弧和相邻的4条线段，这时操作轴的方位会和该视图的工作平面的方位相同，然后按住Alt键，单击操作轴的z轴，在数值框中输入"5"，沿着z轴移动并复制曲线，结果如图6-146所示。

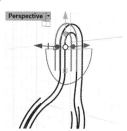

・图6-145｜还原为"2"工作平面　　・图6-146｜移动并复制曲线（2）

20．单击侧边栏中的/【可调式混接曲线】按钮，在步骤19中复制后的曲线与步骤

17中复制后的曲线之间生成混接曲线，连续性为G2连续，结果如图6-147所示。

21．单击侧边栏中的/【放样】按钮，选择上部的两个小圆弧，按 Enter 键，在弹出的【放样选项】对话框中，在【样式】选项组的下拉列表中选择【松弛】选项，单击 确定 按钮，结果如图6-148所示。

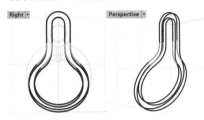

·图6-147｜生成混接曲线（2）

·图6-148｜放样成面（1）

22．单击侧边栏中的/【放样】按钮，生成图6-149所示的造型。

23．利用放样工具选择图6-150所示的3条曲线形成曲面，结果如图6-151所示。

·图6-149｜放样成面（2）

·图6-150｜选择曲线

·图6-151｜放样成面（3）

24．以相同的方式将每一组曲线都放样生成曲面，结果如图6-152所示。

25．切换到Front视图，单击侧边栏中的/【镜像】按钮，将做好的曲面沿着世界坐标系的$y$轴镜像，结果如图6-153所示。

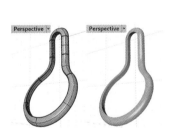

·图6-152｜分别放样成面

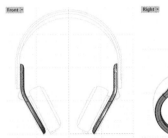

·图6-153｜镜像曲面

## 6.3.3　绘制耳机罩

由于背景参考图中的耳机罩旋转了较小的角度，与前面建立的名称为"1"的工作平面存在一定的夹角，所以在此工作平面中直接建模会不方便，可以在Front视图中再新建一个工作平面，并以此坐标方位为基础来建模。

1．新建一个图层，将其命名为"耳机罩"，并设置为当前图层，然后将

"连接部件"图层隐藏。

2. 将Perspective视图的工作平面还原为前面保存好的"1"工作平面，并绘制图6-154所示的线段。设置线段的起点时，激活Perspective视图，输入数值"0"定位于该视图的工作平面原点；设置线段的终点时，切换到Right视图，确定终点位置使线段看起来穿过了耳机罩的旋转轴，另一条线段与前一条线段垂直。

3. 单击顶栏中的🖱/【以三点设置工作平面】按钮🔲，在Front视图中以辅助线的交点为原点、两条线段分别为*x*轴与*y*轴，建立一个工作平面，结果如图6-155所示。

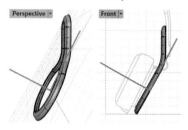

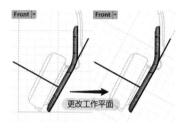

· 图6-154│绘制线段（1）　　　　　　· 图6-155│更改Front视图的工作平面

4. 单击顶栏中的🖱/【正对工作平面】按钮🔲，修改Front视图的查看角度，如图6-156所示，以便绘制曲线。

5. 单击侧边栏中的【控制点曲线】按钮🔲，参考底图中耳机罩的造型绘制3条曲线，耳机罩内侧的剖面造型看不到，用户凭借理解绘制就好，结果如图6-157所示。

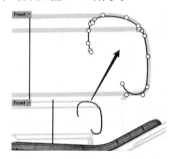

· 图6-156│修改Front视图的查看角度　　· 图6-157│绘制耳机罩的剖面线

6. 在Perspective视图中单击侧边栏中的🔲/【旋转成形】按钮🔲，选择步骤5绘制的曲线，以步骤2中绘制的第一条线段为旋转轴旋转形成曲面，结果如图6-158所示。

7. 单击侧边栏中的【多重直线】按钮🔲，绘制图6-159所示的线段。

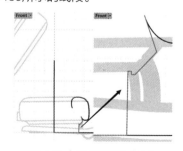

· 图6-158│旋转成面（1）　　　　　　· 图6-159│绘制线段（2）

8. 参考图6-160，单击侧边栏中的⬛/【更改阶数】按钮⬛，将垂直线升为3阶后显示CV，选择中间两个CV，然后向右移动。将调整好的曲线组合后，单击侧边栏中的【曲线圆角】按钮⬛，将线段倒圆角，设置圆角半径为"0.5"。

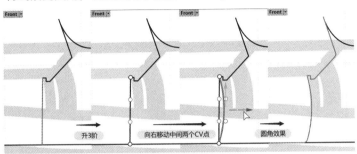

· 图6-160 │ 调整曲线并倒圆角

9. 在Perspective视图中单击侧边栏中的⬛/【旋转成形】按钮⬛，选择步骤8中绘制的曲线，以前面步骤2中绘制的第一条线段为旋转轴旋转形成曲面，结果如图6-161所示。

· 图6-161 │ 旋转成面（2）

10. 单击侧边栏中的【多重直线】按钮⬛，绘制图6-162所示的线段。

11. 利用侧边栏中的【修剪】工具⬛与【曲线圆角】工具⬛修剪曲线并对曲线进行倒圆角，圆角半径设置为"0.2"，结果如图6-163所示。

12. 在Perspective视图中单击侧边栏中的⬛/【旋转成形】按钮⬛，选择步骤11中绘制的曲线，以步骤10中绘制的线段为旋转轴旋转形成曲面，结果如图6-164所示。

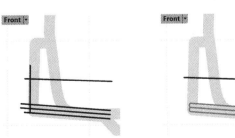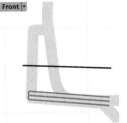

· 图6-162 │ 绘制线段（3）　· 图6-163 │ 修剪曲线并倒圆角　· 图6-164 │ 旋转成面（3）

13. 单击侧边栏中的【多重直线】按钮 ，绘制图6-165所示的线段。

14. 在Perspective视图中单击侧边栏中的 /【旋转成形】按钮 ，选择步骤13中绘制的曲线，以步骤10中绘制的线段为旋转轴旋转形成曲面，结果如图6-166所示。

15. 右击侧边栏中的【以结构线分割曲面】按钮 ，将步骤14中旋转得到的曲面分割开，并删除外侧部分，结果如图6-167所示。

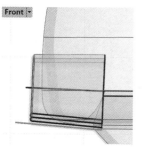

・图6-165｜绘制线段（4）　　・图6-166｜旋转成面（4）　　・图6-167｜分割曲面并删除外侧部分

16. 单击侧边栏中的【多重直线】按钮 ，绘制图6-168所示的线段，使其与曲面边缘相切。

17. 单击侧边栏中的 /【单轨扫掠】按钮 ，以曲面边缘为路径、线段为断面曲线，生成两个单轨曲面，结果如图6-169所示。

18. 仅显示耳机罩、分割的面与单轨曲面，结果如图6-170所示。

・图6-168｜绘制线段（5）　　・图6-169｜单轨曲面　　・图6-170｜显示物件

19. 单击侧边栏中的【多重直线】按钮 ，绘制图6-171所示的线段。

20. 单击侧边栏中的 /【以平面曲线建立曲面】按钮 ，以曲面边缘和线段建立曲面，结果如图6-172所示。

21. 单击侧边栏中的 /【将平面洞加盖】按钮 ，为耳罩加盖，结果如图6-173所示。

22. 将分割用的物件组合起来，然后单击侧边栏中的 /【布尔运算差集】按钮 ，用组合的面减去耳机罩的曲面，结果如图6-174所示。

23. 单击侧边栏中的 /【边缘圆角】按钮 ，对经过布尔运算后的曲面边缘进行倒圆角，圆角半径设置为"1"，结果如图6-175所示。

24. 仅显示耳机连接部件，再单击侧边栏中的【多重直线】按钮 ，绘制图6-176所示的四分点位置的线段。

· 图6-171 | 绘制线段（6）

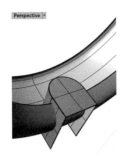

· 图6-172 | 建立曲面

· 图6-173 | 加盖

· 图6-174 | 布尔运算结果

· 图6-175 | 倒圆角效果

· 图6-176 | 绘制线段（7）

25. 单击侧边栏中的【单点】按钮 ⊙，在线段上放置两个对称的点，结果如图6-177所示。

26. 单击侧边栏中的【修剪】按钮 ✂，用点修剪线段，然后单击侧边栏中的 ▣/【圆管(圆头盖)】按钮 ◉，形成圆管面，圆管半径为"1"，结果如图6-178所示。

27. 显示之前隐藏的物件，着色效果如图6-179所示。

· 图6-177 | 绘制点

· 图6-178 | 形成圆管面

· 图6-179 | 显示物件

28. 单击顶栏中的 ✎/【设置工作平面为世界 Front】按钮 ▦，再单击顶栏中的 ▣/【正对工作平面】按钮 ▨，将Front视图的工作平面与视角恢复为初始状态，结果如图6-180所示。

29. 单击侧边栏中的 ▱/【镜像】按钮 ▦，将绘制好的耳机罩沿着世界坐标系的 $y$ 轴镜像，结果如图6-181所示。

30. 切换到Perspective视图，单击顶栏中的 ✎/【设置工作平面为世界Top】按钮 ▦，将工作平面复原到默认状态，此时模型的着色效果如图6-182所示。

·图6-180｜复原工作平面
　　　　　与视角

·图6-181｜镜像物件

·图6-182｜模型着色效果

### 6.3.4　绘制头梁

微课
耳机 - 头梁

　　绘制头梁比较简单，稍微难一点的部位是头梁微微凸起的内侧面与外侧面。另外，绘制头梁部分的分件时需要先绘制多个封闭的实体物件才可以进行布尔运算。以头梁的中心新建一个工作平面可以便于绘制线条，尤其是绘制圆形，可以工作平面的原点为基准确定圆心来快速绘制。

　　1. 新建一个图层，将其命名为"头梁"，并设置为当前图层，将"耳机罩"图层隐藏。

　　2. 单击侧边栏中的【圆: 中心点、半径】按钮⊙，在Front视图中以原点为基点、预估半径绘制一个圆形，结果如图6-183所示。

　　3. 垂直向上移动圆形，并调整其大小，使圆形的上半部与底图吻合，结果如图6-184所示。

　　4. 单击顶栏中的 ▒ /【以三点设置工作平面】按钮▒，以圆心为原点、x轴与y轴方位不变更改工作平面，结果如图6-185所示。

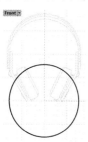

·图6-183｜绘制圆形（1）

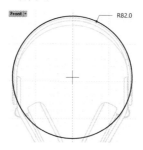

R82.0

·图6-184｜调整圆形的大小

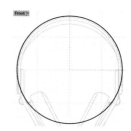

·图6-185｜更改工作平面

　　5. 将圆形复制3个，参考底图调整圆形的大小，结果如图6-186所示。

　　6. 将最小的圆沿单轴缩小，使其宽度与底图头梁内侧的宽度大小相同，结果如图6-187所示。此时圆形与底图之间有缝隙，先忽略这个，后面形成曲面后会调整此处圆形的形态。

　　7. 单击侧边栏中的【多重直线】按钮⋀，在圆形的四分点位置绘制垂直的4条线段，结果如图6-188所示，然后沿y轴将其镜像。

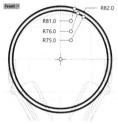

R82.0
R81.0
R76.0
R75.0

· 图6-186 | 复制圆形并调整大小

· 图6-187 | 单轴调整圆形的大小

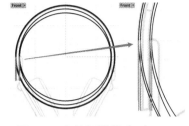

· 图6-188 | 绘制线段（1）

8. 单击侧边栏中的【修剪】按钮，利用线段修剪圆形，使圆形只保留上部，结果如图6-189所示。

9. 选择图6-190所示的线条。

10. 切换到Right视图，水平向左移动13.2个单位，结果如图6-191所示。

· 图6-189 | 修剪圆形

· 图6-190 | 选择线条

· 图6-191 | 移动线条

11. 在Right视图中单击侧边栏中的/【镜像】按钮，将移动后的线条沿着世界坐标系的y轴镜像，结果如图6-192所示。

12. 切换到Perspective视图，选择图6-193所示的3条半圆曲线，然后单击侧边栏中的/【放样】按钮，在弹出的【放样选项】对话框中，在【样式】选项组的下拉列表中选择【标准】选项，单击 确定 按钮，放样结果如图6-194所示。

· 图6-192 | 镜像线条

· 图6-193 | 选择半圆曲线（1）

· 图6-194 | 放样成面（1）

13. 选择图6-195所示的3条半圆曲线，然后单击侧边栏中的/【放样】按钮，在弹出的【放样选项】对话框中，在【样式】选项组的下拉列表中选择【标准】选项，单击 确定 按钮，放样结果如图6-196所示。

14. 选择图6-197所示的两条半圆曲线，然后单击侧边栏中的/【放样】按钮，在弹出的【放样选项】对话框中，在【样式】选项组的下拉列表中选择【标准】选项，单击 确定 按钮，放样结果如图6-198所示。

・图6-195│选择半圆曲线（2）　　　・图6-196│放样成面（2）　　　・图6-197│选择半圆曲线（3）

15．单击侧边栏中的【圆: 中心点、半径】按钮⊙，在Right视图中绘制一个半径为13.2mm的圆形，结果如图6-199所示。

16．单击侧边栏中的【修剪】按钮，利用相接的线段和圆形互相修剪，结果如图6-200所示。

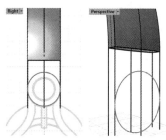

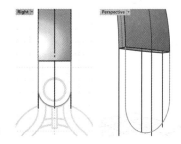

・图6-198│放样成面（3）　　　・图6-199│绘制圆形（2）　　　・图6-200│修剪图形

17．单击侧边栏中的/【双轨扫掠】按钮，以修剪后的两条线段为路径、相接的曲面边缘为断面曲线，如图6-201所示，按Enter键，在弹出的【双轨扫掠选项】对话框中单击 确定 按钮，结果如图6-202所示。

18．单击侧边栏中的/【显示边缘】按钮，显示外侧放样形成的面的边缘，然后单击侧边栏中的/【分割边缘】按钮，在中点位置分割曲面边缘，结果如图6-203所示。

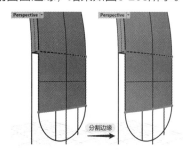

・图6-201│选择路径与断面曲线　　　・图6-202│双轨曲面　　　・图6-203│分割曲面边缘

19．右击侧边栏中的/【沿着路径旋转】按钮，以分割掉的一半边缘为轮廓、半圆为路径旋转成面，结果如图6-204所示。

20．单击侧边栏中的 /【单轨扫掠】按钮 ，选择相应的路径、断面曲线，生成图6-205所示的曲面，然后在Right视图中沿着世界坐标系的 $y$ 轴镜像。

21．复制并调整半圆到图6-206所示的状态。

・图6-204｜沿着路径旋转成面

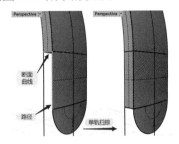

・图6-205｜单轨成面

・图6-206｜复制并调整半圆

22．单击侧边栏中的 /【放样】按钮 ，选择两个半圆后，按 Enter 键，在弹出的【放样选项】对话框中，在【样式】选项组的下拉列表中选择【标准】选项，单击 确定 按钮，放样结果如图6-207所示。

23．以相同的方式绘制头梁内侧的面，结果如图6-208所示。

24．现在曲面之间有缝隙，可以利用衔接工具来消除。单击侧边栏中的 /【衔接曲面】按钮 ，选择弧面的边缘去衔接相接的线段边缘，弹出【衔接曲面】对话框，设置【连续性】为【正切】，单击 确定 按钮，衔接结果如图6-209所示。

・图6-207｜放样成面（4）

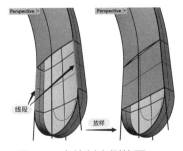

・图6-208｜绘制内侧的面

・图6-209｜衔接曲面

25．单击侧边栏中的 /【以平面曲线建立曲面】按钮 ，选择图6-210所示的曲面边缘形成曲面。

26．以相同的方式处理头梁另一侧，结果如图6-211所示。将所有的曲面组合成一个封闭的多重曲面。选择所有的曲线，新建一个名为"曲线-头梁"的图层，将曲线移到该图层并隐藏该图层。

27．利用侧边栏中的【圆：中心点、半径】工具 、【多重直线】工具 和【修剪】工具 绘制图6-212所示的线条。

28．单击侧边栏中的 /【直线挤出】按钮 ，将指令提示栏中的"两侧(B)"选项修改为"是"，将绘制好的线条挤出成面，结果如图6-213所示。

29. 单击侧边栏中的/【布尔运算分割】按钮，利用挤出的曲面分割步骤26中组合后的封闭多重曲面，然后删除挤出曲面，结果如图6-214所示。

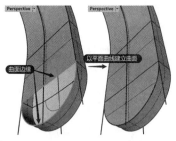

· 图6-210｜以平面曲线建立曲面

· 图6-211｜处理头梁另一侧

· 图6-212｜绘制线条

· 图6-213｜挤出成面（1）

· 图6-214｜分割后的结果（1）

30. 单击侧边栏中的【多重直线】按钮和/【镜像】按钮，绘制图6-215所示的线段。

31. 单击侧边栏中的/【直线挤出】按钮，将指令提示栏中的"两侧(B)"选项修改为"是"，将绘制好的线段挤出成面，结果如图6-216所示。

32. 单击侧边栏中的/【布尔运算分割】按钮，利用挤出的曲面分割步骤29中分割后的内侧头梁，然后删除挤出曲面，结果如图6-217所示。

· 图6-215｜绘制线段（2）

· 图6-216｜挤出成面（2）

· 图6-217｜分割后的结果（2）

33. 右击侧边栏中的【抽离曲面】按钮，抽离图6-218所示的曲面。

34. 单击侧边栏中的/【缩回已修剪曲面】按钮，将抽离的曲面缩回。

35. 单击侧边栏中的/【插入节点】按钮，将指令提示栏的"对称(S)"选项设置为"是"，在图6-218所示的位置对称地插入节点。

· 图6-218 | 抽离并插入节点

36. 选择抽离出来的曲面，按 F10 键，显示曲面的CV，选择图6-219所示的CV，然后单击侧边栏中的 🔲/【UVN 移动】按钮 🖐️，将选中的CV朝N向向外微调，使曲面断面的弧形与底图造型吻合。

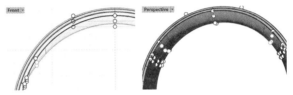

· 图6-219 | 调整CV

37. 放大局部，可以看到由于调整了CV，曲面之间产生了缝隙，如图6-220所示。

38. 选择抽离出来的曲面，单击侧边栏中的 🔲/【缩回已修剪曲面】按钮 🔲，将曲面缩回，然后再右击侧边栏的【取消修剪】按钮 🔲，单击缩回后的曲面分割出的两端曲面边缘，取消修剪曲面，状态如图6-221所示。

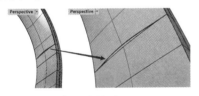

· 图6-220 | 产生缝隙

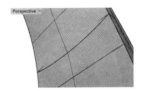

· 图6-221 | 取消修剪

39. 单击侧边栏中的 🔲/【衔接曲面】按钮 🔲，选择取消修剪后的曲面边缘与图6-222中标识的目标边缘，在弹出的【衔接曲面】对话框中将【连续性】设置为【正切】，衔接效果如图6-222所示。

**要点提示**：修剪过的曲面边缘不能去衔接别的曲面边缘，需要先取消修剪后才能执行衔接曲面操作。

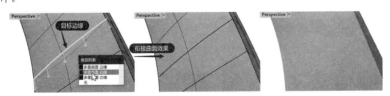

· 图6-222 | 衔接曲面及效果

40. 将调整后的曲面与之前的面组合起来，曲面的着色效果如图6-223所示。

41. 单击侧边栏中的 🔲/【边缘圆角】按钮 🔲，选择图6-224所示的曲面边缘，将圆角半径设置为"0.8"，圆角效果如图6-225所示。

· 图6-223｜着色效果

· 图6-224｜选择曲面边缘（1）

· 图6-225｜圆角效果（1）

42. 单击侧边栏中的/【边缘圆角】按钮，选择图6-226所示的曲面边缘，圆角半径设置为"0.8"，圆角效果如图6-227所示。

· 图6-226｜选择曲面边缘（2）

· 图6-227｜圆角效果（2）

43. 单击侧边栏中的/【边缘圆角】按钮，框选剩下的所有边缘，如图6-228所示，将圆角半径设置为"0.3"，圆角效果如图6-229所示。

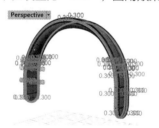

· 图6-228｜选择曲面边缘（3）

· 图6-229｜圆角效果（3）

## ▌6.3.5　绘制细节

耳机的主体部件绘制好了，下面绘制耳机各个连接部件的细节。这部分的绘制方式很简单，但是由于有些连接部件的细节被别的部件遮挡了，所以有时并没有直观的底图形态可以参考，这时可以观察其他角度的照片或耳机实物的细节。

1. 显示"连接部件"图层并将其设置为当前图层，隐藏"头梁"图层。

2. 切换到Right视图，右击顶栏中的/【还原工作平面】按钮，将Right视图的工作平面还原为前面保存好的"2"工作平面。

3. 单击侧边栏中的【圆: 中心点、半径】按钮，以此工作平面的原点为圆心，绘制一个半径为10的圆形，结果如图6-230所示。

4. 单击侧边栏中的【多重直线】按钮 🗺，绘制图6-231所示的线段。

5. 单击侧边栏中的【修剪】按钮 🗺，修剪掉圆形的下半部分，然后单击侧边栏中的【曲线圆角】按钮 🗺，将线段倒圆角，圆角半径设置为"5"，并将线段与圆形上半部分组合为一条封闭线条，结果如图6-232所示。

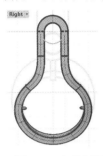

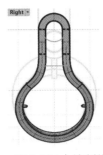

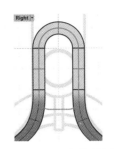

·图6-230｜绘制圆形（1）　·图6-231｜绘制线段　·图6-232｜修剪圆形并倒圆角

6. 单击侧边栏中的 🗺/【直线挤出】按钮 🗺，将指令提示栏的"实体(S)"选项修改为"是"，将组合后的线条挤出成封闭的多重曲面，结果如图6-233所示。

7. 利用操作轴调整Front视图中挤出曲面的位置，结果如图6-234所示。

8. 单击侧边栏中的 🗺/【布尔运算差集】按钮 🗺，利用挤出曲面修剪耳机连接部件，结果如图6-235所示。

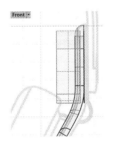

·图6-233｜挤出成面（1）　·图6-234｜调整挤出曲面的位置　·图6-235｜差集结果（1）

9. 单击侧边栏中的 🗺/【边缘圆角】按钮 🗺，选择图6-236所示的曲面边缘，设置圆角半径为"0.3"，圆角效果如图6-237所示。

10. 单击侧边栏中的【多重直线】按钮 🗺 和 🗺/🗺/【直线阵列】按钮 🗺，绘制图6-238所示的线段组。

·图6-236｜选择曲面边缘　·图6-237｜圆角效果　·图6-238｜绘制线段组

11. 单击侧边栏中的/【圆管(圆头盖)】按钮，将线段生成圆管，圆管半径设置为 "0.4"，结果如图6-239所示。

12. 单击侧边栏中的【布尔运算差集】按钮，利用圆管修剪倒圆角后的连接部件，差集结果如图6-240所示。

13. 单击侧边栏中的【圆: 中心点、半径】按钮，绘制一个半径为 "9" 的圆形，结果如图6-241所示。

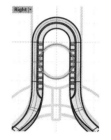

・图6-239｜生成圆管　　　・图6-240｜差集结果（2）　　　・图6-241｜绘制圆形（2）

14. 切换到Front视图，以步骤13绘制的圆形为参考，绘制图6-242所示的曲线。

15. 单击侧边栏中的【旋转成形】按钮，将步骤14绘制的曲线旋转成面，结果如图6-243所示。

16. 将步骤13绘制的圆形挤出成面，并显示 "头梁" 图层的物件，结果如图6-244所示。

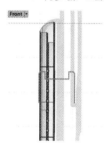

・图6-242｜绘制曲线　　　・图6-243｜旋转成面　　　・图6-244｜挤出成面（2）

17. 单击侧边栏中的【布尔运算差集】按钮，利用挤出的面修剪头梁部件，结果如图6-245所示。

18. 单击侧边栏中的【圆: 中心点、半径】按钮，绘制一个半径为 "13.2" 的圆形，结果如图6-246所示。

19. 单击侧边栏中的【直线挤出】按钮，在指令提示栏中设置 "实体(S)" 选项为 "是"、挤出长度为 "0.65"，挤出结果如图6-247所示。

20. 绘制图6-248所示的圆形与矩形。

21. 单击侧边栏中的【修剪】按钮，参考图6-249修剪曲线，并将修剪后的曲线组合成一条封闭线条。

22. 单击侧边栏中的【直线挤出】按钮，将指令提示栏的 "实体(S)" 选项修改为 "是"，挤出结果如图6-250所示。

23. 单击侧边栏中的【控制点曲线】按钮，绘制图6-251所示的曲线。

· 图6-245 │ 差集结果（3）

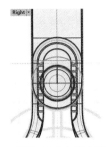

· 图6-246 │ 绘制圆形（3）

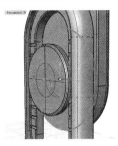

· 图6-247 │ 挤出成面（3）

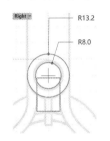

· 图6-248 │ 绘制圆形与矩形

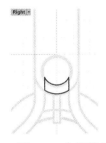

· 图6-249 │ 修剪曲线并组合

· 图6-250 │ 挤出成面（4）

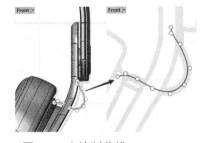

· 图6-251 │ 绘制曲线

24. 单击侧边栏中的 /【直线挤出】按钮，在指令提示栏中设置"两侧(B)"选项为"是"，设置单向挤出宽度为"2"，挤出结果如图6-252所示。

25. 单击侧边栏中的 /【偏移曲面】按钮，将指令提示栏的"松弛(L)"选项修改为"是"、"实体(S)"选项修改为"是"，设置偏移距离为"1"，偏移结果如图6-253所示。

· 图6-252 │ 挤出成面（5）

· 图6-253 │ 偏移结果

26. 单击侧边栏中的🖉/【边缘圆角】按钮⬣，将偏移后的曲面倒圆角，圆角半径设置为"0.5"，结果如图6-254所示。

27. 将部件沿着世界坐标系的$y$轴对称后，显示所有部件，模型整体的着色效果如图6-255所示。

·图6-254│倒圆角效果

·图6-255│模型整体的着色效果

## ▌6.3.6 渲染

下面使用KeyShot对构建的模型进行渲染。

为方便对模型进行渲染，首先应按照模型的材质与色彩进行分层。因为线不需要渲染，所以把线单独分成一层并隐藏。根据最终效果（见图6-256）中各个部分材质的不同将模型部件分别放置在不同的图层内。

1. 启动KeyShot。新建一个文件，将文件以"耳机.bin"为名进行保存。

2. 在KeyShot中打开前面创建的耳机模型，如图6-257所示。

·图6-256│最终效果

·图6-257│导入模型

3. 单击【库】按钮🖳，切换到【环境】选项卡，选择合适的环境（可以多试一试不同的环境，然后调节亮度，以达到自己满意的效果），然后调节亮度和角度。再在【项目】面板的【环境】选项卡中设置【背景】为【色彩】，并将颜色调整为灰色，如图6-258所示。此时场景的灯光效果如图6-259所示。

· 图6-258 | 设置颜色

· 图6-259 | 场景的灯光效果

4. 单击【库】按钮，在【材质】选项卡中展开【Metal】栏，如图6-260所示，选择一款金属材质拖曳到耳机头梁上，效果如图6-261所示。

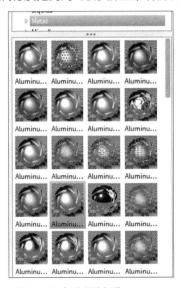

· 图6-260 | 选择材质

· 图6-261 | 材质效果（1）

5. 按住Shift键单击头梁物件，将鼠标指针移动到耳机连接部件上，按住Shift键单击鼠标右键，将材质直接复制到连接部件上，结果如图6-262所示。

6. 在【材质】选项卡中展开【Sorensen Leather索伦森皮革】栏，如图6-263所示，选择一款黑色的皮革材质拖曳到耳机罩上，结果如图6-264所示。

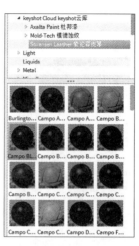

·图6-262│复制材质

·图6-263│选择一款黑色的皮革材质

7. 选择一款黑色皮革材质，将其拖曳到耳机头梁内侧物件上，结果如图6-265所示。

·图6-264│材质效果（2）

·图6-265│材质效果（3）

8. 展开【Plastic】栏，选择一款红色的塑料材质（见图6-266）拖曳到耳机线上，结果如图6-267所示。

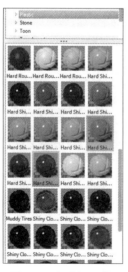

·图6-266│选择一款红色的塑料材质

·图6-267│材质效果（4）

9. 执行菜单命令【编辑】/【添加几何图形】/【地平面】，为场景添加一个地面物件，然后在场景树中选择地面，编辑其材质，材质的设置如图6-268所示，地面反射效果如图6-269所示。

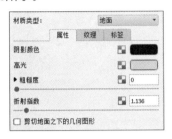

· 图6-268 | 材质的设置

· 图6-269 | 地面反射效果

10. 执行菜单命令【渲染】/【渲染】，弹出【渲染】对话框，设置渲染参数，如图6-270所示。

· 图6-270 | 设置渲染参数

11. 调整到合适的角度后单击 渲染 按钮，开始渲染，最终效果如图6-271所示。

· 图6-271 | 最终渲染效果

# 第7章

# 小家电建模案例

学习目标：
- 掌握剃须刀建模的方法；
- 掌握足浴盆建模的方法。

本章以两个经典案例来介绍模型的建立过程，其中涉及的命令与操作步骤在建模时很常用，读者需要反复练习，以达到熟练的程度。

## 7.1 | 剃须刀建模

创建好的剃须刀模型如图7-1所示。

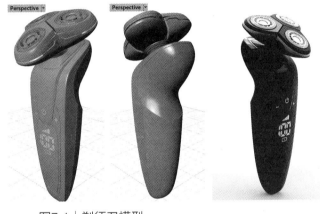

微课

剃须刀 -
背景图

·图7-1 | 剃须刀模型

### 7.1.1 构建主体

1. 在开始建模时，应当设置好文件的单位、公差等。在顶栏中单击 □/【选项】按钮 ⚙，在打开的对话框的左侧列表框中选择【单位】选项，在右侧设置单位和公差，如图7-2所示。

微课

剃须刀 - 主体

·图7-2 | 设置单位和公差

2. 参考6.2节剪刀建模案例中的背景图放置方式，利用【添加一个图像平面】工具 🔳 与【放置背景图】工具 🔳 将配套素材"Map"文件夹中的"tixudaofront.jpg""tixudaoright.jpg""tixudaotop.jpg"文件分别导入Rhino 的Front视图、Right视图与Top视图中。调整背景图时可以放置参考点、参考线或立方体来帮助定位，结果如图7-3所示。

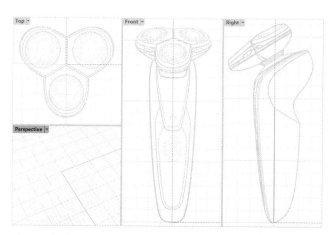

· 图7-3│放置参考背景图

3. 单击侧边栏中的【控制点曲线】按钮，参考底图在Front视图中绘制曲线，注意端点要严格位于y轴上，以两端端点起的第二个CV与端头水平对齐，结果如图7-4所示。

4. 切换到Right视图，参考底图水平调整CV。注意，两端的第一个CV与第二个CV一起移动，结果如图7-5所示。

对称的造型可以基于世界坐标系放置，并且只需要绘制一半，但是要注意对称轴位置的CV要严格位于世界坐标系的轴向上，从端点起的第二个CV与端头水平或垂直对齐。

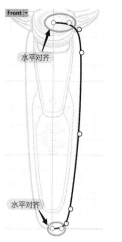

· 图7-4│绘制曲线（1）

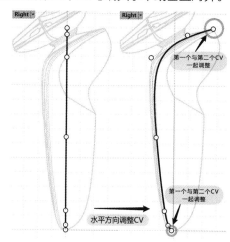

· 图7-5│水平调整CV

5. 此时会发现CV数量不足以满足底图的形态，因此需要增加CV。单击侧边栏中的/【插入节点】按钮，在图7-6所示的位置插入两个节点。选择插入节点后的曲线，然后单击侧边栏中的/【参数均匀化】按钮，将曲线修改为均匀曲线。

6. 参考底图，在Right视图中调整CV，如图7-7所示。原则是尽量水平移动CV，同时观察Front视图中曲线形态的变化，两端的第一个CV与第二个CV要一起移动。

7. 复制曲线，在Right视图中调整曲线的CV，同时观察Front视图中的曲线形态，调整到图7-8所示的状态。

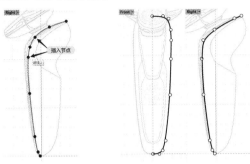

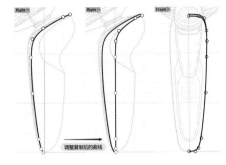

·图7-6│插入节点　·图7-7│调整CV（1）　·图7-8│在Right视图中调整曲线的CV

8. 单击侧边栏中的 /【放样】按钮 ，选择步骤7中得到的两条曲线，在弹出的【放样选项】对话框中，在【样式】选项组的下拉列表中选择【松弛】选项，单击 确定 按钮，放样结果如图7-9所示。

9. 单击侧边栏中的 / /【分割边缘】按钮 ，勾选【物件锁点】面板中的【节点】复选框，从两端开始，在第一个节点的位置分割曲面边缘，结果如图7-10所示。再将分割边缘后的曲面沿着世界坐标系的y轴镜像。可以利用侧边栏中的 /【显示边缘】工具 查看曲面边缘的状态。

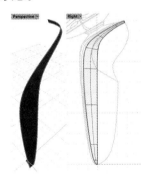
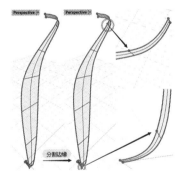

·图7-9│放样成面（1）　·图7-10│分割曲面边缘（1）

10. 单击侧边栏中的 /【放样】按钮 ，选择两侧分割后的中间段的曲面边缘，在弹出的【放样选项】对话框中，在【样式】选项组的下拉列表中选择【标准】选项，单击 确定 按钮，放样结果如图7-11所示。

11. 显示曲面的CV，选择图7-12所示的CV。

12. 参考底图调整CV，首先单击侧边栏中的 /【UVN 移动】按钮 ，将选中的CV沿N方向向外移动，可以分多次调整中间两排CV，下部的CV调整幅度小一些，中间与上部的CV调整幅度大一些。观察Right视图，使曲面侧面轮廓与底图大致吻合，结果如图7-13所示。

13. 在Front视图中利用操作轴将CV单轴放大，缩放前后的效果如图7-14所示。

14. 单击顶栏中的 /【着色】按钮 ，查看目前曲面的状态，着色效果如图7-15所示。

15. 右击侧边栏中的【以结构线分割曲面】按钮 ，勾选【物件锁点】面板中的【交点】复选框，在对称轴的位置分割曲面，然后删除一侧的曲面，结果如图7-16所示。

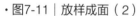

·图7-11 | 放样成面（2）

·图7-12 | 选择CV（1）

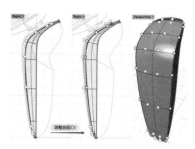

·图7-13 | 调整CV（2）

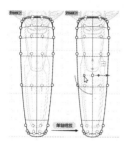

·图7-14 | 缩放前后的效果

·图7-15 | 着色效果（1）

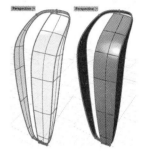

·图7-16 | 分割曲面（1）

16. 单击侧边栏中的🖱/【缩回已修剪曲面】按钮▨，将曲面的CV缩回，然后单击侧边栏中的🖱/【衔接曲面】按钮🖱，选择缩回后曲面的上边缘去衔接步骤9中分割后的上曲面边缘，弹出【衔接曲面】对话框，设置【连续性】为【位置】，衔接前后的效果如图7-17所示。

17. 以相同的方式处理曲面的下边缘，衔接前后的效果如图7-18所示。

18. 将制作好的曲面沿着世界坐标系的$y$轴镜像一份后，单击顶栏中的▯/【着色】按钮⬤，查看目前曲面的状态，着色效果如图7-19所示。

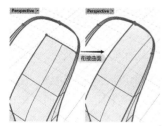

·图7-17 | 衔接前后的
　　　　效果（1）

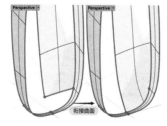

·图7-18 | 衔接前后的
　　　　效果（2）

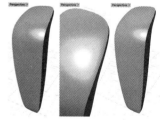

·图7-19 | 着色效果（2）

19. 删除对称轴一侧的曲面，然后右击侧边栏中的【以结构线分割曲面】按钮▱，在图7-20所示的位置分割曲面。选择分割后的上面的曲面，单击侧边栏中的🖱/【缩回已修剪曲面】按钮▨，将曲面的CV缩回。

20. 显示曲面的CV，参考底图调整曲面的造型，调整前后的效果如图7-21所示。

·图7-20│分割曲面（2）

·图7-21│调整前后的效果

21. 单击侧边栏中的 / 【分割边缘】按钮 ，在节点位置分割曲面边缘，如图7-22所示。再将分割后的曲面沿着世界坐标系的$y$轴镜像。

22. 单击侧边栏中的 /【放样】按钮 ，选择两侧分割后的中间段的曲面边缘。在弹出的【放样选项】对话框【样式】选项组的下拉列表中选择【标准】选项，单击 确定 按钮，结果如图7-23所示。

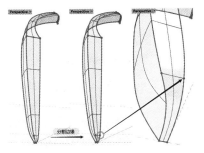

·图7-22│分割曲面边缘（2）

·图7-23│放样成面（3）

23. 显示曲面的CV，选择中间两排CV，如图7-24所示。

24. 参考底图调整CV，在Right视图中参考底图调整选中的CV到图7-25所示的状态。

·图7-24│选择CV（2）

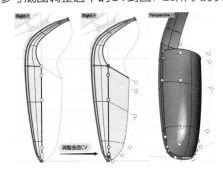

·图7-25│调整CV（3）

25. 右击侧边栏中的【以结构线分割曲面】按钮 ，分割曲面。删除一侧的曲面，结果如图7-26所示。

26. 单击侧边栏中的 /【缩回已修剪曲面】按钮 ，将曲面的CV缩回，然后单击侧边栏中的 /【衔接曲面】按钮 ，将曲面的上边缘与相邻的边缘衔接且【位置】连续，衔接前后的效果如图7-27所示。

27. 使用与步骤21~26生成下部曲面相同的方法生成上部的后壳盖曲面，结果如图7-28所示。

• 图7-26｜分割曲面（3）

• 图7-27｜衔接前后的效果（3）

• 图7-28｜后壳盖曲面

28. 单击侧边栏中的【控制点曲线】按钮，在Front视图中绘制图7-29所示的曲线。

29. 单击状态栏中的 记录建构历史 按钮，开启【记录建构历史】功能，利用【投影曲线】功能在Front视图中将曲线投影到曲面上，投影后的曲线如图7-30所示。在Front视图中调整初始曲线的CV，同时观察Perspective视图中投影曲线形态的变化，如图7-31所示，使投影曲线与曲面边缘的间距更均匀。

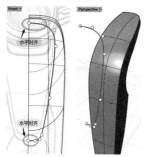

• 图7-29｜绘制曲线（2）

• 图7-30｜投影到曲面上

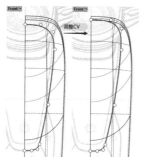

• 图7-31｜在Front视图中调整曲线（1）

【记录建构历史】功能可以使输入物件与输出物件产生关联。当输入物件发生变化后，输出物件会自动更新。该功能很适合用来调整物件形态。分辨率的原因，状态栏中的 记录建构历史 按钮可能显示不全或看不见，此时可以调整系统的分辨率到更小的倍率。【记录建构历史】功能是临时激活的，在执行完命令后会自动取消激活。

30．使用与步骤28、步骤29相似的方法绘制曲线，开启【记录建构历史】功能并投影，在Front视图中调整曲线CV，同时观察Perspective视图中投影曲线形态的变化，如图7-32所示，使投影曲线与上一条投影曲线的间距更小、更均匀。

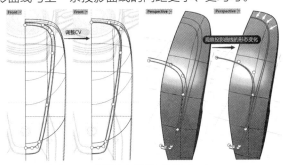

· 图7-32 | 在Front视图中调整曲线（2）

31．单击侧边栏中的【修剪】按钮，利用两条曲线修剪曲面，结果如图7-33所示。修剪后会弹出图7-34所示的警告对话框，单击 确定 按钮即可。

**要点提示：**破坏建构历史会导致失去输入物件与输出物件的关联关系。

· 图7-33 | 修剪曲面

· 图7-34 | 警告对话框

32．选择修剪后的小片曲面，单击侧边栏中的 /【缩回已修剪曲面】按钮，然后显示CV，单击侧边栏中的 /【UVN移动】按钮，向外调整曲面下边的4排CV，可以分部分、分次微调整，使曲面之间形成高度差，结果如图7-35所示。

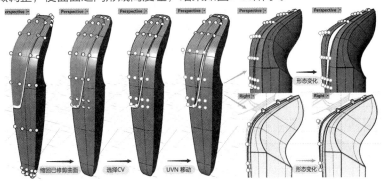

· 图7-35 | 调整曲面CV

33. 单击侧边栏中的 /【放样】按钮 ，利用步骤32中修剪并调整后的曲面的修剪边缘放样形成曲面的侧面，结果如图7-36所示。

34. 单击侧边栏中的【控制点曲线】按钮 ，绘制图7-37所示的曲线，曲线的上端端头要超出曲面的修剪边缘，以使后面分割曲面能成功。

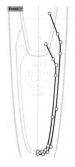

·图7-36︱放样成面（4）　　　　　　　·图7-37︱绘制曲线（3）

35. 单击侧边栏中的 /【偏移曲线】按钮 ，将步骤34中绘制好的两条曲线分别向外偏移0.1个单位，结果如图7-38所示。

36. 选择剃须刀的前侧曲面和所有曲线，然后单击顶栏中的 /【隔离物件】按钮 ，仅显示这些物件，结果如图7-39所示。

37. 单击侧边栏中的【分割】按钮 ，在Front视图中使用曲线分割曲面，并删除分割部分中间的间隙曲面，结果如图7-40所示。

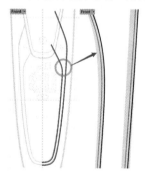

·图7-38︱偏移曲线　　　　·图7-39︱仅显示的物件　　　　·图7-40︱分割曲面（4）

38. 单击侧边栏中的 /【往曲面法线方向挤出曲线】按钮 ，将分割后的曲面边缘分别挤出1个单位，结果如图7-41所示。选择所有曲面，单击侧边栏中的【组合】按钮 ，组合曲面。

39. 单击侧边栏中的 /【边缘圆角】按钮 ，设置圆角半径为"0.3"，结果如图7-42所示。

40. 右击顶栏中的 /【取消隔离物件】按钮 ，取消隔离物件，结果如图7-43所示。

・图7-41│挤出曲面边缘（1）　　・图7-42│倒圆角效果　　・图7-43│取消隔离物件

41．单击侧边栏中的■/【往曲面法线方向挤出曲线】按钮■，挤出图7-44所示的曲面边缘，挤出1个单位。

42．组合所有曲面，单击侧边栏中的■/【边缘圆角】按钮■，设置圆角半径为"0.3"，将制作好的曲面沿着世界坐标系的$y$轴镜像，结果如图7-45所示。

・图7-44│挤出曲面边缘（2）　　　・图7-45│倒圆角与镜像效果

## 7.1.2 添加主体部分的文字与图案细节

1．右击侧边栏中的【抽离曲面】按钮■，将指令提示栏中的"复制(C)"选项修改为"是"，然后单击机体前面上部的曲面，将其复制并提取为单一的曲面，结果如图7-46所示。

2．绘制图7-47所示的图标，并将其组合成封闭曲线。

 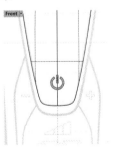 

微课
剃须刀 - 主体 - 按键

・图7-46│复制并提取曲面　　　・图7-47│绘制图标

3. 单击侧边栏中的【分割】按钮，在Front视图中利用图标曲线分割复制并提取的曲面。

4. 将图标区域外围的曲面删除，然后单击侧边栏中的【群组物件】按钮，将图标造型的曲面群组为一个整体，并向机体外侧微微移动一点距离，这里在图标物件与机体之间留出微小的间隙，可以保证后面利用KeyShot渲染时不会产生花斑现象。将产品Logo做成实际的曲面物件，可以免去在KeyShot中制作贴图并以标签的方式贴在物件表面来制作产品Logo的步骤，当然使用标签制作Logo也是常用的方法。使用这种实际物件的好处是：可以为Logo图案制作出不同的材质效果，甚至可以赋予灯光材质来表现发光的效果。做好的Logo曲面效果如图7-48所示。

5. 以相同的方法绘制曲线，并分割机体曲面，制作出产品表面其他图案或文字细节，结果如图7-49所示。

・图7-48│Logo曲面效果

・图7-49│其他图案或文字效果

## ▌7.1.3 制作刀头

下面开始制作剃须刀的刀头部分，先基于原点制作刀头，然后将刀头定位到剃须刀的机体上。新建一个图层，将其命名为"刀头底座"，并设置为当前图层，再暂时隐藏其他图层。

刀头相对于现在的坐标系是倾斜的，按照此角度直接建模非常不方便，所以可以新建工作平面（参考第6章耳机建模案例）。或者先正对工作平面建模，然后通过变换调整角度。这里用后面一种方式完成。

1. 激活Right视图，单击顶栏中的田/【垂直分割工作视窗】按钮，将Right视图分割为两个，选择其中一个Right视图，将其背景图修改为名为"tixudaoright-02.jpg"的图片，如图7-50所示。单击顶栏中的/【以名称储存视图】按钮，将两个视图分别以"Right01""Right02"为名进行保存。注意视窗的标题名称也会随之改变。

2. 单击侧边栏中的【多重直线】按钮，在Top视图中绘制一条起点在原点的线段，结果如图7-51所示。

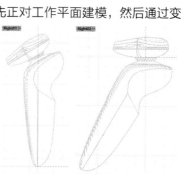

・图7-50│分割视图

3. 单击侧边栏中的/【环形阵列】按钮，将线段以原点为基点、阵列数为"3"、阵列角度为360°阵列，结果如图7-52所示。

4. 单击侧边栏中的【多重直线】按钮 ，在Top视图中根据底图造型的切线趋势绘制图7-53所示的线段。

・图7-51│绘制线段（1）

・图7-52│阵列线段

・图7-53│绘制线段（2）

5. 单击侧边栏中的【修剪】按钮 ，利用步骤3中生成的线段修剪步骤4中绘制的线段，结果如图7-54所示。

6. 单击侧边栏中的 /【镜像】按钮 ，将修剪后的线段沿着坐标系的$y$轴镜像，结果如图7-55所示。

7. 单击侧边栏中的 /【可调式混接曲线】按钮 ，选择要混接的两条线段，弹出【调整曲线混接】对话框，设置【连续性】为【曲率】，单击 确定 按钮，结果如图7-56所示。

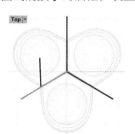

・图7-54│修剪线段

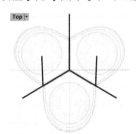

・图7-55│镜像线段

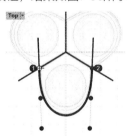

・图7-56│混接曲线

8. 单击侧边栏中的 /【插入节点】按钮 ，将指令提示栏的"对称(S)"选项修改为"是"，在混接曲线上插入两对节点，结果如图7-57所示。

9. 单击侧边栏中的 /【参数均匀化】按钮 ，将插入节点后的曲线均匀化，然后参考底图微调CV，注意保持曲线对称，结果如图7-58所示。

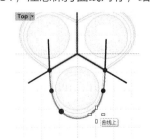

・图7-57│插入节点（1）

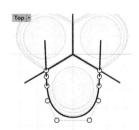

・图7-58│调整曲线

10. 将调整好的曲线复制一份，然后调整到图7-59所示的状态，这些曲线在Right视图中是倾斜的，与水平线夹角为9°。

11. 单击侧边栏中的 /【放样】按钮 ，选择复制前后的两条曲线，在弹出的【放样选项】对话框中，在【样式】选项组的下拉列表中选择【标准】选项，单击 确定 按钮，放样结果如图7-60所示。

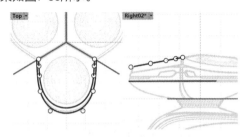

· 图7-59 | 复制并调整曲线

· 图7-60 | 放样成面（1）

12. 显示曲面的CV，选择中间两排CV，然后单击侧边栏中的 /【UVN移动】按钮 ，将选中的CV沿N方向向外移动到图7-61所示的弧度。

13. 单击侧边栏中的 /【环形阵列】按钮 ，以原点为基点、阵列数为"3"、阵列角度为360°阵列，结果如图7-62所示。

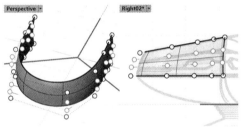

· 图7-61 | 调整曲面CV（1）

· 图7-62 | 阵列对象

14. 可以发现曲面边缘没有接起来，单击侧边栏中的 /【衔接曲面】按钮 ，选择阵列后一个曲面的边缘，然后选择与其相邻的曲面边缘，在弹出的【衔接曲面】对话框中将【连续性】修改为【位置】，并勾选【互相衔接】复选框，单击 确定 按钮，衔接前后的效果如图7-63所示。将其余两组边缘也互相衔接。

15. 单击侧边栏中的【多重直线】按钮 ，绘制图7-64所示的线段，该线段与步骤11中的放样曲线的边缘处于共面状态，并且端点位于模型中轴线上。

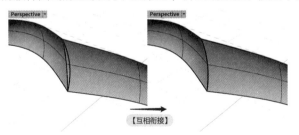

· 图7-63 | 衔接前后的效果（1）

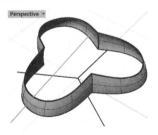

· 图7-64 | 绘制线段（3）

16. 结合【端点】捕捉绘制图7-65所示的线段。

17. 单击侧边栏中的 /【直线挤出】按钮 ，将指令提示栏中的"两侧(B)"选项修改为"是"，将步骤15中绘制的线段挤出成面，结果如图7-66所示。

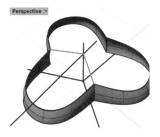

·图7-65│绘制线段（4）

·图7-66│挤出成面（1）

18. 单击侧边栏中的【修剪】按钮 ，利用曲线和线段修剪挤出后的面，注意只有线和面处于共面状态，并且形成闭合区域才能修剪成功，结果如图7-67所示。

19. 单击侧边栏中的【圆: 中心点、半径】按钮 ，绘制一个半径为"11.5"、圆心在原点的圆形，结果如图7-68所示。

·图7-67│修剪面

·图7-68│绘制圆形

20. 单击侧边栏中的【修剪】按钮 ，利用线段修剪步骤19绘制的圆形，然后单击侧边栏中的 /【重建曲线】按钮 ，将修剪后的圆形重建为5阶10个CV的曲线。

21. 单击侧边栏中的 /【放样】按钮 ，选择步骤20和步骤9得到的两条曲线，在【放样选项】对话框【样式】选项组的下拉列表中选择【标准】选项，单击 确定 按钮，结果如图7-69所示。

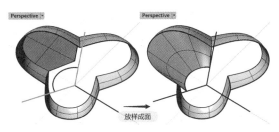

·图7-69│放样成面（2）

22. 显示曲面的CV，选择中间两排CV，然后单击侧边栏中的 /【UVN移动】按钮 ，将选中的CV沿N方向向外移动到图7-70所示的弧度。

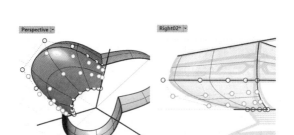

· 图7-70 | 调整曲面CV（2）

23. 单击侧边栏中的 /【环形阵列】按钮，将调整好的曲面以原点为基点、阵列数为"3"、阵列角度为360°阵列，结果如图7-71所示。

24. 可以发现曲面边缘没有接起来。单击侧边栏中的 /【衔接曲面】按钮，选择阵列后一个曲面的边缘，然后选择与其相邻的曲面边缘，弹出【衔接曲面】对话框，设置【连续性】为【位置】，并勾选【互相衔接】复选框，单击 确定 按钮，衔接前后的效果如图7-72所示。将其余两组边缘也互相衔接。

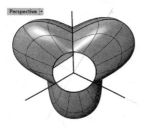

· 图7-71 | 阵列结果

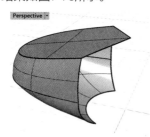

· 图7-72 | 衔接前后的效果（2）

25. 将阵列后的曲面删除，只留下一个单元，并且删除步骤3阵列得到的线段，结果如图7-73所示。

26. 单击侧边栏中的【多重直线】按钮，绘制图7-74所示的两条线段。

27. 单击侧边栏中的 /【以平面曲线建立曲面】按钮，利用曲面边缘与线段形成面，结果如图7-75所示。

· 图7-73 | 删除曲面和线段    · 图7-74 | 绘制线段（5）    · 图7-75 | 形成面

28. 单击侧边栏中的 /【镜像】按钮，将步骤27形成的面沿着世界坐标系的y轴镜像，结果如图7-76所示。将所有的面组合成一个物件。

29. 利用侧边栏中的【多重直线】工具绘制1条线段与2条折线，如图7-77所示，再利用【曲线圆角】工具对折线倒圆角，圆角半径为"0.5"。

30. 单击侧边栏中的 /【直线挤出】按钮 ，将指令提示栏中的"两侧(B)"选项修改为"是"，将步骤29中绘制的线条挤出成面，结果如图7-78所示。

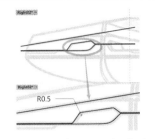
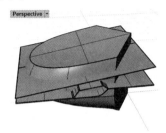

·图7-76│镜像     ·图7-77│绘制线条（1）     ·图7-78│挤出成面（2）

31. 单击侧边栏中的 /【布尔运算分割】按钮 ，使用挤出的面分割组合的面，再删除挤出的面，结果如图7-79所示。

32. 选择图7-80所示的分割后的物件，利用操作轴进行单轴缩小。

33. 单击顶栏中的 /【隔离物件】按钮 ，仅显示图7-81所示的物件。

·图7-79│分割并删除面     ·图7-80│单轴缩小     ·图7-81│仅显示的物件

34. 单击侧边栏中的 /【复制边缘】按钮 ，复制图7-82所示的曲面边缘。

35. 单击侧边栏中的【单点】按钮 ，在曲面边缘上放置两个对称的点，结果如图7-83所示。

36. 单击侧边栏中的【修剪】按钮 ，利用点修剪复制的曲面边缘，结果如图7-84所示。

·图7-82│复制曲面边缘     ·图7-83│放置点     ·图7-84│修剪曲面边缘

37. 单击侧边栏中的 /【圆管(平头盖)】按钮 ，将修剪后的曲线边缘圆管成面，圆管半径设置为"0.8"，结果如图7-85所示。

38. 单击侧边栏中的【修剪】按钮 ，利用圆管修剪曲面，并删除圆管，结果如图7-86所示。

39. 单击侧边栏中的 /【放样】按钮 ，选择修剪的曲面边缘，在弹出的【放样选项】对话框【样式】选项组的下拉列表中选择【松弛】选项，单击 确定 按钮，结果如

图7-87所示。

·图7-85│圆管成面

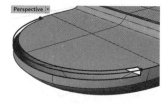

·图7-86│修剪曲面并删除
　　　　　圆管

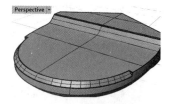

·图7-87│放样成面（3）

40. 单击侧边栏中的 /【延伸曲面】按钮 ，将步骤39中得到的曲面两端分别延伸两个单位，将指令提示栏中的"类型(T)"选项修改为"平滑"，结果如图7-88所示。

41. 单击侧边栏中的 /【插入节点】按钮 ，将指令提示栏中的"对称(S)"选项修改为"是"，结合【端点】捕捉，在曲面上对称插入节点，结果如图7-89所示。

42. 显示曲面的CV，选择曲面两端边缘的CV，然后利用侧边栏中的 /【UVN移动】工具 将选中的CV向N向朝外调整，沿U向可以对称地微调，结果如图7-90所示。

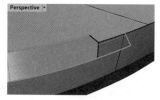

·图7-88│延伸曲面

·图7-89│插入节点（2）

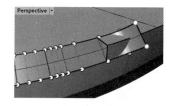

·图7-90│调整CV

43. 单击侧边栏中的【修剪】按钮 ，将调整后的曲面与原曲面相互修剪到图7-91所示的状态。

44. 单击顶栏中的 /【取消隔离物件】按钮 ，显示之前隐藏的物件，结果如图7-92所示。

45. 单击侧边栏中的【多重直线】按钮 ，绘制图7-93所示的线段。

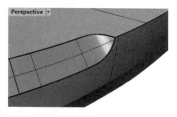

·图7-91│修剪曲面

·图7-92│显示物件

·图7-93│绘制线段（6）

46. 单击侧边栏中的 /【直线挤出】按钮 ，将指令提示栏中的"两侧(B)"选项修改为"否"，将步骤45中绘制的线段分两次挤出成面，结果如图7-94所示。

47. 单击侧边栏中的【炸开】按钮 ，炸开曲面。显示曲面的CV，选中底部边缘的CV，利用操作轴向x轴正向微调，结果如图7-95所示。

48. 单击侧边栏中的【组合】按钮 ，将调整后的曲面再组合起来。单击侧边栏中的 /

【布尔运算差集】按钮，利用挤出曲面减去其他曲面，结果如图7-96所示。

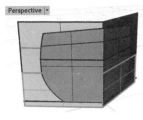
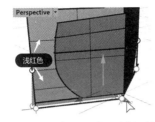
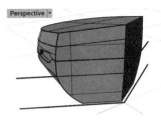

· 图7-94｜挤出成面（3）　· 图7-95｜炸开曲面并调整CV　· 图7-96｜差集结果（1）

**要点提示**：曲面的法线方向会影响差集的结果。结果不对，撤销步骤，然后右击侧边栏中的【反转方向】按钮，反转修剪曲面的法线方向后再次执行布尔运算差集操作。

曲面的法线方向会影响布尔运算差集的结果，因此将曲面正反设置为不同颜色可以直接判断曲面的方向。本书中曲面正面显示为蓝色，曲面背面显示为浅红色，修剪曲面的蓝色朝向侧为要保留的一侧，浅红色朝向侧为要修剪掉的一侧。如图7-95所示，使挤出曲面的方向对应的颜色与标记的颜色一致。

49. 单击侧边栏中的 /【环形阵列】按钮，将布尔运算后的物件以原点为基点、阵列数为"3"、阵列角度为360°阵列，结果如图7-97所示。

50. 新建一个图层，将其命名为"刀头网罩"，并修改为当前图层，再将"刀头底座"图层隐藏起来，接下来建立刀头网罩的模型。

51. 单击侧边栏中的【多重直线】按钮，按照图7-98所示的尺寸绘制线段。左下角的点位于原点处。

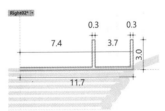

· 图7-97｜阵列曲面　　　　　　· 图7-98｜绘制线段（7）

52. 单击侧边栏中的【控制点曲线】按钮，分步绘制图7-99所示的曲线。

53. 单击侧边栏中的 /【旋转成形】按钮，旋转形成曲面，结果如图7-100所示。

· 图7-99｜绘制曲线　　　　　　· 图7-100｜旋转成面（1）

54. 单击顶栏中的 /【隐藏物件】按钮，将部分物件隐藏起来，结果如图7-101

所示。

55. 单击侧边栏中的【控制点曲线】按钮⊡，分步绘制网罩的花纹曲线，如图7-102所示。

56. 单击侧边栏中的█/【直线挤出】按钮█，挤出成面，结果如图7-103所示。曲面挤出的长度不限，但是要穿透之前的旋转面，以使后面的布尔运算成功。

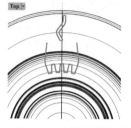

· 图7-101｜隐藏物件　　　　· 图7-102｜绘制花纹曲线　　　· 图7-103｜挤出成面（4）

57. 单击侧边栏中的🔳/【环形阵列】按钮⊞，以原点为基点分别阵列12份和85份，结果如图7-104所示。

58. 击侧边栏中的🔵/【布尔运算差集】按钮◐，使用阵列得到的曲面切除旋转得到的曲面，结果如图7-105所示。

**要点提示**：布尔运算量比较大，需要等待较长的时间，可以先存盘再进行布尔运算，布尔运算操作可以分多次逐步完成。

59. 显示之前隐藏的曲面，此时刀头网罩的效果如图7-106所示。

· 图7-104｜阵列　　　　　· 图7-105｜差集结果（2）　　　· 图7-106｜刀头网罩的效果

60. 显示"刀头底座"图层，将刀头网罩变换到相应的位置后阵列3份，结果如图7-107所示。

61. 单击侧边栏中的【多重直线】按钮⟍，绘制图7-108所示的线段。

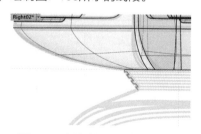

· 图7-107｜阵列刀头网罩　　　　　· 图7-108｜绘制线条（2）

62. 单击侧边栏中的 ☑/【旋转成形】按钮 🏆，将绘制好的线条沿世界坐标系的 z 轴旋转成面，结果如图7-109所示。

63. 单击侧边栏中的 ◎/【边缘圆角】按钮 ⬤，对刀头物件进行倒圆角，结果如图7-110所示。

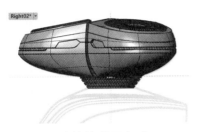

· 图7-109 │ 旋转成面（2）

· 图7-110 │ 倒圆角效果

## 7.1.4 组装刀头

1. 显示"主体"图层物件，再将刀头定位到机体上面，结果如图7-111所示。

微课

剃须刀 - 细节

· 图7-111 │ 定位刀头

2. 单击侧边栏中的 🗊/【复制边缘】按钮 ⬜，复制图7-112所示的曲面边缘，并将曲面边缘修剪掉一半。

3. 仅显示复制并修剪得到的曲面边缘与机体前壳，如图7-113所示。

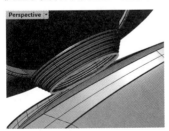

· 图7-112 │ 复制曲面边缘

· 图7-113 │ 仅显示的部件

4. 单击侧边栏中的【控制点曲线】按钮 🗊，绘制图7-114所示的曲线。

5. 单击侧边栏中的【投影曲线或控制点】按钮 🗊，在Front视图中将绘制好的曲线投影到前壳上，结果如图7-115所示。调整曲线造型的技巧参看7.1.1小节步骤29。

6. 单击侧边栏中的 🗊/【重建曲线】按钮 🗊，将提取的边缘重建为5阶10个CV的曲线，此时CV的状态如图7-116所示。

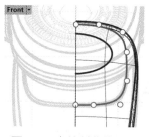

・图7-114│绘制曲线

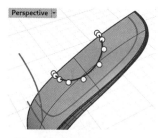

・图7-115│投影曲线

・图7-116│重建曲线

7. 单击侧边栏中的 /【直线挤出】按钮，将重建后的曲线挤出成面，结果如图7-117所示。

8. 单击侧边栏中的 /【衔接曲面】按钮，选择挤出曲面的下边缘与投影曲线，在弹出的对话框中勾选【精确衔接】复选框，单击 确定 按钮，衔接结果如图7-118所示。

9. 单击侧边栏中的 /【抽离结构线】按钮，抽离图7-119所示的结构线。

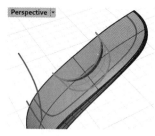

・图7-117│挤出成面

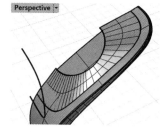

・图7-118│衔接曲面

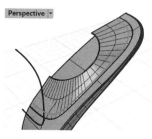

・图7-119│抽离结构线

10. 单击侧边栏中的 /【往曲面法线方向挤出曲线】按钮，将结构线沿着曲面法线方向挤出0.5个单位，结果如图7-120所示。

11. 单击侧边栏中的 /【放样】按钮，分两次在曲面边缘之间生成放样曲面，并删除之前衔接的面，结果如图7-121所示。

12. 单击侧边栏中的 /【往曲面法线方向挤出曲线】按钮，将结构线沿着曲面法线方向挤出 –1个单位，结果如图7-122所示。

・图7-120│往曲面法线方向
　　　　　挤出曲线（1）

・图7-121│放样成面并
　　　　　删除面

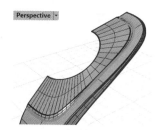

・图7-122│往曲面法线方向
　　　　　挤出曲线（2）

13. 单击侧边栏中的【组合】按钮，将挤出曲面与步骤11中的放样曲面组合。

14. 将制作好的面镜像，再显示其他隐藏的曲面，此时模型的着色效果如图7-123所示。

15. 单击侧边栏中的⚙/【边缘圆角】按钮🧊，进行倒圆角操作，再单击顶栏中的▢/【着色】按钮◉，查看目前曲面的状态，着色效果如图7-124所示。

·图7-123 │ 显示隐藏的曲面后模型的着色效果　　　·图7-124 │ 剃须刀模型着色效果

## 7.1.5　渲染

下面使用KeyShot对构建的模型进行渲染。

为方便对模型进行渲染，首先应按照模型的材质与色彩进行分层。因为线不需要渲染，所以把线单独分成一层并隐藏。根据最终效果（见图7-125）中各个部分材质的不同将模型部件分别放置在不同的图层内。

1. 启动KeyShot。新建一个文件，将其以"剃须刀.bin"为名进行保存。

2. 在KeyShot中打开前面创建的剃须刀模型，如图7-126所示。

3. 单击【库】按钮▣，切换到【环境】选项卡，选择合适的环境（可以多试一试不同的环境，然后调节亮度，达到自己满意的效果），在【项目】面板的【环境】选项卡中调节环境的亮度和角度，然后设置【背景】为【色彩】，并将颜色调整为白色，如图7-127所示。

·图7-125 │ 最终效果　　　·图7-126 │ 导入模型　　　·图7-127 │【环境】选项卡

4. 单击【库】按钮，打开【库】面板，如图7-128所示，在【材质】选项卡中展开【Axalta Paint】栏，选择一款黑色的烤漆材质拖曳到主体面上，结果如图7-129所示。

·图7-128 │【库】面板

·图7-129 │烤漆材质效果

5. 首先赋予主体Logo【Metal】/【Aluminum】材质，在材质库里面任意选择一种材质即可，然后到【项目】面板的【材质】选项卡中单击 材质图 按钮，弹出【材质图】窗口，在空白位置右击，在弹出的快捷菜单中选择【纹理】/【拉丝】命令，将生成的纹理贴图节点链接到金属材质的【色彩】与【凹凸】通道，参数设置如图7-130所示，材质效果如图7-131所示。

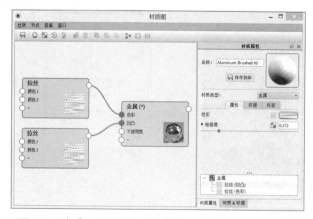

·图7-130 │【材质图】窗口（1）

·图7-131 │金属材质效果（1）

6. 将背壳的材质类型修改为【塑料(高级)】，然后单击 █材质图 按钮，弹出【材质图】窗口，导入一幅KeyShot材质库自带的刮痕纹理图片"pebble_normal.JPG"，将生成的纹理贴图节点链接到塑料(高级)材质的【凹凸】通道，参数设置如图7-132所示，材质效果如图7-133所示。

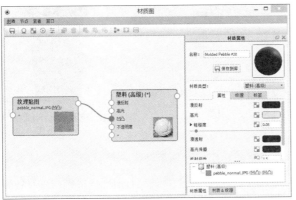

• 图7-132 | 【材质图】窗口（2）

• 图7-133 | 塑料(高级)材质效果（1）

7. 赋予刀头侧面圈【金属】材质，在材质库里面任意选择一个材质即可，然后在【项目】面板的【材质】选项卡中单击 █材质图 按钮，弹出【材质图】窗口，在空白位置右击，在弹出的快捷菜单中选择【纹理】/【拉丝】命令，将生成的纹理贴图节点链接到金属材质的【色彩】与【凹凸】通道，参数设置如图7-134所示，材质效果如图7-135所示。

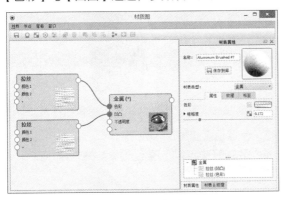

• 图7-134 | 【材质图】窗口（3）

• 图7-135 | 金属材质效果（2）

8. 将刀头网罩周围部件的材质类型修改为【塑料(高级)】，然后在【项目】面板的【材质】选项卡中单击 █材质图 按钮，弹出【材质图】窗口，导入一幅KeyShot材质库自带的刮痕纹理图片"pebble_normal.JPG"，将生成的纹理贴图节点链接到塑料(高级)材质的【凹凸】通道，参数设置如图7-136所示，材质效果如图7-137所示。

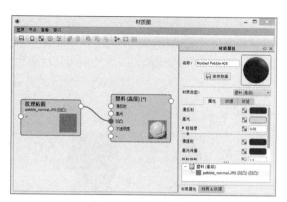

· 图7-136｜【材质图】窗口（4）

· 图7-137｜塑料(高级)材质
效果（2）

9. 赋予刀头网罩【金属】材质，在材质库里面任意选择一个材质即可，然后在【项目】面板的【材质】选项卡中单击 ■材质图 按钮，弹出【材质图】窗口，在空白位置右击，在弹出的快捷菜单中选择【纹理】/【拉丝】命令，将生成的纹理贴图节点链接到金属材质的【色彩】与【凹凸】通道，参数设置如图7-138所示，材质效果如图7-139所示。

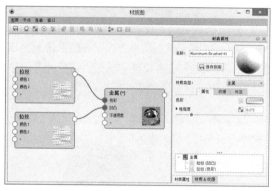

· 图7-138｜【材质图】窗口（5）

· 图7-139｜金属材质效果（3）

10. 单击 ◉ 按钮，弹出【渲染】对话框，参数设置如图7-140所示。

11. 调整物体至合适的角度，单击 渲染 按钮开始渲染，最终效果如图7-141所示。

· 图7-140｜【渲染】对话框

· 图7-141｜最终渲染效果

## 7.2 足浴盆建模

本节将为老年人设计一款足浴盆，并根据老年人的实际情况进行针对性设计：降低足浴盆口，方便腿脚不灵活的老年人使用；前倾的盆口相应地增大了盆口面积，以适应不同的足浴姿势，符合人机工学，舒适宜人；从语意方面讲，前倾有服务的含义，充满了人情味。足浴盆造型简单流畅，圆润素雅，便于脱模生产和清洁使用，可给用户全新的视觉和使用感受。下面就足浴盆的建模过程进行介绍。

在经过市场调研、草图方案创作、细节深入、具体尺寸的确定等流程后，确定最终方案，进行二维平面绘制、三维建模及渲染，其最终平面三视图与三维渲染效果如图7-142所示。

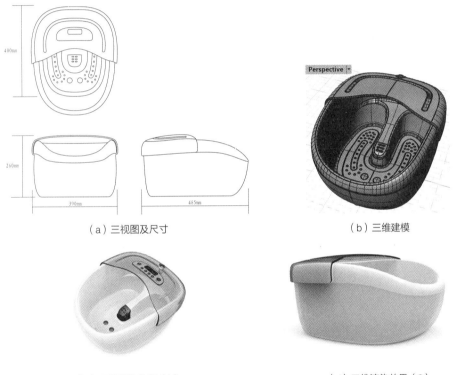

（a）三视图及尺寸　　　　　　　　　　　（b）三维建模

（c）三维渲染效果（1）　　　　　　　　（d）三维渲染效果（2）

· 图7-142 | 平面三视图与三维渲染效果

为方便读者理解和操作，本节将足浴盆的建模流程大致分为4个步骤：构建足浴盆体部分、构建保温盖部分、内部结构及细节建模、渲染。

### 7.2.1　构建足浴盆体部分

本小节介绍如何构建该产品的主体部分——足浴盆体。该部分的建模主要运用【双轨扫掠】、【偏移曲面】、【边缘圆角】等重要的工具，体现出家电产品的一般建模方法及细节的处理。具体操作如下。

1. 参考6.2节剪刀建模案例中的背景图放置方式，利用【添加一个图像平面】工具▣与

【放置背景图】工具将配套素材"Map"文件夹中的"zuyupenfront.jpg" "zuyupenright.jpg" "zuyupentop.jpg"文件分别导入相应的视图中，结果如图7-143所示。

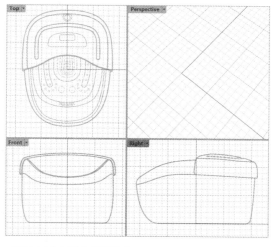

·图7-143│导入背景图

**要点提示**：为了保证模型准确，在建模时最好以平面三视图为参照。另外，导入图片时最简单的方法是先在图像处理软件（如Photoshop）中把图片大小及角度调好，处理好后再导入Rhino的视图中，这样手动调节对齐就很容易了。

2. 单击侧边栏中的【控制点曲线】按钮，参考平面三视图中的Top视图，绘制足浴盆的外轮廓线，如图7-144所示，绘制时曲线的CV应尽量少且分布均匀，这样绘制出来的曲线流畅、美观，并且由曲线生成的曲面的结构线均匀、曲面平滑易编辑。

**要点提示**：对称的造型可以基于世界坐标系放置，并且只绘制一半，但需要注意，对称轴位置的CV点要严格位于世界坐标系的轴向上，从端点起的第二CV与端头水平对齐。

3. 复制步骤2绘制的曲线并调整到图7-145所示的状态。

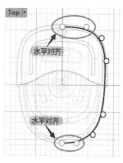

·图7-144│绘制底线

·图7-145│复制曲线并调整

4. 切换到Right视图，将外侧的曲线垂直向上移动到超出底图；利用【端点】捕捉，参考背景图绘制图7-146所示的两条曲线，最终得到图7-147所示的空间曲线组。

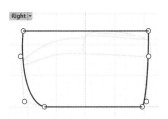

・图7-146│绘制曲线

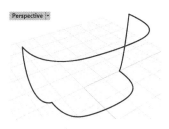

・图7-147│空间曲线组

5. 单击侧边栏中的 /【双轨扫掠】按钮 ，创建双轨曲面，结果如图7-148所示。

6. 单击侧边栏中的 /【偏移曲面】按钮 ，选择要偏移的曲面，设置指令提示栏中的"距离(D)"选项为"20"、"松弛(L)"选项为"是"、"实体(S)"选项为"否"，结果如图7-149所示。

**要点提示：**"松弛(L)"选项设置为"是"，偏移得到的曲面结构线才会和原曲面一样均匀简洁。

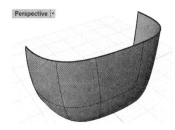

・图7-148│双轨曲面（1）

・图7-149│向内偏移曲面

7. 新建两个图层，将它们分别命名为"扫描线""外表面"，如图7-150所示。

8. 单击顶栏中的 /【选取曲线】按钮 ，将曲线调整到"扫描线"图层，选择曲面并将其放置到"外表面"图层中，然后隐藏"扫描线"图层。

9. 单击侧边栏中的 /【镜像】按钮 ，将偏移后的曲面沿着世界坐标系的$y$轴镜像，结果如图7-151所示。

・图7-150│新建图层

・图7-151│镜像曲面（1）

10. 先暂时隐藏外侧的曲面，放大镜像的2个曲面侧面相接的边缘，会发现边缘一端裂开，另一端交叉重叠了。单击侧边栏的 /【衔接曲面】按钮 ，将两端的边缘互相衔接为相切连续，如图7-152所示。

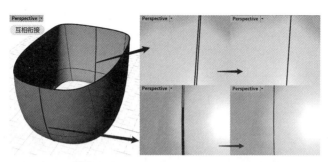

· 图7-152｜衔接曲面

11. 衔接完成后删除镜像的内曲面，选择剩下的内表面，右击侧边栏的【反转方向】按钮，更改内表面的方向，结果如图7-153所示。

12. 新建"内表面"图层，将内表面放置在该图层中并隐藏该图层。

13. 单击侧边栏中的【控制点曲线】按钮，切换到Right视图，参照背景图绘制CV曲线，结果如图7-154所示。

· 图7-153｜更改内表面的方向

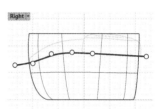

· 图7-154｜绘制CV曲线

14. 单击侧边栏中的【修剪】按钮，用步骤13绘制的曲线切去外表面的顶部，结果如图7-155所示。隐藏切割线并显示内表面，如图7-156所示。

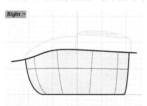

· 图7-155｜修剪外表面

· 图7-156｜隐藏切割线并显示内表面

**要点提示：**一般绘制的曲线或生成的曲面都不能随便删除，而要隐藏以备用。用Rhino制作模型时一定要经常存档备份，并且把制作过程中的各档案都保留下来，因为在制作中经常需要从以前的备份档案中提取一些曲线或曲面使用，如果没有这些备份档案，就会对模型的制作造成很大的麻烦。

15. 构建顶部曲面。顶部曲面的作用是与内表面相交生成盆边缘，并制作保温盖。参照背景图中的足浴盆保温盖，分析顶部曲面的大致走向，在Right视图中绘制扫描出顶部曲面的路径，结果如图7-157所示。

16. 单击侧边栏中的／【直线挤出】按钮，将步骤15绘制的曲线沿直线向两侧挤出，结果如图7-158所示。挤出总宽度超出足浴盆的宽度即可。

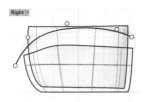

· 图7-157 | 绘制路径

· 图7-158 | 沿直线向两侧挤出

17. 将曲面升为3阶后显示CV，选择图7-159所示的两个边缘的CV，然后沿z轴往下调整CV。调整后的效果如图7-160所示。为了控制交线的形态，可以参考7.1.1小节步骤29的技巧来调整。

· 图7-159 | 选择CV

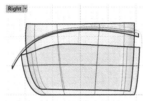

· 图7-160 | 调整CV后的效果

**要点提示：**【从物件建立曲线】工具列中的投影曲线或控制点复制边缘、复制边框、物件交集、抽离结构线等，都是建模常用到的操作，掌握这些操作能够快速、准确地建模。

18. 单击侧边栏中的【修剪】按钮，利用内表面与调整后的曲面互相修剪，结果如图7-161所示。

19. 右击侧边栏中的【以结构线分割曲面】按钮，开启【交点】捕捉，在图7-162所示的位置分割曲面。

20. 删除一侧的曲面，结果如图7-163所示。

· 图7-161 | 修剪曲面

· 图7-162 | 分割曲面

· 图7-163 | 删除曲面

21. 使用双轨扫掠的方法建立盆边缘，此时两条路径都有了，关键在于绘制断面曲线。切换到Right视图，大致在顶部曲面的最高处绘制垂直线，结果如图7-164所示。

22. 单击侧边栏中的【投影曲线或控制点】按钮，将直线投影到顶部曲面和外表面，得到的投影曲线如图7-165所示。

23. 单击侧边栏的【可调式混接曲线】按钮，选择步骤22中投影得到的2条曲线端头，弹出【调整曲线混接】对话框，如图7-166右图所示。在图7-166左图所示的❶处选择【正切】，在❷处选择【曲率】；其余2条线的混接以此类推，得到图7-167所示的3条曲线，这3条曲线就是进行扫掠的断面曲线。

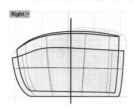

· 图7-164 | 绘制垂直线

· 图7-165 | 得到的投影曲线

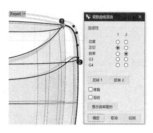

· 图7-166 | 曲线的可调式混接

· 图7-167 | 断面曲线

**要点提示**：可调式混接曲线可以动态地调整形态，以便设定生成的混接曲线与原有两条曲线在端点处的连续性级别；除了可以在曲线之间混接曲线，还可以在曲面边缘之间、曲线与点之间、曲面边缘与点之间生成混接曲线。

24. 单击侧边栏中的 /【双轨扫掠】按钮，以顶部曲面和外表面的边缘为路径、以步骤23中得到的3条曲线为断面曲线进行双轨扫掠，弹出【调整曲线混接】对话框，在与顶部曲面相接的 **B** 处设置【连续性】为【正切】，在与外表面相接的 **A** 处设置【连续性】为【曲率】，单击 确定 按钮，得到图7-168所示的双轨曲面。

25. 将图7-168所示的曲面沿着世界坐标系的y轴镜像，结果如图7-169所示。

· 图7-168 | 双轨曲面（2）

· 图7-169 | 镜像曲面（2）

26. 对建模曲线进行整理：选择扫掠边缘，存为新图层"边缘线"并隐藏，作为备份；单击顶栏中的 /【选取曲线】按钮，选择多余的曲线，存为新图层"多余线"并隐藏，作为备份；单击顶栏中的 /【选取曲面】按钮，选择所有的曲面，按 Ctrl+C 快捷键和 Ctrl+V 快捷键，将选择的曲面原地复制一份，然后保存至新图层并隐藏，作为备份。

**要点提示**：建模过程中会产生很多曲线和曲面，要及时整理、隐藏暂时用不到的曲线和曲面，才不会干扰建模；同时对可能用到的曲线或曲面进行备份，这样后面建模时如果需要，调出来就行。

27. 隐藏顶部曲面备用，然后选择内表面与盆边缘，单击侧边栏中的【组合】按钮🔧，将内表面与盆边缘组合，结果如图7-170所示。

28. 单击侧边栏中的🔩/【边缘圆角】按钮🔵，选择图7-171所示的边缘，设置圆角半径为"5"，结果如图7-172所示，完成足浴盆体部分的建模。

· 图7-170│组合曲面

· 图7-171│选择边缘

· 图7-172│倒圆角结果

## ▌7.2.2　构建保温盖部分

本小节介绍如何构建该产品的第二部分——保温盖。该部分的建模比较简单，主要运用【偏移曲面】【分割边缘】【边缘圆角】【布尔运算差集】等常用工具，体现出家电产品的一般建模方法及细节的处理。具体操作如下。

1. 显示7.2.1小节中步骤27隐藏的顶部曲面，选择顶部曲面和外表面，单击侧边栏中的🔩/【偏移曲面】按钮🔵，将两者同时向外偏移1个单位，结果如图7-173所示，偏移是因为保温盖与盆体之间有距离。

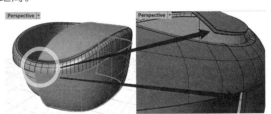
· 图7-173│偏移曲面

2. 切换到Top视图，单击侧边栏中的【控制点曲线】按钮🔳，参照背景图绘制顶部曲面切割线，注意CV要少且分布均匀，结果如图7-174所示。

3. 使用切割线修剪顶部曲面，结果如图7-175所示。

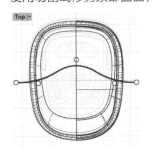
· 图7-174│绘制顶部曲面切割线

· 图7-175│修剪顶部曲面

4. 切换到Top视图，单击侧边栏中的【投影曲线或控制点】按钮，将步骤2绘制的切割曲线投影到由外表面偏移得到的曲面上，结果如图7-176所示。

5. 开启【端点】捕捉，单击侧边栏中的/【分割边缘】按钮，使用投影曲线的上端点分割由外表面偏移得到的曲面的边缘，利用侧边栏中的/【显示边缘】工具查看曲面边缘的状态，如图7-177所示。

· 图7-176 ｜ 投影曲线到由外表面偏移得到的曲面上 · 图7-177 ｜ 分割边缘

6. 单击侧边栏中的/【可调式混接曲线】按钮，在顶部曲面的边缘与投影曲线之间生成混接曲线，【连续性】设置为：顶面边缘处为【正切】、外表面边缘处为【曲率】，结果如图7-178所示。

7. 单击侧边栏中的/【双轨扫掠】按钮，以顶部曲面边缘与由外表面偏移得到的曲面的边缘为路径、混接曲线为断面曲线，生成双轨曲面。【连续性】设置为：Ⓑ处为【正切】、Ⓐ处为【曲率】，结果如图7-179所示。

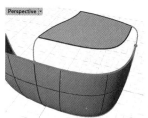

· 图7-178 ｜ 可调式混接曲线 · 图7-179 ｜ 双轨曲面

8. 隐藏偏移得到的曲面，组合双轨曲面和顶部曲面。

9. 单击侧边栏中的/【偏移曲面】按钮，在指令提示栏中设置"距离(D)"选项为"6"、"实体(S)"选项为"否"、"松弛(L)"选项为"是"，其余选项保持默认，将顶部曲面与外表面的偏移面再次偏移，结果如图7-180所示。

10. 参照步骤6、步骤7，再次生成混接曲线及双轨曲面，结果如图7-181所示。

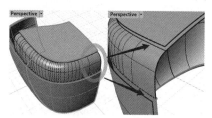

· 图7-180 ｜ 再次偏移曲面 · 图7-181 ｜ 再次生成混接曲线及双轨曲面

11. 单击侧边栏中的██/【放样】按钮██，选择图7-182所示的曲面边缘，在弹出的【放样选项】对话框【样式】选项组的下拉列表中选择【松弛】选项，单击 ██确定██ 按钮，放样结果如图7-183所示。

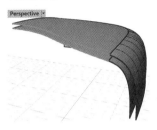

· 图7-182 | 选择曲面边缘

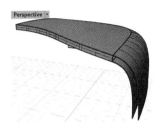

· 图7-183 | 放样成面

12. 以相同的方式生成其他放样曲面，结果如图7-184所示。

13. 将图7-184中的曲面镜像并组合两个曲面，结果如图7-185所示。

· 图7-184 | 生成其他放样曲面

· 图7-185 | 镜像曲面并组合两个曲面

14. 单击侧边栏中的██/【边缘圆角】按钮██，对组合曲面进行倒圆角，侧边圆角的半径为"10"，其他位置的圆角半径为"2.5"，结果如图7-186所示。

15. 构建装饰槽，装饰槽的分布与保温盖边缘的走势相近。单击侧边栏中的【控制点曲线】按钮██，绘制图7-187所示的曲线。

· 图7-186 | 倒圆角结果

· 图7-187 | 绘制曲线

16. 切换到Top视图，单击侧边栏中的【投影曲线或控制点】按钮██，将装饰槽线投影到步骤14进行倒圆角后的保温盖曲面上，结果如图7-188所示。

17. 单击侧边栏中的██/【圆管(圆头盖)】按钮██，将起点和终点处的直径都设置为"8"，加盖圆头，结果如图7-189所示。

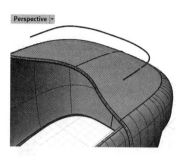

· 图7-188｜投影曲线

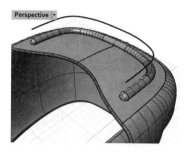

· 图7-189｜生成圆管

18．切换到Right视图，稍微向上调节圆管的位置，使之与保温盖相交的部分少一点，结果如图7-190所示。

19．单击侧边栏中的◉/【布尔运算差集】按钮◉，利用圆管挖掉保温盖的上表面，形成装饰槽，结果如图7-191所示。

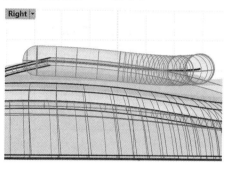

· 图7-190｜稍微向上调节圆管的位置

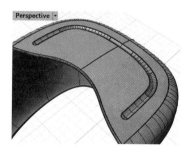

· 图7-191｜形成装饰槽

20．对槽边缘进行倒圆角，圆角半径设置为"0.3"。创建与保温盖相连的进水口，结果如图7-192所示。

21．足浴盆保温盖建模完成，结果如图7-193所示。选择保温盖模型，存入新图层并将其命名为"保温盖"。

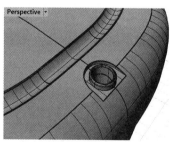

· 图7-192｜创建进水口

· 图7-193｜完成保温盖建模

## ▌7.2.3　内部结构及细节建模

前面完成了足浴盆的大体建模，这里需要构建它的内部结构和细节。市面上的足浴盆除了有泡脚的基本功能外，还有加热保温、震动按摩、气泡按摩、冲浪按摩及中药理疗等丰富的功能，这些功能都是通过在盆底部安装相应的构件及线路来实现的，所以足浴盆底部结构的建模也比较关键。

1. 构建足浴盆底部。单击侧边栏中的■/【以平面曲线建立曲面】按钮◙，选择外表面的底部边缘，如图7-194所示，生成足浴盆底部平面，结果如图7-195所示。将外表面和底部平面组合成多重曲面。

2. 单击侧边栏中的■/【复制边缘】按钮◙，复制图7-196所示的曲面边缘。

・图7-194│选择外表面的
　　　　　　底部边缘

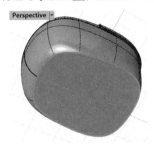

・图7-195│生成足浴盆
　　　　　　底部平面

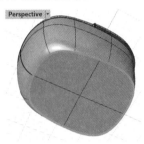

・图7-196│复制曲面边缘

3. 单击侧边栏中的■/【圆管(平头盖)】按钮◙，利用复制得到的曲面边缘生成半径为"8"的圆管，结果如图7-197所示。

4. 单击侧边栏中的【分割】按钮■，利用圆管切割足浴盆底部平面，并删除分割后的细缝曲面与圆管，结果如图7-198所示。

5. 单击侧边栏中的■/【混接曲面】按钮■，利用细缝的边缘生成混接曲面，结果如图7-199所示。

・图7-197│生成圆管

・图7-198│切割足浴盆
　　　　　　底部平面

・图7-199│生成混接曲面

6. 构建足浴盆内表面的底部。因为人的脚与足浴盆内表面底部接触，所以该面要与人的脚底曲线吻合。隐藏外表面和保温盖，单击侧边栏中的【控制点曲线】按钮■，在Right视图中参照人的脚底曲线绘制图7-200所示的曲线。

7. 选择曲线，单击侧边栏中的■/【直线挤出】按钮◙，挤出内底部曲面，结果如图7-201所示。

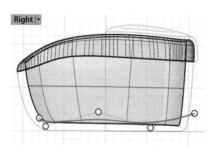

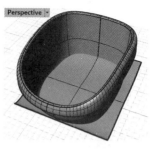

・图7-200 | 绘制曲线                ・图7-201 | 挤出内底部曲面

8. 单击侧边栏中的【修剪】按钮，修剪挤出曲面与内表面，结果如图7-202所示。选择修剪后的挤出曲面和内表面，将其存入"内表面"图层，并只显示该图层的物件。

9. 单击侧边栏中的/【抽离结构线】按钮，抽离图7-203所示的3条结构线。

・图7-202 | 修剪结果              ・图7-203 | 抽离结构线

10. 单击侧边栏中的/【复制边缘】按钮，复制图7-204所示的底部曲面边缘。

11. 单击侧边栏中的【修剪】按钮，在Top视图中利用从底面抽离出来的结构线修剪掉复制得到的底部曲面边缘的上部分，结果如图7-205所示。

・图7-204 | 复制底部曲面边缘          ・图7-205 | 修剪底部曲面边缘

12. 单击侧边栏中的【控制点曲线】按钮，在Top视图中绘制图7-206所示的足形曲线。注意，曲线CV关于$y$轴对称。

13. 单击侧边栏中的/【衔接曲线】按钮，将绘制好的足形曲线两端分别与修剪后的底部曲面边缘衔接且【正切】连续，然后删除底部曲面边缘，隐藏曲面，结果如图7-207所示。

· 图7-206 | 绘制足形曲线

· 图7-207 | 删除底部曲面边缘
并隐藏曲面

14. 单击侧边栏中的 /【双轨扫掠】按钮 ，以步骤13中得到的曲线生成双轨曲面，如图7-208所示。

**要点提示**：利用这里的条件可以生成最简扫掠曲面，以便后面调整曲面的形态，如果不能得到最简扫掠曲面，参看4.6.8小节的内容检查曲线。这里一般会犯的错误是：断面曲线的两端没有严格接在路径的端点上。注意，接在路径的最近点上或未相接是不可以生成最简扫掠曲面的。

15. 单击侧边栏中的【控制点曲线】按钮 ，在Right视图中绘制图7-209所示的按摩曲面的曲线。

· 图7-208 | 双轨曲面

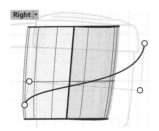

· 图7-209 | 绘制按摩曲面的曲线

16. 单击侧边栏中的 /【直线挤出】按钮 ，挤出按摩曲面，挤出宽度超出双轨曲面的宽度即可，结果如图7-210所示。这时双轨曲面没有完全位于挤出曲面的内侧，需要显示CV进行调整。

17. 按F10键，显示曲面的CV，现在显示的曲面CV不便于选择与调整，可以把不操作的CV隐藏起来。选择图7-211所示的曲面上下边缘的两排CV，然后单击顶栏中的 /【隐藏控制点】按钮 ，将选中的CV隐藏起来。

· 图7-210 | 挤出的按摩曲面

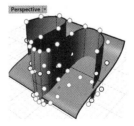

· 图7-211 | 选择上下边缘的CV并隐藏

18. 选择图7-212所示的CV，然后单击侧边栏中的/【UVN 移动】按钮，使其沿曲面法线方向朝内移动，结果如图7-213所示。

· 图7-212 | 选择CV

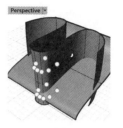

· 图7-213 | 沿曲面法线方向朝内移动选中的CV

19. 单击侧边栏中的 /【物件相交】按钮 ，再单击状态栏中的 记录建构历史 按钮，开启【记录建构历史】功能，利用双轨曲面与挤出曲面生成具有建构历史的交线，结果如图7-214所示。

20. 除了可以使用【UVN移动】工具 调整曲面的CV外，还可以使用操作轴调整，调整的同时观察Top视图中交线的形态变化，使对称轴处的交线靠近，结果如图7-215所示。底图中有部分线条可以参考，注意保持对称调整，结果如图7-216所示。

· 图7-214 | 生成交线

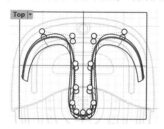

· 图7-215 | 调整CV并观察交线的形态

· 图7-216 | 调整结果

21. 显示其他曲面，如图7-217所示。单击侧边栏中的【修剪】按钮 ，将交线、曲面结构线及曲面分多次逐步修剪。另外，双轨曲面可能没有超出底部的曲面，可以利用侧边栏中的 /【延伸曲面】工具 延长曲面，以使其完全贯穿底面，结果如图7-218所示。

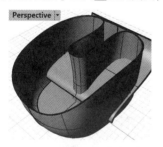

· 图7-217 | 显示其他曲面

· 图7-218 | 相互修剪的结果

22. 直接对目前的曲面进行倒圆角极容易失败，这里可以使用【圆管（平头盖）】工具 和【混接曲面】工具 生成圆角曲面。单击侧边栏中的 /【圆管(平头盖)】按钮 ，利用曲面的边缘生成多个圆管，并逐步修剪曲面，形成图7-219所示的缝隙面。

**要点提示：** 如果曲面边缘不够长，无法生成完全贯穿的圆管，可以利用侧边栏中的🔲/▱/【延伸曲线(平滑)】工具🔲延长曲线边缘。

23. 单击侧边栏中的🔲/【混接曲面】按钮🔲，在缝隙之间多次生成混接曲面模拟圆角效果，结果如图7-220所示。混接时，可以利用侧边栏中的▱/【显示边缘】工具🔲查看曲面边缘的状态，以便选择边缘。

· 图7-219 │ 生成缝隙面

· 图7-220 │ 多次生成混接曲面

24. 制作分模线。盆体是由内外表面扣合而成，扣合处要制作分模线的效果。隐藏内表面，单击侧边栏中的🔲/【复制边缘】按钮🔲，选择图7-221所示的边缘并复制。

25. 单击侧边栏中的🔲/【往曲面法线方向挤出曲线】按钮🔲，将复制得到的边缘以外表面为基底曲面向内挤出，将指令提示栏中的"距离（D）"选项设置为"－1.5"，得到图7-222所示的往曲面法线方向挤出的曲面。

26. 镜像挤出的曲面，然后单击侧边栏中的【组合】按钮🔲，把挤出的曲面和外表面组合为多重曲面，结果如图7-223所示。

· 图7-221 │ 选择并复制边缘

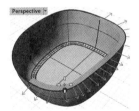
· 图7-222 │ 往曲面法线方向
挤出的曲面

· 图7-223 │ 镜像曲面
并组合

**要点提示：** 分模线在建模中经常用到，它能客观、真实地反映产品的结构、生产工艺等要素，熟练掌握其建模方法很有必要。读者可以多练习和探索，因为分模线的制作不仅限于这一种方法。

27. 单击侧边栏中的🔲/【边缘圆角】按钮🔲，倒圆角，圆角半径设置为"2"。显示内表面，使用同样的方法制作内表面的圆角，完成分模线的制作，结果如图7-224所示。

28. 制作内部结构，结果如图7-225所示。

·图7-224│分模线效果　　　　　　　　·图7-225│制作内部结构

29. 显示外表面和保温盖。至此，足浴盆建模全部完成，结果如图7-226所示，场景文件参见素材文件"足浴盆.3dm"。

·图7-226│足浴盆最终效果

## 7.2.4　渲染

下面使用KeyShot渲染足浴盆模型。

1. 启动KeyShot，执行菜单命令【文件】/【打开】，打开配套素材"第7章\足浴盆"文件夹中的"足浴盆.3dm"文件。

2. 为模型赋予材质。单击【库】按钮，打开【库】面板，选择相应的材质，拖曳材质球到指定的部分，释放鼠标左键即可。足浴盆体为塑料材质，保温盖为透明塑料材质，保温盖上有操作界面及盆底的细节部分材质。选择【Materials】/【Plastic】选项，选择【Cloudy】/【Shiny】中的【Shiny Cloudy Plastic Light Blue】作为外表面材质、选择【Hard】/【Shiny】中的【Hard Shiny Plastic Beige】作为内表面材质、选择【Hard】/【Shiny】中的【Hard Shiny Plastic White】作为保温盖材质。

**要点提示**：一般在赋予产品材质时，很难一次就得到满意的效果，材质也不是固定不变的，用户需要不断地尝试不同的材质，并不断调试这些材质的参数，才能得到最好的渲染效果。用户调出好的材质效果后可以建立自己的材质库，或者为一个产品的几种材质建立材质库，以便快速调用需要的材质。具体方法是在材质库中新建文件夹，右击材质，在弹出的快捷菜单中选择【保存到库】命令，然后选择新建的文件夹即可。

3. 贴图需要在正视图中操作，这样可以避免透视的干扰，以便判断贴图的大小、角度等。执行菜单命令【项目】/【相机】/【标准视图】/【顶】，将视图调整至顶视图。双击保温盖，弹出【项目】面板，选择【材质】/【标签】子选项卡，单击【添加标签】按钮，打开【打开纹理】对话框，选择配套素材"Map"文件夹中的"操作面板.png"文件，再单击保温盖即可贴上。在【项目】面板中设置【缩放】为"2.1"、【平移X】为"0"、【平移Y】为"0.2"（这些参数不是固定的，关键看贴图的原始位置，只需将贴图缩放到要求的大小平移至要求的位置），如图7-227所示。

　　**要点提示**：可以利用【相机】选项卡中的【新增相机】工具 来保存渲染时的各种视角，这样可以很方便地调出保存的视角。

　　4. 调节环境参数。环境对渲染产品的影响是很大的，环境参数包括亮度、对比度，以及光源的亮度、高度和方向等，这些参数不是固定不变的，用户需要根据实际的渲染效果进行调整。这里的【环境文件】设置为"startup.hdr"、【对比度】设置为"1"、【亮度】设置为"1.106"、【大小】设置为"25"、【高度】设置为"0"、光【旋转】设置为"141.5"、【背景】设置为白色，以便做展板时抠图，勾选【地面阴影】和【地面反射】复选框，如图7-228所示。将【相机】选项卡中的【视角/焦距】设置为"30"。

　　5. 单击 按钮，打开【渲染选项】对话框，设置【格式】为【TIFF】，【打印大小】根据需要制作的展板的大小与单位来设置，这里保持"300 DPI"不变，如图7-229所示。

 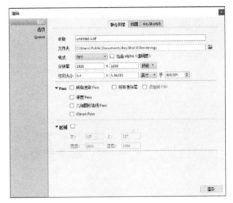

・图7-227│【项目】面板　　・图7-228│调节环境参数　　・图7-229│【渲染选项】对话框

　　6. 单击 渲染 按钮进行渲染，结果如图7-230所示。

（a）三维渲染效果（1）　　（b）三维渲染效果（2）

・图7-230│渲染结果

# 第8章

# 电动工具建模案例

学习目标：
- 掌握电钻的建模方法。

本章以WORX电钻为例介绍电动工具的建模过程，其中涉及的命令与操作步骤很常用，读者需要反复练习，以达到熟练的程度。

WORX电钻的造型非常复杂，曲面的变化很丰富，在开始建模前需要规划好建模思路，体会曲面转折处的细节。绘制曲面转折处时需要多做参考线以进行定位与确定形态、角度。电钻模型最终效果如图8-1所示。

· 图8-1 | 电钻模型最终效果

1. 在开始建模前，应当设置好文件的单位、公差等，基于不同的模型，选择的单位和精度也不相同。图8-2所示为本案例使用的单位及公差。

2. 在Top视图、Front视图和Right视图中放置背景图。在调整背景图时可以放置参考点、参考线或立方体来帮助定位，结果如图8-3所示。

· 图8-2 | 设置单位与公差

· 图8-3 | 放置背景图

# 8.1 | 构建电钻主体后部

微课

电钻 - 主体
后部 01

微课

电钻 - 主体
后部 02

下面创建电钻的主体后部，电钻电机部位的外壳与下面的把手造型都比较简单、平滑，但它们之间的过渡曲面转折有点急，需要单独用面去搭接这两个部件。下面的把手部分看似都是简单的曲面，但是空间之间的搭接关系比较复杂。这里需要多绘制辅助线以帮助思考与定位。

1. 新建一个图层，名称修改为"电钻主体后部"，并将其设置为当前图层。

2. 单击侧边栏中的◎/【圆:可塑形的】按钮◎，将指令提示栏中的"阶数(D)"选项修改为"5"、"点数(P)"选项修改为"10"，在Right视图中绘制一个可塑圆，结果如图8-4所示。注意使可塑圆的接缝位于正下方。

3. 参考底图的轮廓，利用操作轴调整可塑圆的造型，结果如图8-5所示。

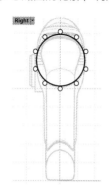

· 图8-4│绘制可塑圆

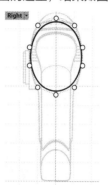

· 图8-5│调整可塑圆的造型

微课

电钻 - 手柄 01

微课

电钻 - 手柄 02

微课

电钻 - 手柄 03

4. 单击侧边栏中的 /【直线挤出】按钮 ，将曲线挤出成面，结果如图8-6所示。

5. 显示曲面的CV并微调，使图8-7所示的曲面结构线（利用【交点】捕捉与 记录建构历史 工具并结合侧边栏中的 /【抽离结构线】工具 ，可以抽离出这条结构线）与底图吻合。后续要利用这条结构线修剪曲面，所以先保证该结构线处于所需的位置。

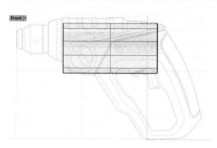

· 图8-6│挤出成面（1）

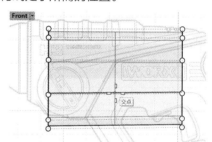

· 图8-7│调整曲面（1）

6. 单击侧边栏中的【多重直线】按钮 ，参考底图绘制一条线段，结果如图8-8所示。

7. 单击侧边栏中的【单点】按钮 ，结合【最近点】捕捉，在曲面结构线与线段上分别放置一个点，点处于底图部件造型转折的位置，结果如图8-9左图所示。将线段与点都调整到对齐世界坐标系的x轴，结果如图8-9右图所示。

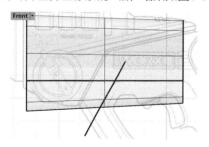

· 图8-8│绘制线段（1）

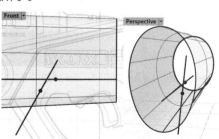

· 图8-9│放置点

8. 利用点修剪线段与结构线，然后单击侧边栏中的 🔽/【可调式混接曲线】按钮 🔄，在修剪后的线条之间生成混接曲线，结果如图8-10所示。

9. 单击侧边栏中的【修剪】按钮 🔧，在Front视图中利用曲线修剪曲面，结果如图8-11所示。

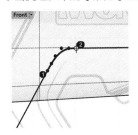

· 图8-10│生成混接曲线

· 图8-11│修剪曲面（1）

10. 单击侧边栏中的【多重直线】按钮 🔼，绘制一条线段，然后在Right视图中微调线段的角度和位置，结果如图8-12所示。

11. 单击侧边栏中的 🔽/【更改阶数】按钮 🔢，将线段升为3阶的曲线，然后显示CV，参照底图调整线段为曲线，结果如图8-13所示。

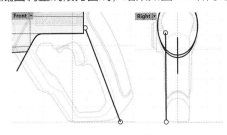

· 图8-12│绘制线段并调整

· 图8-13│调整线段为曲线

12. 将调整好的曲线沿世界坐标系的 $x$ 轴镜像。

13. 单击侧边栏中的 🔽/【复制边缘】按钮 🔷，复制曲面的边缘，结果如图8-14所示。

14. 单击侧边栏中的 🔽/【设置XYZ坐标】按钮 🔳，将复制得到的边缘的CV沿着垂直线对齐，结果如图8-15所示。

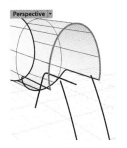

· 图8-14│复制边缘（1）

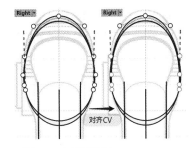

· 图8-15│对齐CV

15. 单击侧边栏中的 🔽/【定位物件：两点】按钮 🔷，将指令提示栏中的"复制(C)"选项修改为"是"、"缩放比(S)"选项修改为"三轴"，然后利用【端点】捕捉将调整后的曲面边缘复制并定位到曲线的两端，结果如图8-16所示。

16. 单击侧边栏中的/【双轨扫掠】按钮，利用步骤10～15中绘制并调整好的曲线生成曲面，结果如图8-17所示。

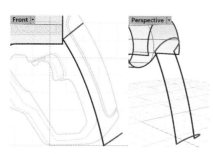

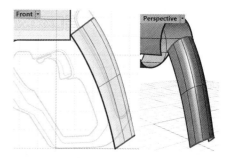

・图8-16│复制并定位曲面边缘    ・图8-17│双轨曲面

17. 双轨曲面与底图的造型略有出入，显示双轨曲面的CV，激活【物件锁点】面板中的【投影】模式。在Front视图中，单击侧边栏中的/【单轴缩放】按钮，分别调整中间两排CV的弧度，结果如图8-18所示。调整好后关闭【投影】模式。

18. 右击侧边栏中的【以结构线分割曲面】按钮，在图8-19所示的位置分别以结构线分割两个曲面，然后删除选中的曲面。

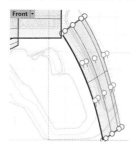

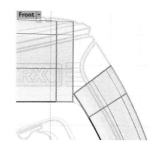

・图8-18│调整曲面（2）    ・图8-19│分割曲面（1）

19. 单击侧边栏中的/【放样】按钮，依次选择分割后曲面的边缘，在弹出的【放样选项】对话框中，在【样式】选项组的下拉列表中选择【标准】选项，勾选【与起始端边缘相切】和【与结束端边缘相切】复选框，单击 确定 按钮，放样结果如图8-20所示。

20. 单击侧边栏中的/【更改曲面阶数】按钮，将放样后的曲面的U向与V向都升为5阶。

21. 单击侧边栏中的/【衔接曲面】按钮，选择升阶后的曲面边缘，再选择其搭接的曲面边缘，在弹出的【衔接曲面】对话框中设置【连续性】为【曲率】、【结构线方向调整】为【与目标结构线方向一致】，单击 确定 按钮，衔接结果如图8-21所示。

22. 新建一个图层，将其命名为"曲线"，然后选择所有的曲线，单击顶栏中的/【更改物件图层】按钮，将曲线更改到"曲线"图层，然后隐藏该图层。

23. 单击侧边栏中的【多重直线】按钮，参照底图造型，绘制两条线段，结果如图8-22所示。

24. 单击侧边栏中的/【偏移曲线】按钮，选择步骤23的线段，将指令提示栏中的"距离(D)"选项修改为"2"，偏移两条线段，然后修剪，结果如图8-23所示。

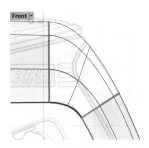

·图8-20│放样成面（1）

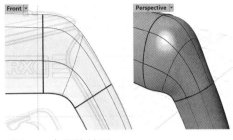

·图8-21│衔接结果

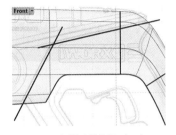

·图8-22│绘制线段（2）

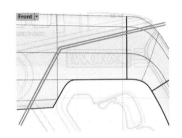

·图8-23│偏移并修剪线段

25. 单击侧边栏中的【曲线圆角】按钮，将两条折线分别倒圆角，圆角半径分别为"9""7"，结果如图8-24所示。

26. 单击侧边栏中的／【偏移曲面】按钮，将目前场景中的3个曲面分别向内偏移1个单位，将指令提示栏中的"松弛(L)"选项修改为"是"，结果如图8-25所示。

27. 单击侧边栏中的／【衔接曲面】按钮，选择偏移后的曲面边缘，在弹出的【衔接曲面】对话框中设置【连续性】为【曲率】、【结构线方向调整】为【与目标结构线方向一致】，单击 确定 按钮。

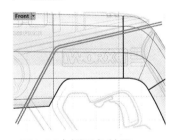

·图8-24│倒圆角结果

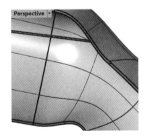

·图8-25│偏移曲面结果

28. 单击侧边栏中的／【直线挤出】按钮，将指令提示栏中的"两侧(B)"选项修改为"是"，将带圆角的折线挤出成面，结果如图8-26所示。

29. 单击侧边栏中的【分割】按钮，将偏移前后的曲面使用挤出曲面分割开，然后使用偏移得到的曲面分割挤出的曲面，再删除多余的曲面，形成凹槽效果，结果如图8-27所示。

30. 新建一个图层，将其命名为"电钻主体前部"，然后选择图8-28所示的曲面，单击顶栏中的／【更改物件图层】按钮，将曲面更改到"电钻主体前部"图层，然后隐藏该图层。

·图8-26｜挤出成面（2）

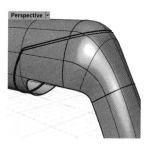

·图8-27｜分割曲面后删除多余的曲面

31. 删除一侧的分割后的面。

32. 单击侧边栏中的【多重直线】按钮，参照底图造型绘制一条线段，结果如图8-29所示。

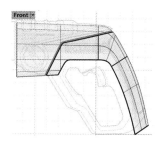

·图8-28｜选择曲面并更换图层

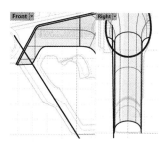

·图8-29｜绘制线段（3）

33. 将线段复制一份，然后移动到图8-30所示的位置，并微调线段两端的CV，使线段与底图的倾斜角度相同。

34. 单击侧边栏中的／【放样】按钮，选择两条线段，在弹出的【放样选项】对话框中，在【样式】选项组的下拉列表中选择【松弛】选项，单击 确定 按钮，放样结果如图8-31所示。

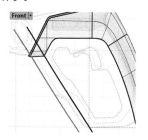

·图8-30｜复制线段并调整位置

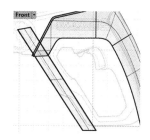

·图8-31｜放样成面（2）

35. 右击侧边栏中的【以结构线分割曲面】按钮，参照图8-32分别以结构线分割两个曲面，并删除分割后多余的曲面。

36. 单击侧边栏中的／【可调式混接曲线】按钮，选择分割后的曲面边缘，在弹出的【调整曲线混接】对话框中设置【连续性】为【曲率】，单击 确定 按钮，结果如图8-33所示。

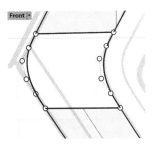

· 图8-32 | 以结构线分割曲面　　· 图8-33 | 生成可调式混接曲线（1）

37．单击侧边栏中的▨/【以二、三或四个边缘曲线建立曲面】按钮▨，以混接曲线与两侧的曲面边缘建立曲面，结果如图8-34所示。

38．将制作好的面沿着世界坐标系的x轴镜像。

39．单击侧边栏中的▨/【显示边缘】按钮▨，显示图8-35所示的曲面边缘，这些曲面边缘是自动分割开的，因为修剪曲面时使用的曲线处于未组合状态，曲线分段位置会保留分割点。

· 图8-34 | 4边成面（1）

40．单击侧边栏中的▨/【放样】按钮▨，选择图8-36所示的两条曲面边缘，在弹出的【放样选项】对话框中，在【样式】选项组的下拉列表中选择【标准】选项，单击 确定 按钮，放样结果如图8-37所示。

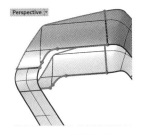

· 图8-35 | 显示边缘　　· 图8-36 | 选择边缘（1）　　· 图8-37 | 放样成面（3）

41．显示放样曲面的CV，选择中间两排CV，在Front视图中参考底图向下调整CV，结果如图8-38所示。

42．单击侧边栏中的▨/【放样】按钮▨，选择图8-39所示的两条曲面边缘，在弹出的【放样选项】对话框中，在【样式】选项组的下拉列表中选择【标准】选项，单击 确定 按钮，放样结果如图8-40所示。

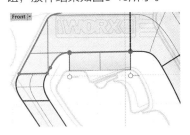

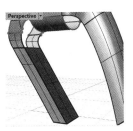

· 图8-38 | 调整CV（1）　　· 图8-39 | 选择边缘（2）　　· 图8-40 | 放样成面（4）

43. 显示放样曲面的CV，选择中间两排CV，在Front视图中参考底图调整CV，结果如图8-41所示。

44. 单击侧边栏中的🖼/【抽离结构线】按钮📐，参考底图抽离图8-42所示的一条结构线。

45. 单击侧边栏中的【多重直线】按钮⺕，绘制图8-43所示的线段。

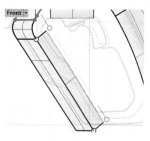
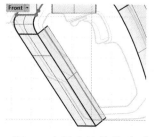

·图8-41│调整CV（2）　　·图8-42│抽离结构线（1）　　·图8-43│绘制线段（4）

46. 单击侧边栏中的【修剪】按钮🖳，利用结构线与线段修剪曲面，结果如图8-44所示。要是修剪不掉曲面，可以利用侧边栏中的🗋/【延伸曲线】工具🖃适当延长结构线。

47. 显示曲面的CV，在Right视图中利用操作轴单轴缩放中间两排CV，并修剪曲面，结果如图8-45所示。

**要点提示**：这里先将曲面修剪掉，再调整曲面的CV，可以很直观地看到曲面修剪边的变化，观察修剪边形态变化帮助调整曲面的造型，这里需要将修剪位置的曲面部分的宽度适当调大一些，使其与后面把手的宽度相差不大。

48. 删除抽离的结构线与线段。

49. 单击侧边栏中的【控制点曲线】按钮🖾，参考底图绘制图8-46所示的曲线。

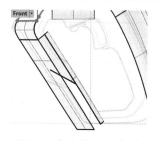
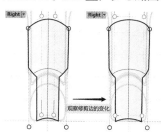
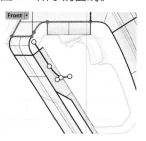

·图8-44│修剪曲面（2）　　·图8-45│调整CV（3）　　·图8-46│绘制曲线（1）

50. 单击侧边栏中的🖌/【直线挤出】按钮🖽，将指令提示栏中的"两侧(B)"选项修改为"是"，结果如图8-47所示。

51. 单击侧边栏中的🖉/【更改曲面阶数】按钮🖽，将挤出的面在U向与V向都升为3阶。

52. 选择中间两排CV，然后单击侧边栏中的🖾/【UVN移动】按钮🖾，将选中的CV向N向朝外调整。

53. 激活状态栏中的 记录建构历史 按钮，选中两个曲面，然后单击侧边栏中的🖳/【物件相交】按钮🖾，求取两个曲面的交线，结果如图8-48所示。

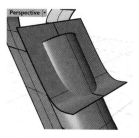

·图8-47│挤出成面（3）

54. 调整挤出曲面的中间两排CV，并观察交线的变化与底图的造型，直到交线与曲面轮廓都与底图吻合，结果如图8-49所示。

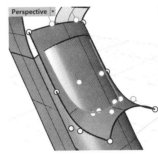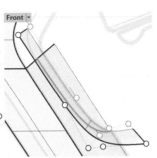

· 图8-48│求取两个曲面的交线　　· 图8-49│调整曲面（3）

55. 单击侧边栏中的【修剪】按钮，将调整好的曲面与相交的曲面互相修剪，结果如图8-50所示。直接修剪曲面不会成功，可以先利用【以结构线分割】工具将挤出并调整好的曲面的上部利用【端点】捕捉在交线端点位置分割掉。

56. 单击侧边栏中的／【放样】按钮，将图8-51所示的曲面边缘放样成面。

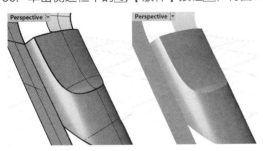

· 图8-50│将曲面互相修剪　　　　　　· 图8-51│放样成面（5）

57. 显示曲面的CV，调整曲面中间的两排CV，结果如图8-52所示。

58. 右击侧边栏中的【以结构线分割曲面】按钮，在图8-53所示的位置分割曲面。删除多的一侧曲面，再将剩下的曲面沿着世界坐标系的x轴镜像。

59. 单击侧边栏中的／【放样】按钮，将分割剩下的曲面边缘放样成面，结果如图8-54所示。

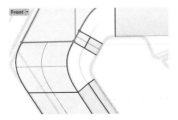

· 图8-52│调整曲面的CV　　· 图8-53│以结构线分割曲面　　· 图8-54│放样成面
　　　　（1）　　　　　　　　　　　　　　　　　　　　　　　　　　　　（6）

60. 显示曲面的CV，调整曲面中间的两排CV，结果如图8-55所示。

61. 单击侧边栏中的 /【可调式混接曲线】按钮，选择相应的线，在弹出的【调整曲线混接】对话框中设置【连续性】为【曲率】，单击 确定 按钮，生成图8-56所示的曲线。

62. 单击侧边栏中的 /【以二、三或四个边缘曲线建立曲面】按钮，以曲面边缘与混接曲线建立曲面，结果如图8-57所示。

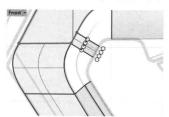 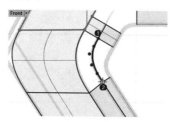 

・图8-55｜调整曲面的CV（2）　・图8-56｜生成可调式混接曲线（2）　・图8-57｜4边成面（2）

63. 单击侧边栏中的 /【抽离结构线】按钮，抽离图8-58所示的结构线。

64. 单击侧边栏中的 /【可调式混接曲线】按钮，选择相应的线，在弹出的【调整曲线混接】对话框中设置【连续性】为【曲率】，单击 确定 按钮，生成图8-59所示的曲线。

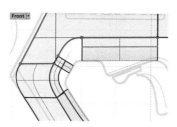 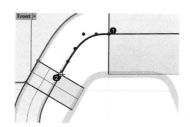

・图8-58｜抽离结构线（2）　・图8-59｜生成可调式混接曲线（3）

65. 单击侧边栏中的 / /【分割边缘】按钮，在端点位置分割曲面边缘，结果如图8-60所示。

66. 单击侧边栏中的 /【以二、三或四个边缘曲线建立曲面】按钮，以曲面边缘与混接曲线建立曲面，结果如图8-61所示。

67. 将制作好的两个4边曲面沿着世界坐标系的x轴镜像。

68. 单击侧边栏中的 /【以二、三或四个边缘曲线建立曲面】按钮，以曲面边缘建立曲面，结果如图8-62所示。

・图8-60｜分割曲面边缘　・图8-61｜4边成面（3）　・图8-62｜4边成面（4）

69. 单击侧边栏中的 /【衔接曲面】按钮 ，选择4边曲面的边缘与相接面的边缘，在弹出的【衔接曲面】对话框中设置【连续性】为【曲率】、【结构线方向调整】为【与目标结构线方向一致】，单击 确定 按钮，结果如图8-63所示。

70. 单击侧边栏中的 /【以二、三或四个边缘曲线建立曲面】按钮 ，以曲面边缘建立曲面，结果如图8-64所示。

71. 单击侧边栏中的 /【衔接曲面】按钮 ，选择4边曲面的边缘与相接面的边缘，在弹出的【衔接曲面】对话框中设置【连续性】为【曲率】、【结构线方向调整】为【与目标结构线方向一致】，单击 确定 按钮，结果如图8-65所示。

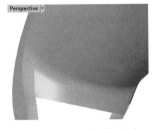  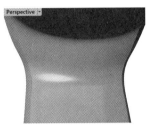

· 图8-63｜衔接曲面（1）　　· 图8-64｜4边成面（5）　　· 图8-65｜衔接曲面（2）

72. 单击侧边栏中的 /【放样】按钮 ，将图8-66所示的曲面边缘放样成面。

73. 显示曲面的CV，调整中间两排CV，结果如图8-67所示。

74. 单击侧边栏中的 /【以二、三或四个边缘曲线建立曲面】按钮 ，以曲面边缘建立曲面，结果如图8-68所示。

 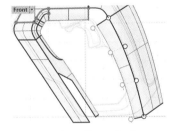 

· 图8-66｜放样成面（7）　　· 图8-67｜调整CV（4）　　· 图8-68｜4边成面（6）

75. 单击侧边栏中的 /【衔接曲面】按钮 ，选择4边曲面的边缘与相接面的边缘，在弹出的【衔接曲面】对话框中设置【连续性】为【曲率】、【结构线方向调整】为【与目标结构线方向一致】，单击 确定 按钮，结果如图8-69所示。

76. 右击侧边栏中的【以结构线分割曲面】按钮 ，在图8-70所示的位置分割调整好的曲面，然后将分割出来的下面的一小块曲面删除。

77. 单击侧边栏中的【多重直线】按钮 ，结合【端点】捕捉绘制图8-71所示的线段。

78. 将绘制好的线段移动并复制到图8-72所示的位置。

79. 单击侧边栏中的 /【放样】按钮 ，将两条线段放样成面，结果如图8-73所示。

80. 单击侧边栏中的 /【衔接曲面】按钮 ，选择放样形成的曲面边缘与相接面的边缘，在弹出的【衔接曲面】对话框设置【连续性】为【位置】、【结构线方向调整】为【维持结构线方向】，单击 确定 按钮，结果如图8-74所示。

 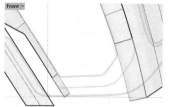 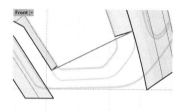

· 图8-69｜衔接曲面（3）　· 图8-70｜分割曲面（2）　· 图8-71｜绘制线段（5）

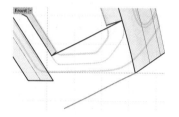 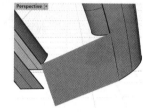 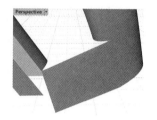

· 图8-72｜移动并复制线段　· 图8-73｜放样成面（8）　· 图8-74｜衔接曲面（4）

81. 激活【物件锁点】面板中的【投影】模式，绘制图8-75所示的两条线段。

82. 单击侧边栏中的 🖊/【可调式混接曲线】按钮，选择两条线段，在弹出的【调整曲线混接】对话框中设置【连续性】为【曲率】，单击 确定 按钮，生成图8-76所示的曲线。

83. 单击侧边栏中的【控制点曲线】按钮，绘制图8-77所示的曲线。

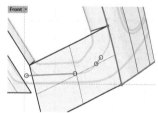 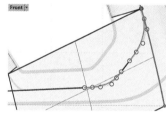 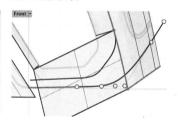

· 图8-75｜绘制线段（6）　· 图8-76｜生成可调式混接曲线（4）　· 图8-77｜绘制曲线（2）

84. 单击侧边栏中的【修剪】按钮，然后使用绘制好的曲线修剪曲面，结果如图8-78所示，再将修剪后的曲面沿世界坐标系x轴镜像。

85. 单击侧边栏中的 🖊/【直线挤出】按钮，将指令提示栏中的"两侧(B)"选项修改为"是"，然后将步骤83中绘制的曲线挤出成面，结果如图8-79所示。

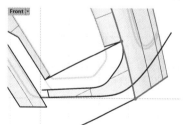 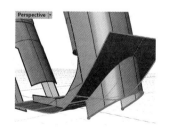

· 图8-78｜修剪曲面（3）　· 图8-79｜挤出成面（4）

86．单击侧边栏中的【修剪】按钮🔧，利用相邻的曲面互相修剪，结果如图8-80所示。

87．选择所有曲线，将曲线修改到隐藏的"曲线"图层上。

88．单击侧边栏中的🔲/【放样】按钮🔲，然后使用图8-81所示的两对边缘放样成两个面。

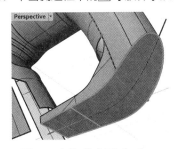

· 图8-80｜修剪曲面（4）

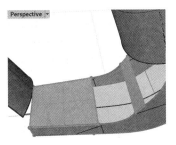

· 图8-81｜放样成面（9）

89．显示曲面的CV，调整中间两排CV，结果如图8-82所示。

90．单击侧边栏中的🔲/【以二、三或四个边缘曲线建立曲面】按钮🔲，以曲面边缘建立两个曲面，结果如图8-83所示。

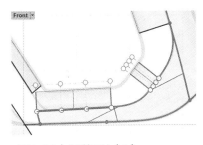

· 图8-82｜调整CV（5）

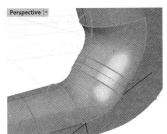

· 图8-83｜4边成面（7）

91．单击侧边栏中的🔲/【衔接曲面】按钮🔧，选择4边曲面的边缘与相接面的边缘，在弹出的【衔接曲面】对话框中设置【连续性】为【曲率】、【结构线方向调整】为【与目标结构线方向一致】，单击 确定 按钮，结果如图8-84所示。

92．单击侧边栏中的🔲/【抽离结构线】按钮🔲，抽离图8-85所示的结构线。

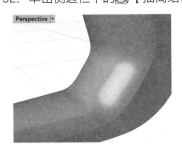

· 图8-84｜衔接曲面（5）

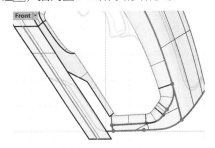

· 图8-85｜抽离结构线（3）

93．利用侧边栏的🔲/【延伸曲线】工具🔲与🔲/【延伸曲面】工具🔲，将抽离的结构线与步骤37生成的曲面延长，单击侧边栏的【多重直线】按钮🔲，结合【端点】与【最近点】捕捉，绘制与上面曲面的斜边缘角度相同的反方向直线，结果如图8-86所示。

94. 单击侧边栏中的【修剪】按钮，利用延长的直线修剪其下的曲面，结果如图8-87所示。

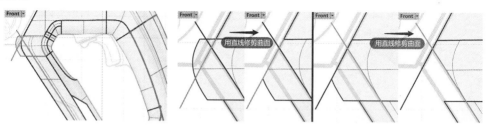

· 图8-86 | 延长结构线与曲面　　· 图8-87 | 修剪曲面（5）

95. 单击侧边栏中的【多重直线】按钮，绘制图8-88所示的线段。

96. 单击侧边栏中的【修剪】按钮，利用线段修剪曲面，结果如图8-89所示。

97. 利用侧边栏中的／【放样】工具形成图8-90所示的两个曲面。

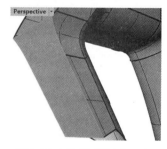

· 图8-88 | 绘制线段（7）　　· 图8-89 | 修剪曲面（6）　　· 图8-90 | 放样成面（10）

98. 显示曲面的CV，调整中间两排CV，结果如图8-91所示。

99. 单击侧边栏中的／【复制边缘】按钮，复制图8-92所示的曲面边缘。

100. 将复制得到的边缘调整到图8-93所示的位置。

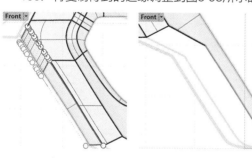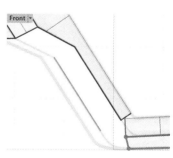

· 图8-91 | 调整CV（6）　· 图8-92 | 复制边缘（2）　　· 图8-93 | 调整边缘的位置

101. 单击侧边栏中的／【放样】按钮，放样形成图8-94所示的曲面。

102. 单击侧边栏中的／【复制边缘】按钮，复制图8-95所示的曲面边缘。

103. 单击侧边栏中的／【定位物件：两点】按钮，将指令提示栏中的"复制(C)"选项设置为"是"、"缩放比(S)"选项设置为"三轴"，然后利用【端点】捕捉将调整后的曲面边缘复制到图8-96所示的位置。

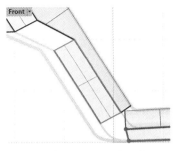 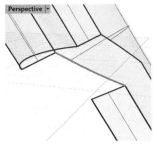 

·图8-94│放样成面（11）  ·图8-95│复制边缘（3）  ·图8-96│复制边缘（4）

104. 单击侧边栏中的█/【以二、三或四个边缘曲线建立曲面】按钮█，利用曲面边缘与复制得到的边缘建立曲面，结果如图8-97所示。

105. 将步骤104中创建好的曲面沿世界坐标系的x轴镜像。

106. 单击侧边栏中的█/【放样】按钮█，放样形成图8-98所示的曲面。

107. 显示曲面的CV，调整中间两排CV，结果如图8-99所示。

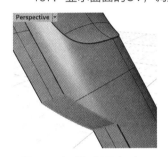 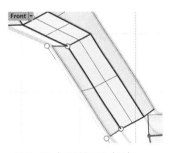

·图8-97│4边成面（8）  ·图8-98│放样成面（12）  ·图8-99│调整CV（7）

108. 单击侧边栏中的█/【以二、三或四个边缘曲线建立曲面】按钮█，利用曲面边缘建立曲面，结果如图8-100所示。

109. 右击侧边栏中的【以结构线分割曲面】按钮█，将图8-101所示的两个曲面分别以结构线分割开，然后删除小块的面。

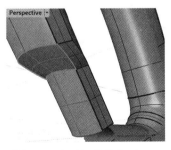 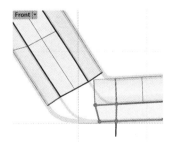

·图8-100│4边成面（9）  ·图8-101│分割曲面（3）

110. 单击侧边栏中的█/【可调式混接曲线】按钮█，选择相应的线，在弹出的【调整曲线混接】对话框中设置【连续性】为【曲率】，单击 确定 按钮，生成图8-102所示的曲线。

111. 将混接曲线沿世界坐标系的x轴镜像后，单击侧边栏中的█/【以二、三或四个边缘曲线建立曲面】按钮，利用曲面边缘与混接曲线建立曲面，结果如图8-103所示。

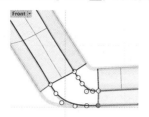

· 图8-102｜生成可调式混接曲线（5）

· 图8-103｜4边成面（10）

112. 单击侧边栏中的/【衔接曲面】按钮，选择4边曲面的边缘与相接面的边缘，在弹出的【衔接曲面】对话框中设置【连续性】为【曲率】、【结构线方向调整】为【与目标结构线方向一致】，单击 确定 按钮，结果如图8-104所示。

113. 在其他空的地方利用侧边栏中的/【以二、三或四个边缘曲线建立曲面】工具，形成曲面，结果如图8-105所示。

· 图8-104｜衔接曲面（6）

· 图8-105｜4边成面（11）

114. 单击侧边栏中的/【衔接曲面】按钮，将创建好的面与相接的面衔接且保证顺滑，最终电钻主体后部的着色效果如图8-106所示。

· 图8-106｜电钻主体后部的着色效果

## 8.2 构建电钻主体前部

下面构建电钻主体前部，前部与后部由一条倾斜的线条分割开，这个倾斜的设计使电钻的造型更具动感与冲击力。此处面的处理稍微难一些，倾斜的分割面与后面部分的造型的连接具有一个光滑到转折的变化。这里涉及一个渐消面的调整技巧，读者需要仔细体会其中的制作技巧。现在将之前隐藏的"电钻主体前部"图层显示出来，以此图层的面为基础来制作电钻主体前部的造型。

1. 显示"电钻主体前部"图层的物件，并将其设置为当前图层。

2. 单击侧边栏的【多重直线】按钮，结合【端点】捕捉，绘制一条与步骤94中修剪后的曲面上边缘相切的线条，如图8-107所示。

3. 用线段剪掉前部与凹槽部分的面，结果如图8-108所示。

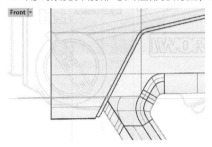 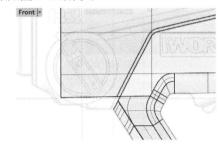

·图8-107│分割曲面（1）　　　　　·图8-108│修剪曲面（1）

4. 单击侧边栏中的□/【可调式混接曲线】按钮，选择两对曲面边缘，在弹出的【调整曲线混接】对话框中设置【连续性】为【曲率】，单击　确定　按钮，生成图8-109所示的两条曲线。

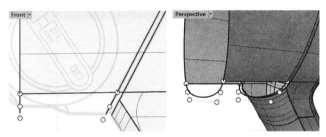

·图8-109│生成可调式混接曲线（1）

5. 单击侧边栏中的□/【以二、三或四个边缘曲线建立曲面】按钮，选择混接曲线与相接的曲面边缘建立曲面，结果如图8-110所示。

6. 单击侧边栏中的□/【可调式混接曲线】按钮，选择两对曲面边缘，在弹出的【调整曲线混接】对话框中设置【连续性】为【曲率】，单击　确定　按钮，生成图8-111所示的两条曲线。

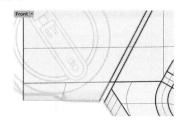 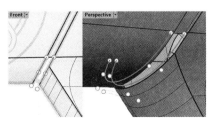

·图8-110│4边成面　　　　　·图8-111│生成可调式混接曲线（2）

7. 单击侧边栏中的【多重直线】按钮，结合【端点】捕捉和【垂点】捕捉，绘制图8-112所示的线段。

8. 单击侧边栏中的／【以二、三或四个边缘曲线建立曲面】按钮，补齐这里的曲面，结果如图8-113所示。

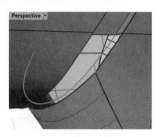 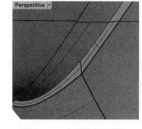 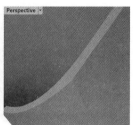

·图8-112｜绘制线段（1）　　·图8-113｜曲面效果

9. 将"电钻主体后部"图层隐藏起来。

10. 单击侧边栏中的【多重直线】按钮，绘制图8-114所示的3条线段。

11. 单击侧边栏中的【投影曲线或控制点】按钮，在Front视图中将3条线段投影到其下的曲面上，结果如图8-115所示。

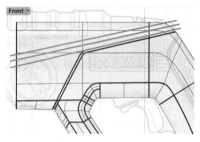 

·图8-114｜绘制线段（2）　　·图8-115｜投影线段

12. 单击侧边栏中的【组合】按钮，将得到的投影曲线组合起来。

13. 单击侧边栏中的／【重建曲线】按钮，选择组合后的曲线，在弹出的【重建】对话框中观察【最大偏差值】，以此来调整【点数】，建议将【最大偏差值】控制在"0.03"以下，如图8-116所示，单击　确定　按钮。

14. 单击侧边栏中的【修剪】按钮，使用最下边的线段修剪曲面，结果如图8-117所示，再将3条线段隐藏起来。

 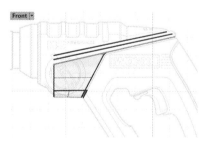

·图8-116｜【重建】对话框　　·图8-117｜修剪曲面（2）

15. 利用侧边栏中的📦/【单轴缩放】工具🔧或操作轴将重建后的3条曲线调整一下，对于中间的曲线，在Top视图中将其垂直方向的线的宽度调整得稍微大一些。

16. 单击侧边栏中的📦/【放样】按钮📦，将调整后的3条曲线两两一组形成放样曲面，结果如图8-118所示。

17. 右击侧边栏中的【以结构线分割曲面】按钮📦，结合【端点】捕捉，在图8-119所示的位置分割放样形成的曲面中位于下方的曲面，对面也要分割开，得到3块曲面。

18. 单击侧边栏中的📦/【缩回已修剪曲面】按钮📦，将分割后的3块曲面缩回。

・图8-118｜放样成面（1）

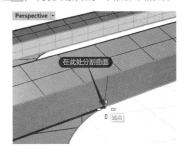

・图8-119｜分割曲面（2）

19. 单击侧边栏中的📦/【衔接曲面】按钮📦，选择分割后的前部曲面的边缘，再选择与其搭接的曲面边缘，在弹出的【衔接曲面】对话框中设置【连续性】为【曲率】、【结构线方向调整】为【维持结构线方向】，单击 确定 按钮，衔接前后的着色效果如图8-120所示。

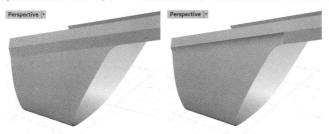

・图8-120｜衔接前后的着色效果（1）

20. 再次利用衔接工具将后部的曲面边缘与前部的边缘衔接且【曲率】连续，衔接前后的着色效果如图8-121所示。

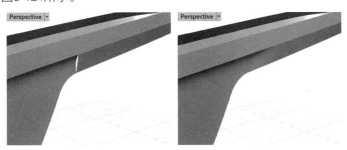

・图8-121｜衔接前后的着色效果（2）

21. 现在后部曲面的变化过急，可以通过调整曲面上的CV来使转折平滑些。显示曲面的CV，结合【点】捕捉，绘制图8-122所示的两条参考线。

22. 利用【最近点】捕捉将线段附近的曲面CV调整到线段上，调整后的曲面着色效果如图8-123所示。

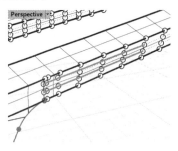

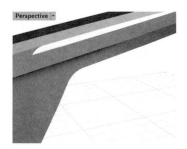

・图8-122｜绘制参考线　　　　　　　・图8-123｜曲面着色效果

23. 显示之前隐藏的3条线段，然后单击侧边栏中的【多重直线】按钮，结合【最近点】捕捉，绘制图8-124所示的线段。

24. 单击侧边栏中的【修剪】按钮，修剪线段。单击侧边栏中的【曲线圆角】按钮，将修剪得到的折线倒圆角，圆角半径分别设置为"9"和"7"，结果如图8-125所示。

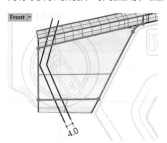

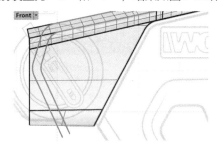

・图8-124｜绘制线段（3）　　　　　・图8-125｜修剪线段并倒圆角

25. 单击侧边栏中的【分割】按钮，使用带圆角的折线分割其下的曲面，然后删除最左侧的曲面，结果如图8-126所示。

26. 右击侧边栏中的【以结构线分割曲面】按钮，结合【端点】捕捉，在图8-127所示的位置分割曲面，对面也要分割开，得到3块曲面，再删除左侧的一小块曲面。

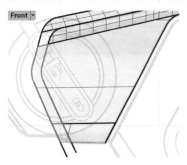

・图8-126｜分割曲面并删除曲面　　・图8-127｜分割曲面（3）

27. 在Perspective视图中将图8-128所示的3个曲面利用操作轴调整得稍微窄一些。

28. 单击侧边栏中的 / 【复制边缘】按钮 ，复制调整后的曲面的左侧边缘，结果如图8-129所示，然后删除调整后的曲面。

· 图8-128 | 调整曲面

· 图8-129 | 复制边缘

29. 显示复制得到的曲线的CV，选中下部分的CV，然后激活【物件锁点】面板中的【投影】模式。单击侧边栏中的 / 【单轴缩放】按钮 ，结合【点】捕捉，将选中的CV沿着原始的倾斜角度单轴缩小，结果如图8-130所示。调整完后关闭【投影】模式。

30. 单击侧边栏中的 / 【可调式混接曲线】按钮 ，选择相应的线条，在弹出的【调整曲线混接】对话框中设置【连续性】为【曲率】，单击 确定 按钮，生成图8-131所示的曲线。

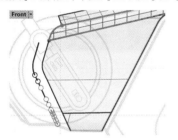

· 图8-130 | 调整曲线的CV

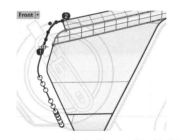

· 图8-131 | 生成可调式混接曲线（3）

31. 单击侧边栏中的 / 【放样】按钮 ，利用曲面边缘与混接曲线形成曲面，结果如图8-132所示。

32. 单击侧边栏中的 / 【直线挤出】按钮 ，将图8-133所示的曲面边缘单向挤出，挤出方向和长度任意设置。

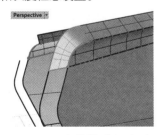

· 图8-132 | 放样成面（2）

· 图8-133 | 挤出成面（1）

33. 单击侧边栏中的 / 【衔接曲面】按钮 ，选择挤出曲面的边缘，再选择对应的曲线，将曲面边缘衔接到曲线，结果如图8-134所示。

34．单击侧边栏中的 /【放样】按钮 ，利用下面的曲面边缘与对应的曲线放样形成曲面，结果如图8-135所示。

·图8-134｜衔接曲面

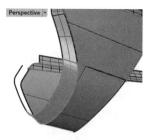

·图8-135｜放样成面（3）

35．将创建好的面沿世界坐标系的x轴镜像，临时显示"电钻主体后部"图层的内容，此时曲面的着色效果如图8-136所示。

36．单击侧边栏中的【多重直线】按钮 ，结合【端点】捕捉，绘制图8-137所示的两条线段。

·图8-136｜着色效果

·图8-137｜绘制线段（4）

37．单击侧边栏中的 /【以平面曲线建立曲面】按钮 ，分别以线段与相接的曲面边缘形成平面，结果如图8-138所示。

38．单击侧边栏中的 /【放样】按钮 ，利用曲面边缘放样形成面，结果如图8-139所示。

·图8-138｜建立平面

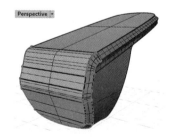

·图8-139｜放样成面（4）

39．显示"电钻主体后部"图层，单击侧边栏中的【控制点曲线】按钮 ，参考底图绘制图8-140所示的曲线。

40．单击侧边栏中的 /【偏移曲线】按钮 ，将绘制好的曲线偏移2个单位，结果如图8-141所示。

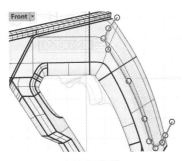

· 图8-140 | 绘制曲线

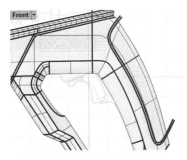

· 图8-141 | 偏移曲线

41. 单击顶栏中的 💡/【隔离物件】按钮 🔊，仅显示后部把手部位的两个曲面和步骤40中绘制好的两条曲线，然后单击侧边栏中的 🔊/【偏移曲面】按钮 🔊，将后部的两个曲面分别向内偏移1个单位，将指令提示栏中的"松弛(L)"选项修改为"是"，结果如图8-142所示。单击侧边栏中的 🔊/【衔接曲面】按钮 🔊，将偏移后的曲面在相接的位置衔接光顺，在弹出的【衔接曲面】对话框中设置【连续性】为【曲率】、【结构线方向调整】为【与目标结构线方向一致】，单击 确定 按钮。

42. 单击侧边栏中的 🔊/【直线挤出】按钮 🔊，将指令提示栏中的"两侧(B)"选项设置为"是"，将步骤40中绘制好的曲线挤出成面，结果如图8-143所示。

· 图8-142 | 偏移曲面

· 图8-143 | 挤出成面（2）

43. 单击侧边栏中的【分割】按钮 🔊，将偏移前后的曲面使用挤出得到的曲面分割开，再使用偏移得到的曲面分割挤出得到的曲面，然后删除多余的曲面，形成凹槽效果，结果如图8-144所示。

44. 显示之前隐藏的物件，仅显示图8-145所示的这些曲面，并将其组合成一个对象。

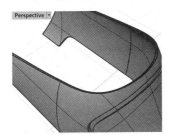

· 图8-144 | 分割曲面并删除多余的部分

· 图8-145 | 仅显示这些曲面

45. 单击侧边栏中的【矩形: 角对角】按钮▢，参考底图绘制图8-146所示的3个矩形。

46. 单击侧边栏中的▨/【直线挤出】按钮▣，将指令提示栏中的"两侧(B)"选项设置为"是"，将步骤45中绘制好的3个矩形挤出成面，结果如图8-147所示。

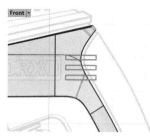

・图8-146│绘制3个矩形

・图8-147│挤出成面（3）

47. 单击侧边栏中的◉/【布尔运算差集】按钮◉，利用挤出的面修剪组合的面，结果如图8-148所示。

48. 临时显示之前隐藏的物件，创建好的散热孔效果如图8-149所示。

・图8-148│布尔运算结果（1）

・图8-149│创建好的散热孔效果

49. 单击侧边栏中的▢/【圆角矩形】按钮▢，参考底图绘制图8-150所示的圆角矩形。

50. 单击侧边栏中的▨/【直线挤出】按钮▣，将指令提示栏中的"两侧(B)"选项设置为"是"，将步骤49中绘制好的圆角矩形挤出成面，结果如图8-151所示。

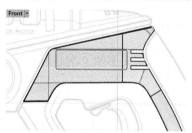

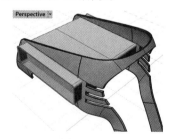

・图8-150│绘制圆角矩形

・图8-151│挤出成面（4）

51. 单击侧边栏中的【分割】按钮▣，将偏移前后的曲面用挤出曲面分割开，再使用偏移得到的曲面分割挤出曲面，然后删除多余的曲面，形成凹槽效果，结果如图8-152所示。

52. 单击侧边栏中的【文字物件】按钮▣，打开【文本物件】对话框，参数设置如图8-153所示。

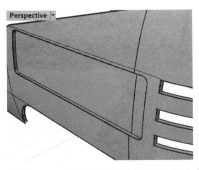

· 图8-152│分割曲面并删除多余的曲面  　　　　· 图8-153│【文本物件】对话框

53. 单击 确定(K) 按钮，在Front视图中创建文字物件，结果如图8-154所示。

54. 微调文字的间距与造型，并利用侧边栏中的【修剪】工具 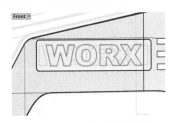、【组合】工具 与
【多重直线】工具 调整曲线，结果如图8-155所示。

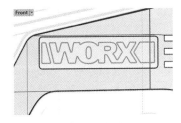

· 图8-154│创建文字物件  　　　　　　　　· 图8-155│调整曲线

55. 单击侧边栏中的 /【直线挤出】按钮 ，将指令提示栏中的"实体(S)"选项设置
为"是"，结果如图8-156所示。

56. 右击侧边栏中的【抽离曲面】按钮 ，将指令提示栏中的"复制(C)"选项修改为
"是"，将外侧的2块大面曲面抽离并复制出来，然后右击侧边栏的【取消修剪】按钮 ，
将抽离出来的的2块曲面中间的洞口取消修剪。再右击侧边栏的【反转方向】按钮 ，将曲
面的法线方向调整为朝内，如图8-157所示。

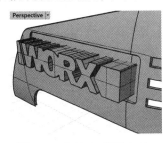

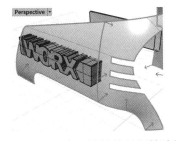

· 图8-156│挤出成面（5）  　　　　　　· 图8-157│取消修剪并调整法线方向

57. 单击侧边栏中的 /【布尔运算差集】按钮 ，利用调整法线方向后的曲面修剪挤

出得到的面，结果如图8-158所示。

58. 将创建好的Logo物件旋转180°后调整到另外一侧，再显示隐藏的物件，结果如图8-159所示。

59. 由于只做这个模型的外壳，内部结构不创建，散热口位置在渲染时会不好处理，因此可以将内部的面取消修剪后微微向内偏移，挡住这里的内部空间，这样在渲染时会方便很多，最终效果如图8-160所示。

·图8-158｜布尔运算结果（2）　　·图8-159｜旋转Logo物件并调整　　·图8-160｜最终效果

## 🎯 8.3 ｜ 构建电钻主体上部

微课

电钻 - 主体上部

下面构建电钻主体的上部，这里的造型难点是表面的微转折和几个凹痕的处理。微转折可以通过分割一个曲面后微调边缘处的CV来形成。这里的凹痕使用【布尔运算差集】工具很难得到，需要拆分为3个面分别创建。

1. 新建一个图层，将其命名为"电钻主体上部"，并设置为当前图层，然后隐藏其他图层。

2. 单击侧边栏中的◎【圆: 可塑形的】按钮◎，将指令提示栏中的"阶数(D)"选项修改为"5"、"点数(P)"选项修改为"10"，在Right视图中绘制一个可塑圆，结果如图8-161所示。注意使可塑圆的接缝位于正下方。

3. 参考底图的轮廓，利用操作轴调整可塑圆的造型，结果如图8-162所示。

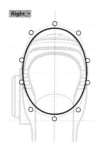

·图8-161｜绘制可塑圆（1）　　　　·图8-162｜调整可塑圆的造型（1）

4. 单击侧边栏中的🖌/【直线挤出】按钮🗔，将曲线挤出成面，结果如图8-163所示。

5. 利用侧边栏中的🗔/【更改曲面阶数】工具🖹将挤出的曲面U方向的阶数改为5阶、V方向的阶数改为3阶，再显示曲面的CV，调整曲面造型，结果如图8-164所示。

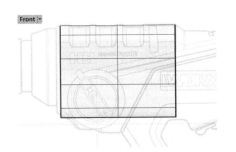

· 图8-163 | 挤出成面（1）

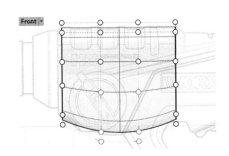

· 图8-164 | 调整曲面造型

6. 显示之前的模型部件，查看部件之间的位置、大小关系，如图8-165所示，可以看出上部的物件后边有些大，通过调整曲面的CV，使其与其他部件的造型趋势一致，调整后的结果如图8-166所示。

· 图8-165 | 查看部件之间的位置、大小关系

· 图8-166 | 调整后的结果

7. 单击侧边栏中的🔳/【物件相交】按钮🔳，求出调整后的曲面与其相交面的交线，结果如图8-167所示。

8. 单击侧边栏中的🔳/【可调式混接曲线】按钮🔳，选择交线，在弹出的【调整曲线混接】对话框中设置【连续性】为【曲率】，单击 确定 按钮，生成图8-168所示的曲线。

9. 将生成的交线与混接曲线隐藏备用。

· 图8-167 | 求交线

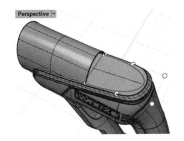

· 图8-168 | 生成可调式混接曲线

10. 右击侧边栏中的【以结构线分割曲面】按钮🔳，在图8-169所示的结构线位置分割曲面，再单击侧边栏中的🔳/【缩回已修剪曲面】按钮🔳，将分割后的曲面缩回。

11. 隐藏其他图层，然后显示缩回曲面的CV，如图8-170所示，分割后的曲面边缘的CV比较密集。

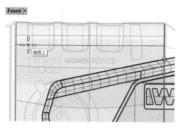

· 图8-169 | 分割曲面（1）

· 图8-170 | 显示曲面CV

12. 选中图8-171所示的3个曲面的边缘处第二排的CV，然后按Delete键，删除这些CV，结果如图8-172所示。

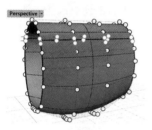

· 图8-171 | 选择曲面的CV（1）

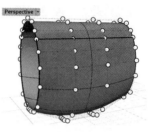

· 图8-172 | 删除曲面的部分CV

13. 选中图8-173所示的曲面边缘处的CV，然后利用操作轴沿着世界坐标系的$y$轴微微增大CV的间距，使曲面之间形成微微转折的效果，结果如图8-174所示。

· 图8-173 | 选择曲面的CV（2）

· 图8-174 | 调整后的效果

14. 右击侧边栏中的【以结构线分割曲面】按钮，在图8-175所示的结构线位置分割曲面，再删除中间的小面。

15. 单击侧边栏中的/【抽离结构线】按钮，抽离图8-176所示的结构线。

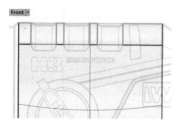

· 图8-175 | 分割曲面（2）

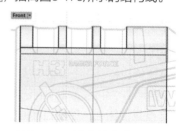

· 图8-176 | 抽离结构线

16. 单击侧边栏中的【单点】按钮 ，结合【最近点】捕捉，在图8-177所示的位置放置点，然后将点与抽离的结构线沿着世界坐标系的 x 轴镜像。

17. 单击侧边栏中的 /【复制边缘】按钮 ，复制图8-178所示的曲面边缘。

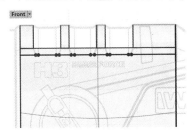

· 图8-177 | 放置点（1）

· 图8-178 | 复制曲面边缘（1）

18. 单击侧边栏中的 /【定位物件: 两点】按钮 ，将指令提示栏中的"复制(C)"选项设置为"是"、"缩放比(S)"选项设置为"三轴"，然后利用【点】捕捉将复制得到的曲面边缘定位到对应的两个点处，结果如图8-179所示。

19. 单击侧边栏中的 /【单轴缩放】按钮 ，激活【物件锁点】面板中的【投影】模式。在Front视图中，结合【端点】捕捉和【四分点】捕捉，调整曲线高度，结果如图8-180所示。调整好后关闭【投影】模式。

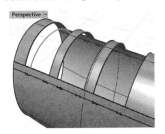

· 图8-179 | 定位边缘

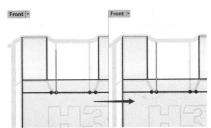

· 图8-180 | 调整曲线

20. 以相同的方式复制并定位曲线，结果如图8-181所示。

21. 利用点修剪抽离的结构线，结果如图8-182所示。

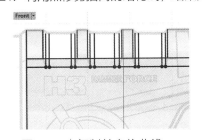

· 图8-181 | 复制并定位曲线

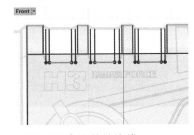

· 图8-182 | 修剪结构线

22. 单击侧边栏中的 /【以二、三或四个边缘曲线建立曲面】按钮 ，利用定位后的结构线与修剪后的结构线分别建立图8-183所示的3个面。

23. 单击侧边栏中的 /【放样】按钮 ，选择最左侧的3条曲线，在弹出的【放样选项】对话框中，在【样式】选项组的下拉列表中选择【松弛】选项，单击 确定 按钮，放样结果如图8-184所示。

·图8-183│4边成面（1）

·图8-184│放样成面（1）

24. 以相同的方式形成另外一个放样曲面，结果如图8-185所示。

25. 单击侧边栏中的🖰/【延伸曲面】按钮🖉，将两个放样曲面的两端都延长1个单位，结果如图8-186所示。

·图8-185│放样成面（2）

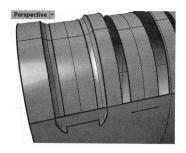

·图8-186│延伸曲面

26. 单击侧边栏中的【修剪】按钮🖰，使曲面之间相互修剪，结果如图8-187所示。

27. 以相同的方式形成另外两个凹面，结果如图8-188所示。

·图8-187│修剪曲面

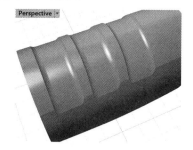

·图8-188│凹面效果

28. 显示步骤9隐藏的曲线。在Top视图中单击侧边栏中的🖰/【插入节点】按钮🖉，在混接曲线的对称中心处加入一个节点，在对称模式下再加入一对节点，然后单击侧边栏中的🖰/【参数均匀化】按钮🖰，显示曲线CV，参考背景图调整曲线形态，步骤如图8-189所示。

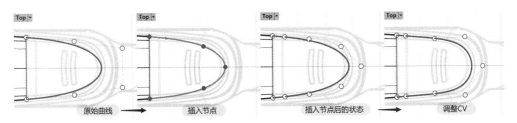

· 图8-189│调整曲线形态

29. 单击【侧边栏】中的 /【分割边缘】按钮，结合【端点】捕捉，在图8-190所示的位置分割曲面边缘。

30. 单击侧边栏中的【单点】按钮，结合【最近点】捕捉，在图8-191所示的位置放置点，然后将其沿着世界坐标系的 $x$ 轴镜像。

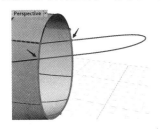

· 图8-190│分割曲面边缘（1）

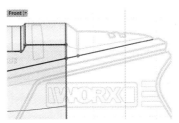

· 图8-191│放置点（2）

31. 单击侧边栏中的【分割】按钮，利用点分割所处的曲线，然后将分割后的曲线后部复制一份，并参考底图调整大小与位置，结果如图8-192所示。

32. 单击侧边栏中的 /【放样】按钮，选择分割后的曲线与复制得到的曲线，在弹出的【放样选项】对话框中，在【样式】选项组的下拉列表中选择【标准】选项，单击 确定 按钮，放样结果如图8-193所示。

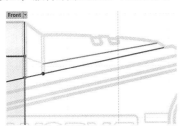

· 图8-192│复制并调整曲线

· 图8-193│放样成面（3）

33. 单击侧边栏中的 /【分割边缘】按钮，结合【中点】捕捉，在图8-194所示的位置分割曲面边缘。

34. 单击侧边栏中的 /【放样】按钮，选择分割后的两段曲面边缘，在弹出的【放样选项】对话框中，在【样式】选项组的下拉列表中选择【标准】选项，单击 确定 按钮，放样结果如图8-195所示。

·图8-194│分割曲面边缘（2）

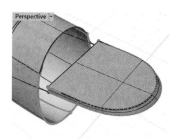

·图8-195│放样成面（4）

35. 显示放样曲面的CV，调整中间两排CV（除去尾部收敛点的CV），结果如图8-196所示。

36. 单击侧边栏中的/【放样】按钮，选择曲面边缘，在弹出的【放样选项】对话框中，在【样式】选项组的下拉列表中选择【松弛】选项，单击 确定 按钮，放样结果如图8-197所示。

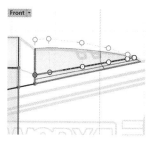

·图8-196│调整CV

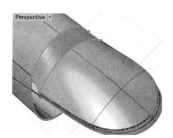

·图8-197│放样成面（5）

37. 单击侧边栏中的/【以二、三或四个边缘曲线建立曲面】按钮，利用曲面边缘与曲线形成图8-198所示的4边曲面，然后将4边曲面沿着世界坐标系的x轴镜像。

38. 单击侧边栏中的/【复制边缘】按钮，复制出图8-199所示的曲面边缘。

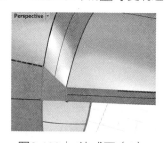

·图8-198│4边成面（2）

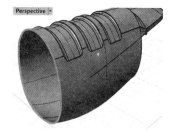

·图8-199│复制曲面边缘（2）

39. 调整复制得到的曲面边缘的位置与大小，结果如图8-200所示。

40. 单击侧边栏中的/【放样】按钮，选择复制得到的曲面边缘与原始曲面边缘，在弹出的【放样选项】对话框中，在【样式】选项组的下拉列表中选择【松弛】选项，单击 确定 按钮，结果如图8-201所示。

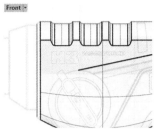

·图8-200│调整曲面边缘的位置与大小　·图8-201│放样成面（6）

41. 单击侧边栏中的🗔/【以平面曲线建立曲面】按钮◎，利用调整后的曲面边缘建立平面，结果如图8-202所示。

42. 单击顶栏中的▢/【着色】按钮◎，查看目前的建模效果，如图8-203所示。

微课

电钻 - 钻头

·图8-202│以曲线边缘建立平面　·图8-203│着色效果

43. 新建一个图层，将其命名为"电钻钻头"，并设置为当前图层，然后隐藏其他图层。

44. 单击侧边栏中的【多重直线】按钮△，绘制图8-204所示的线条（剖面线）。注意，先绘制一条旋转轴，剖面线左侧的位置有凹陷，在底图中看不到，依据自己的理解绘制这里的造型即可。

45. 单击侧边栏中的🗔/【旋转成形】按钮🎯，沿着旋转轴旋转剖面线形成曲面，结果如图8-205所示。

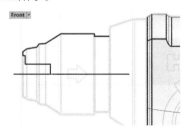

·图8-204│绘制线条　·图8-205│旋转成面

46. 单击侧边栏中的◎/【圆: 可塑形的】按钮◎，将指令提示栏中的"阶数(D)"选项修改为"5"、"点数(P)"选项修改为"10"，以步骤44绘制的旋转轴的端点为圆心，在Right视图中绘制一个可塑圆，结果如图8-206所示。注意使可塑圆的接缝位于正下方。

47. 参考底图的轮廓，利用操作轴调整可塑圆的造型，结果如图8-207所示。

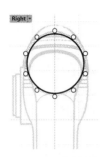

· 图8-206｜绘制可塑圆（2）　　　　· 图8-207｜调整可塑圆的造型（2）

48. 切换到Front视图，将调整好的可塑圆复制两份，然后调整其位置和大小，结果如图8-208所示。

49. 单击侧边栏中的 /【放样】按钮，依次选择原可塑圆和复制得到的第一个可塑圆，指令提示栏中提示"移动曲线接缝点，按Enter完成"，选择"原本的(N)"选项，在弹出的【放样选项】对话框中，在【样式】选项组的下拉列表中选择【标准】选项，单击 确定 按钮，放样结果如图8-209所示。

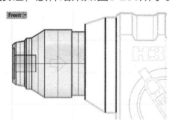

· 图8-208｜复制可塑圆并调整其位置和大小　　· 图8-209｜放样成面（7）

50. 单击侧边栏中的 /【直线挤出】按钮，将复制得到的第二个可塑圆挤出成面，结果如图8-210所示。再将放样曲面与挤出曲面组合成一体。

51. 单击侧边栏中的 /【将平面洞加盖】按钮，为组合后的物件加盖，结果如图8-211所示。

· 图8-210｜挤出成面（2）　　　　· 图8-211｜平面洞加盖

52. 显示之前的模型部件，查看模型部件之间的位置、大小关系，最终着色效果如图8-212所示。

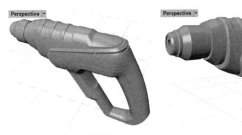

·图8-212│最终着色效果

## ⊙ 8.4 │绘制开关等细节

下面绘制开关等细节，并对整体进行倒圆角处理。在倒圆角之前备份一个未倒圆角的模型版本，当需要修整整体造型时可以基于未倒圆角的模型进行操作。

1. 新建一个图层，将其命名为"开关等细节"，并设置为当前图层，然后隐藏其他图层。

2. 单击侧边栏中的【圆: 中心点、半径】按钮⊙，绘制图8-213所示的3个圆形。

3. 单击顶栏中的◈/【以三点设置工作平面】按钮◈，以大圆的中心点为工作平面的基点、两个小圆的圆心的连线为x轴修改Front视图的工作平面。单击顶栏中的◈/【以名称保存工作平面】按钮◈，将该工作平面以"Front01"为名进行保存，再单击顶栏中的◈/【正对工作平面】按钮◈调整查看的角度，结果如图8-214所示。

·图8-213│绘制圆形

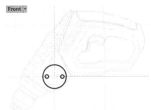

·图8-214│修改工作平面

4. 单击侧边栏中的【矩形: 角对角】按钮▢与【多重直线】按钮⚞，绘制图8-215所示的矩形与线段。

5. 单击侧边栏中的【修剪】按钮▣，利用线段修剪圆形，结果如图8-216所示。

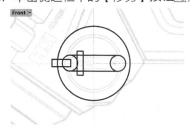

·图8-215│绘制矩形与线段（1）

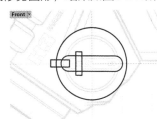

·图8-216│修剪圆形

6. 单击侧边栏中的⬦/【偏移曲线】按钮⬦，偏移距离设置为"1.5"，将半圆、线段与左侧矩形向内偏移，结果如图8-217所示，再将曲线分别组合成整体。

7. 单击侧边栏中的/【直线挤出】按钮，将曲线与矩形分别挤出成面，结果如图8-218所示。

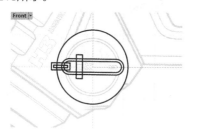

·图8-217│偏移结果

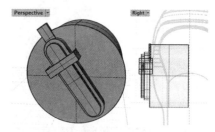

·图8-218│挤出成面（1）

8. 单击侧边栏中的/【布尔运算差集】按钮，利用长方体修剪小的跑道圆，结果如图8-219所示。

9. 单击侧边栏中的【立方体: 角对角、高度】按钮，在布尔运算形成的空隙中创建图8-220所示的长方体。

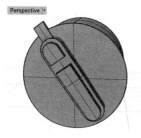

·图8-219│布尔运算结果（1）

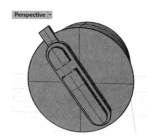

·图8-220│创建长方体

10. 利用侧边栏中的【矩形: 角对角】工具与【多重直线】工具绘制图8-221所示的矩形和线条。

11. 单击侧边栏中的/【直线挤出】按钮，将指令提示栏中的"实体（s）"选项设置为"是"，将矩形和线段挤出成实体，结果如图8-222所示。

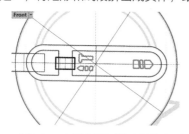

·图8-221│绘制矩形与线段（2）

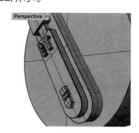

·图8-222│挤出成实体

12. 单击侧边栏中的/【布尔运算差集】按钮，利用挤出的物件修剪小的跑道圆，结果如图8-223所示。

13. 单击侧边栏中的【圆: 中心点、半径】按钮和【矩形: 角对角】按钮，绘制图8-224所示的两个圆形和一个矩形。

· 图8-223│布尔运算结果（2）

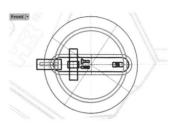

· 图8-224│绘制圆形和矩形

14. 单击侧边栏中的 /【直线挤出】按钮 ，挤出圆形与矩形，结果如图8-225所示。

15. 单击侧边栏中的 /【布尔运算分割】按钮 ，利用挤出后的曲面分别去分割对应的圆柱体与长方体，然后删除挤出物件，结果如图8-226所示。

· 图8-225│挤出圆形与矩形

· 图8-226│布尔运算结果（3）

16. 单击顶栏中的 /【设置工作平面为世界Front】按钮 ，将工作平面恢复到世界Front视图，再单击顶栏中的 /【正对工作平面】按钮 ，恢复正对视图，如图8-227所示。

17. 显示之前的模型部件，查看模型部件之间的位置、大小关系，结果如图8-228所示。

· 图8-227│恢复正对视图

· 图8-228│整体效果

18. 单击顶栏中的 /【隔离物件】按钮 ，仅显示图8-229所示的曲面。

19. 单击侧边栏中的【多重直线】按钮 ，绘制图8-230所示的封闭线段。

· 图8-229│仅显示的曲面

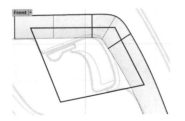

· 图8-230│绘制封闭线段（1）

20. 单击侧边栏中的◢/【直线挤出】按钮◙，将指令提示栏中的"实体(S)"选项设置为"是"、"两侧(B)"选项修改为"是"，挤出长度设置为"12.5"，结果如图8-231所示。

21. 单击侧边栏中的◢/【边缘圆角】按钮◙，将图8-232所示的边缘倒圆角，圆角半径为"10"。

・图8-231｜挤出成面（2）

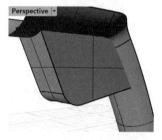

・图8-232｜将边缘倒圆角（1）

22. 将图8-233所示的边缘倒圆角，圆角半径为"8"。

23. 右击侧边栏中的【抽离曲面】按钮◣，抽离倒圆角后的曲面并删除，结果如图8-234所示。

・图8-233｜将边缘倒圆角（2）

・图8-234｜抽离曲面并删除

24. 单击侧边栏中的◢/【混接曲面】按钮◢，选择修剪后的两条曲面边缘，在弹出的【调整曲面混接】对话框中单击◢图标，锁定两边的混接强度，然后拖曳滑块调整混接强度，使视图中的曲面达到需要的造型，单击 确定 按钮，结果如图8-235所示。

25. 将混接曲面与原来的面组成一体，图8-235中手柄部位的3个面也需要组成一体。

26. 单击侧边栏中的◢/【布尔运算联集】按钮◢，对两个组合后的物件进行联集操作，结果如图8-236所示。

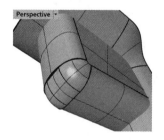

・图8-235｜混接曲面（1）

・图8-236｜布尔运算结果（4）

27. 利用侧边栏中的【多重直线】工具、【控制点曲线】工具与/【可调式混接曲线】工具绘制图8-237所示的曲线。

28. 单击侧边栏中的【修剪】按钮，利用曲线修剪曲面，结果如图8-238所示。

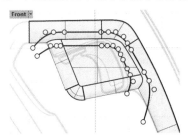

· 图8-237｜绘制曲线（1）

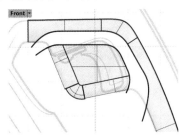

· 图8-238｜修剪曲面（1）

29. 单击侧边栏中的/【混接曲面】按钮，在修剪得到的两个曲面之间形成混接曲面，结果如图8-239所示。

30. 利用侧边栏中的【多重直线】工具、【控制点曲线】工具绘制图8-240所示的曲线。

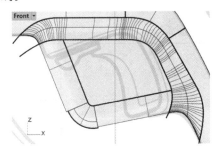

· 图8-239｜形成混接曲面

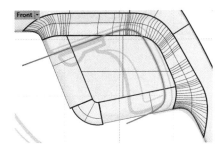

· 图8-240｜绘制曲线并组成一体

31. 单击侧边栏中的/【直线挤出】按钮，将指令提示栏中的"两侧(B)"选项设置为"是"，结果如图8-241所示。

32. 单击侧边栏中的/【布尔运算差集】按钮，利用挤出曲面剪切组合后的物件，结果如图8-242所示。

· 图8-241｜挤出成面（3）

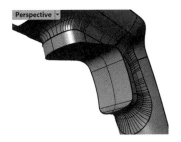

· 图8-242｜布尔运算结果（5）

33. 单击侧边栏中的/【边缘斜角】按钮，将进行布尔运算后的边缘倒斜角，斜角大小为"1"，结果如图8-243所示。

34．新建一个图层，将其命名为"电钻开关"，并设置为当前图层，然后隐藏其他图层。

35．单击侧边栏中的【多重直线】按钮，绘制图8-244所示的封闭线段。

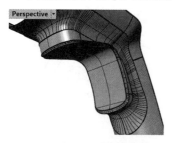
· 图8-243｜将边缘倒斜角

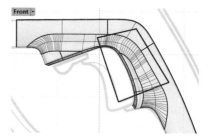
· 图8-244｜绘制封闭线段（2）

36．单击侧边栏中的【直线挤出】按钮，将指令提示栏中的"实体(S)"选项设置为"是"、"两侧(B)"选项设置为"是"，结果如图8-245所示。

37．右击侧边栏中的【抽离曲面】按钮，抽离并删除图8-246所示的平面。

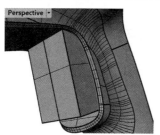
· 图8-245｜挤出成面（4）

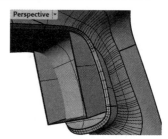
· 图8-246｜抽离并删除平面

38．单击侧边栏中的【混接曲面】按钮，选择修剪后的两条曲面边缘，在弹出的【调整曲面混接】对话框中单击图标，锁定两边的混接强度，然后拖曳滑块调整混接强度，将视图中的曲面调整到需要的造型，结果如图8-247所示。

39．右击侧边栏中的【抽离曲面】按钮，抽离图8-248所示的曲面。单击侧边栏中的【更改曲面阶数】按钮，将U向、V向都升为3阶。

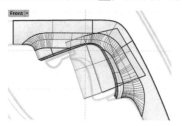
· 图8-247｜混接曲面（2）

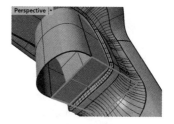
· 图8-248｜抽离曲面并升阶

40．显示曲面的CV，选择中间两排CV，在Front视图中参考底图调整CV，结果如图8-249所示。

41．单击侧边栏中的【控制点曲线】按钮，绘制一条5阶6个CV的曲线，结果如

图8-250所示。沿世界坐标系的*x*轴镜像该曲线，两条曲线在Perspective视图中的位置如图8-251所示。

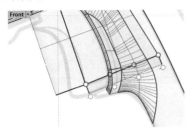

・图8-249│调整CV（1）

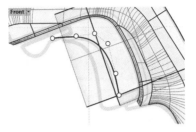

・图8-250│绘制曲线（2）

42．单击侧边栏中的 /【放样】按钮 ，选中镜像的两条曲线，在弹出的【放样选项】对话框中，在【样式】选项组的下拉列表中选择【标准】选项，单击 确定 按钮，放样结果如图8-252所示。

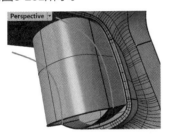

・图8-251│曲线状态

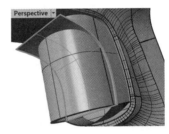

・图8-252│放样成面

43．显示曲面的CV，选择中间两排CV，在Front视图中参考底图调整CV，结果如图8-253所示。

44．单击侧边栏中的【修剪】按钮 ，将放样曲面与步骤38生成的曲面互相修剪，结果如图8-254所示。

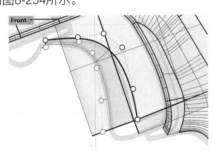

・图8-253│调整CV（2）

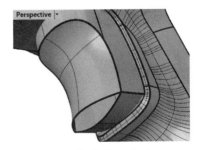

・图8-254│修剪曲面（2）

45．单击侧边栏中的 / 【分割边缘】按钮 ，在图8-255所示的位置分割曲面边缘。

46．单击侧边栏中的 /【可调式混接曲线】按钮 ，选择相应的线，在弹出的【调整曲线混接】对话框中设置【连续性】为【曲率】，单击 确定 按钮，生成图8-256所示的曲线。

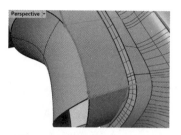

·图8-255｜分割曲面边缘

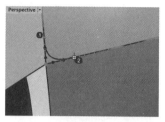

·图8-256｜生成可调式混接曲线（1）

47. 单击侧边栏中的【修剪】按钮，利用混接曲线修剪曲面，结果如图8-257所示，这个部件是对称造型，因此对称部位的另一侧的面也同样处理。

48. 右击侧边栏中的【以结构线分割曲面】按钮，结合【端点】捕捉，在图8-258所示的步骤46中生成的混接曲线的端点位置分割两个曲面，并删除分割后的两个靠向混接曲线的较小的曲面。

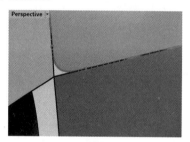

·图8-257｜修剪曲面（3）

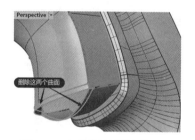

·图8-258｜分割并删除曲面

49. 单击侧边栏中的／【以二、三或四个边缘曲线建立曲面】按钮，以曲面边缘建立曲面，结果如图8-259所示。

50. 单击侧边栏中的／【衔接曲面】按钮，选择4边曲面的边缘，再选择与其搭接的曲面边缘，在弹出的【衔接曲面】对话框中设置【连续性】为【曲率】、【结构线方向调整】为【与目标结构线方向一致】，单击 确定 按钮，结果如图8-260所示。

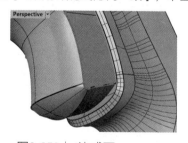

·图8-259｜4边成面

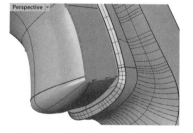

·图8-260｜衔接曲面

51. 单击侧边栏中的／【边缘圆角】按钮，对曲面边缘进行倒圆角，圆角半径为"1"，如图8-261所示。放大看局部，圆角在转折位置有点扭曲和皱褶。

52. 右击侧边栏中的【抽离曲面】按钮，抽离图8-262所示的曲面并删除。

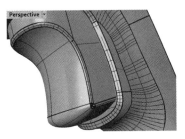

·图8-261│将边缘倒圆角（3）

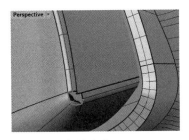

·图8-262│抽离曲面

53．单击侧边栏中的█/【可调式混接曲线】按钮█，选择相应的线，在弹出的【调整曲线混接】对话框中设置【连续性】为【曲率】，单击██按钮，生成图8-263所示的曲线。

54．单击侧边栏中的【修剪】按钮█，利用混接曲线修剪曲面，结果如图8-264所示。如果曲线修剪不了曲面，可以右击侧边栏中的【取消修剪】按钮█，将曲面取消修剪后，再利用曲线与相邻曲面的边缘修剪曲面。

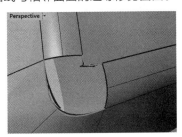

·图8-263│生成可调式混接曲线（2）

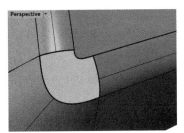

·图8-264│修剪曲面（4）

55．单击侧边栏中的█/【双轨扫掠】按钮█，重新生成曲面，结果如图8-265所示。

56．利用侧边栏中的【多重直线】工具█、【控制点曲线】工具█绘制图8-266所示的线条，然后将其组合成封闭曲线。

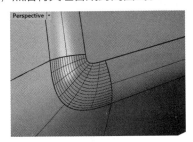

·图8-265│双轨扫掠

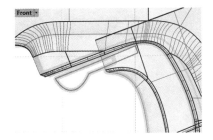

·图8-266│绘制线条

57．单击侧边栏中的█/【直线挤出】按钮█，将封闭曲线挤出成面，将指令提示栏中的"实体(S)"选项设置为"是"、"两侧(B)"选项设置为"是"、挤出长度设置为"1"，结果如图8-267所示。

58．单击侧边栏中的█/【偏移曲线】按钮█，将封闭曲线向外偏移0.5个单位，结果如图8-268所示。

· 图8-267｜挤出成面（5）

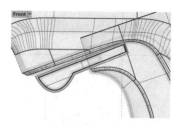

· 图8-268｜偏移曲线

59. 单击侧边栏中的▨/【直线挤出】按钮▣，将偏移得到的曲线挤出成面，将指令提示栏中的"实体(S)"选项设置为"是"、"两侧(B)"选项设置为"是"，结果如图8-269所示。

60. 单击侧边栏中的◉/【布尔运算差集】按钮◉，利用挤出曲面剪切组合后的物件，结果如图8-270所示。

· 图8-269｜挤出成面（6）

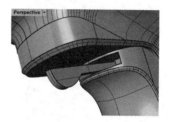

· 图8-270｜布尔运算结果（6）

61. 显示所有部件，制作其他细节，这里不介绍。对模型的所有边缘进行倒圆角，然后单击顶栏中的▫/【着色】按钮◉，查看目前曲面的状态，如图8-271左图所示。利用Rhino的材质与渲染模式显示的效果如图8-271右图所示。

· 图8-271｜着色效果

## ◉ 8.5 ｜渲染

下面使用KeyShot对构建的模型进行渲染。

为方便对模型进行渲染，首先应按照模型的材质与色彩进行分层。因为线不需要渲染，所以把线单独分成一层并隐藏。根据最终效果（见图8-272）中各个部分材质的不同将模型部件分别放置在不同的图层内。

· 图8-272｜最终效果（1）

1. 启动KeyShot。新建一个文件，以"电钻.bin"为名进行保存。

2. 在KeyShot中打开上例中创建的电钻模型，如图8-273所示。

3. 单击【库】按钮，打开【库】面板，如图8-274所示。

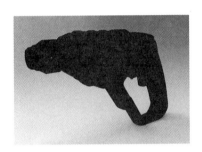

· 图8-273 | 导入电钻模型

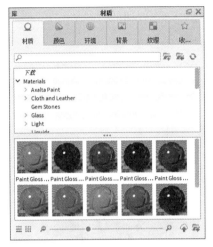

· 图8-274 | 【库】面板

4. 在【材质】选项卡中展开【Mold-Tech 模德蚀纹】栏，如图8-275所示，选择一款灰色的材质拖曳到主体面上，结果如图8-276所示。

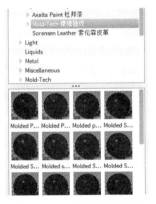

· 图8-275 | 【材质】选项卡

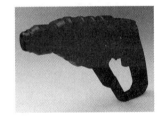

· 图8-276 | 主体面的材质效果

5. 选择一款灰色的材质拖曳到其他面上，结果如图8-277所示。

6. 单击【库】按钮，切换到【环境】选项卡，选择合适的环境（可以多试一试不同的环境然后调节亮度，以达到自己满意的效果），然后在【项目】面板的【环境】选项卡中调节环境的亮度和角度，设置【背景】为【色彩】，并将颜色调整为灰色，如图8-278所示。此时场景中的灯光效果如图8-279所示。

7. 执行菜单命令【编辑】/【添加几何图形】/【地平面】，为场景添加一个地面，然后在场景树中选中地面编辑其材质，材质的设置如图8-280所示。

· 图8-277｜其他面的材质效果

· 图8-278｜参数设置

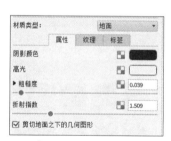

· 图8-279｜场景中的灯光效果

· 图8-280｜材质的设置（1）

8. 为把手赋予一款橙色材质，然后双击把手部件，编辑此部件的材质，材质的设置如图8-281所示，材质效果如图8-282所示。

· 图8-281｜材质的设置（2）

· 图8-282｜把手材质效果

9. 单击 按钮，弹出【渲染】对话框，参数设置如图8-283所示。

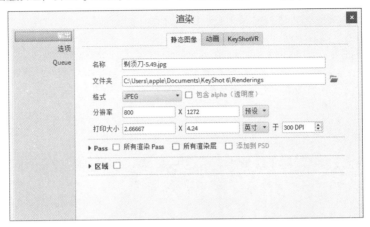

· 图8-283 │ 渲染参数设置

10. 调整模型至合适角度，单击 渲染 按钮开始渲染，最终效果如图8-284所示。

· 图8-284 │ 最终效果（2）